Dr. John Coleman

TÄUSCHUNGSDIPLOMATIE
EIN BERICHT ÜBER DEN VERRAT DER REGIERUNGEN VON ENGLAND UND DEN VEREINIGTEN STAATEN

ℰMNIA VERITAS®

John Coleman

John Coleman ist ein britischer Autor und ehemaliges Mitglied des Secret Intelligence Service. Coleman hat verschiedene Analysen über den Club of Rome, die Giorgio Cini Foundation, das Forbes Global 2000, das Interreligious Peace Colloquium, das Tavistock Institute, den schwarzen Adel sowie andere Organisationen, die der Thematik der Neuen Weltordnung nahe stehen, erstellt.

TÄUSCHUNGSDIPLOMATIE

EIN BERICHT ÜBER DEN VERRAT DER REGIERUNGEN
VON ENGLAND UND DEN VEREINIGTEN STAATEN

DIPLOMACY BY DECEPTION
An account of the treasonous conduct by the governments
of Britain and the United States

Aus dem Englischen übersetzt und veröffentlicht
von Omnia Veritas Limited

© Omnia Veritas Ltd - 2022

⊘MNIA VERITAS.

www.omnia-veritas.com

VORWORT

Ich habe mich entschlossen, dieses Buch zu schreiben, weil viele Menschen, die *Die Hierarchie der Verschwörer* gelesen hatten, mich darum baten, spezifische Beispiele und konkrete Fälle zu nennen, wie das Komitee Kontrolle in einem so großen Maßstab ausübt. Dieses Buch ist eine Möglichkeit, diesen Bitten nachzukommen.

Nach der Lektüre von *Täuschungsdiplomatie* kaum ein Zweifel daran, dass die britische und die amerikanische Regierung die korruptesten Regierungen der Welt sind und dass ohne ihre volle Kooperation bei der Durchführung der Pläne des Komitees der 300 dieses supranationale Gremium nicht in der Lage wäre, seine Pläne für die Schaffung einer einzigen Weltregierung voranzutreiben, die der ehemalige Präsident Bush, einer ihrer geschicktesten Diener, als "Neue Weltordnung" bezeichnet hat.

Ich hoffe aufrichtig, dass dieses Buch zu einem besseren Verständnis der Funktionsweise von Geheimgesellschaften und der Art und Weise beiträgt, wie ihre Befehle von denjenigen ausgeführt werden, die eigentlich den nationalen Interessen dienen und die nationale Sicherheit ihrer jeweiligen Länder und ihrer Bevölkerung gewährleisten sollten.

Dr. John Coleman

I. Die Bedrohung durch die Vereinten Nationen

D ie Geschichte der Gründung der Vereinten Nationen ist ein klassischer Fall von Diplomatie durch Lügen. Die Vereinten Nationen traten die Nachfolge des aufgelösten Völkerbundes an, dem ersten Versuch, im Zuge der Pariser Friedenskonferenz, die zum Versailler Vertrag führte, eine einheitliche Weltregierung zu etablieren.

Die Friedenskonferenz wurde am 18. Januar 1919 in Versailles, Frankreich, in Anwesenheit von 70 Delegierten eröffnet, die die internationalen Bankiers der 27 "siegreichen" alliierten Mächte vertraten. Es ist eine Tatsache, dass die Delegierten von ihrer Auswahl bis zu ihrer Rückkehr in ihre Länder und sogar noch lange danach unter der Leitung der internationalen Bankiers standen.

Um es klar zu sagen: Der Zweck der Friedenskonferenz war es, Deutschland auszubluten; es ging darum, riesige Geldsummen für die internationalen Räuber-Bankiers zu bekommen, die neben den schrecklichen Verlusten des fünfjährigen Krieges (1914-1919) bereits obszöne Gewinne eingefahren hatten. Allein Großbritannien hatte 1.000.000 Tote und über 2.000.000 Verwundete zu beklagen. Der Kriegshistoriker Alan Brugar schätzt, dass die internationalen Bankiers mit jedem gefallenen Soldaten einen Gewinn von 10.000 US-Dollar erzielten. Das Leben ist billig, wenn es um das Komitee der 300 Iluminati-Rothschild-Warburg-Bankiers geht, die Herren der Federal Reserve, die beide Seiten des Krieges finanzierten.

Es ist auch nützlich, daran zu erinnern, dass H. G. Wells und Lord Bertrand Russell diesen schrecklichen Krieg vorausgesehen hatten, in dem Millionen von Menschen - die Blumen der mehrheitlich christlichen Nationen - sinnlos starben. Die Mitglieder des Komitees der 300 hatten den Krieg so geplant, dass die internationalen Bankiers einen großen Profit daraus ziehen konnten. H.G. Wells war als der "Prophet" des Komitees der 300 bekannt. Es stimmt, dass Wells lediglich die Ideen der Britischen Ostindien-Kompanie (BEIC) aktualisierte, die von Jeremy Bentham und Adam Smith umgesetzt wurden, um nur zwei der Abrissbirnen zu nennen, die von König George III. eingesetzt wurden, um die wirtschaftliche Zukunft der nordamerikanischen Siedler zu untergraben und zu sabotieren, die den wirtschaftlichen Schwierigkeiten entkommen wollten, die durch die Übernahme ihres Landes durch die venezianische Bankierkaste in den späten 1700er Jahren entstanden waren.

In einem von Wells verfassten und im *Banker* veröffentlichten Artikel (von dem ich ein Exemplar im British Museum in London gefunden habe) legt Wells die zukünftige Rolle des Internationalen Währungsfonds (IWF) und der Bank der Banken, der Bank für Internationalen Zahlungsausgleich (BIZ), dar. Wenn wir, die souveränen Völker, die Rolle der internationalen Banken bei der Anzettelung von Kriegen und später bei der Finanzierung beider Seiten verstehen, könnten Kriege der Vergangenheit angehören. Bis dahin werden Kriege das bevorzugte Instrument der internationalen Banken bleiben, um ihre Einnahmen zu steigern und unliebsame Bevölkerungsgruppen loszuwerden, wie Bertrand Russell treffend formulierte.

In seinem Buch *After Democracy* behauptet Wells, dass, sobald die Wirtschaftsordnung (soziale Energie) einer einzigen, diktatorischen Weltregierung etabliert ist, eine politische und soziale Ordnung durchgesetzt wird. Genau darauf zielten die Pariser Friedensgespräche ab, die 1919 begannen und sich hauptsächlich auf ein Memorandum stützten, das vom Royal Institute for International Affairs (RIIA) verfasst worden war.

Die RIIA verfasste einen 23-Punkte-Vorschlag und schickte ihn an Woodrow Wilson, der ihn Mandel Huis, (alias Colonel

House), Wilsons Kontrolleur niederländisch-jüdischer Abstammung, übergab.

Oberst House reiste sofort nach Magnolia, seinem Privatwohnsitz in Massachusetts, wo er die Anzahl der Vorschläge auf 14 reduzierte und damit die Grundlage für die "14 Punkte" schuf, die Präsident Wilson im Dezember 1918 auf der Pariser Friedenskonferenz vorlegte.

Wilsons Ankunft in Paris wurde von der armen und betrogenen Bevölkerung, die des Krieges überdrüssig war und in Wilson den Verkünder des ewigen Friedens sah, mit ungezügeltem Enthusiasmus begrüßt. Wilson kleidete seine Reden in eine wahre Sprache, in einen neuen Geist des Idealismus, während er gleichzeitig die Absicht hatte, die Kontrolle der Welt durch die internationalen Bankiers mithilfe des Völkerbundes zu sichern.

Der Leser sollte die Ähnlichkeit zwischen der Art und Weise, wie der Völkerbundsvertrag und sein Nachfolger, die Vereinten Nationen, präsentiert wurden, nicht aus den Augen verlieren. Die deutschen Delegierten wurden von den Debatten ferngehalten, bis die Bedingungen so weit waren, dass sie der Konferenz vorgelegt werden konnten. Russland war nicht vertreten, da sich die öffentliche Meinung vehement gegen den Bolschewismus wandte. Der britische Premierminister Lloyd George und Präsident Wilson wussten genau, dass die bolschewistische Revolution kurz vor einem Erfolg stand, der für das russische Volk schreckliche Folgen haben würde.

Von Anfang an hatte der Oberste Rat der Großen Zehn (Vorläufer des UN-Sicherheitsrats) die Oberhand. Der Rat setzte sich aus Wilson, Lansing, Lloyd George, Balfour, Pichon, Orlando, Sonnino (beide vertraten die Bankiers des schwarzen Adels von Venedig), Clemenceau, Saionji und Makino zusammen.

Am 25. Januar 1919 setzte sich die Agenda der RIIA durch. Die Delegierten der Konferenz verabschiedeten einstimmig eine Resolution zur Gründung eines Völkerbundes. Ein Komitee wird ausgewählt (dessen Mitglieder tatsächlich von der RIIA ernannt werden), das sich um die Reparationen Deutschlands kümmern soll. Am 15. Februar 1919 kehrte Wilson in die USA und Lloyd

George nach London zurück. Im März jedoch sind die beiden Männer wieder in Paris, um daran zu arbeiten, wie man Deutschland am besten finanziell ausbluten lassen kann, und der Rat der Zehn, der sich als zu groß erwiesen hat, wird auf den Rat der Vier reduziert.

Die Briten luden den General Jan Christian Smuts, einen Veteranen des Burenkriegs, zu den Gesprächen ein, um dem beklagenswerten Komplott eine Aura des guten Willens zu verleihen. Smuts war ein Verräter an seinem eigenen Volk. Als Premierminister hatte er Südafrika in den Ersten Weltkrieg hineingezogen, obwohl 78% seines Volkes, das der Meinung war, keine Differenzen mit Deutschland zu haben, dagegen waren. Smuts war Teil des Komitees, das aus Wilson, House, Lord Cecil Kontrolleur der britischen Königsfamilie (siehe meine Monografie *King Makers/King Breakers*[1]), Bourgeois und Venizelos bestand.

Der Völkerbund wurde im Januar 1920 gegründet. Er hatte seinen Sitz in Genf und bestand aus einem Generalsekretär, einem Rat (der aus den fünf Großmächten ausgewählt wurde) und einer Generalversammlung. Die deutsche Nation wurde verschachert, da die Friedensbedingungen weit über den vereinbarten Bedingungen lagen, als Deutschland dazu überredet wurde, die Waffen niederzulegen. Die deutsche Armee wurde nicht auf dem Schlachtfeld besiegt. Sie wurde durch verlogene Diplomatie besiegt.

Die internationalen Bankiers wurden zu den großen Gewinnern, die Deutschland schließlich aller seiner wichtigsten Vermögenswerte beraubten und enorme Zahlungen als "Wiedergutmachung" erhielten. Der RIIA glaubte nun, er habe "alles im Sack", um Wilson zu zitieren. Allerdings hatte die RIIA nicht die große Anzahl von US-Senatoren berücksichtigt, die die amerikanische Verfassung kannten. Im Gegensatz dazu liegt die Zahl der Senatoren und Kongressabgeordneten, die die US-Verfassung heute wirklich kennen, bei nur etwa 20.

---

[1] *Königsmacher und Königsbeseitiger*, NDT.

So hat beispielsweise Senator Robert Byrd, ein bekennender Protegé Rockefellers, kürzlich erklärt, ein Vertrag sei das oberste Gesetz eines Landes. Offenbar ist Senator Byrd nicht bewusst, dass ein Vertrag, damit er gültig ist, mit einem souveränen Land geschlossen werden muss, und die Vereinten Nationen haben, wie wir noch sehen werden, keine Souveränität. Wie dem auch sei, ein Vertrag ist nur ein Gesetz und kann keinen Vorrang vor der Verfassung der Vereinigten Staaten haben, noch kann er aufrechterhalten werden, wenn er die Souveränität und Sicherheit der Vereinigten Staaten bedroht.

Wenn Senator Byrd dieser Meinung ist, fragen wir uns, warum er dafür gestimmt hat, den Panamakanal zu verschenken. Als die Vereinigten Staaten das Land von Kolumbien für den Panamakanal erwarben, wurde dieses Land zu souveränem amerikanischem Territorium. Daher war die Abtretung des Panamakanals verfassungswidrig und illegal, wie wir im Kapitel, das sich mit dem Carter-Torrijos-Vertrag über den Panamakanal befasst, sehen werden.

Als der Völkerbundvertrag im März 1920 dem US-Senat vorgelegt wurde, erkannten 49 Senatoren die immensen Auswirkungen, die er mit sich brachte, und weigerten sich, ihn zu ratifizieren. Es wurde viel diskutiert, verglichen mit dem, was als Debatte durchging, als die Charta der Vereinten Nationen 1945 dem Senat vorgelegt wurde. Mehrere Änderungsanträge zum Gesellschaftsvertrag wurden von der RIIA eingereicht. Sie waren für Präsident Wilson akzeptabel, wurden aber vom Senat abgelehnt. Am 19. November 1920 lehnte der Senat den Vertrag mit und ohne Vorbehalt mit einem Abstimmungsergebnis von 49-35 ab.

Die internationalen Bankiers forderten Wilson daraufhin auf, sein Veto gegen eine gemeinsame Resolution des Kongresses einzulegen, in der das Ende des Krieges mit Deutschland erklärt wurde, damit sie die deutsche Nation noch ein ganzes Jahr lang abschlachten konnten. Erst am 18. April 1945 löste sich der Völkerbund auf und übertrug alle seine Vermögenswerte (hauptsächlich das Geld, das dem deutschen Volk nach dem

Ersten Weltkrieg abgenommen worden war, und die nicht zurückgezahlten Kriegsanleihen der Alliierten an die Vereinigten Staaten) auf die Vereinten Nationen. Mit anderen Worten: Das Komitee der 300 gab sein Projekt einer einheitlichen Weltregierung nie auf und wartete auf die Existenz der Vereinten Nationen, um den diskreditierten Völkerbund aufzulösen.

Das Geld, das der Völkerbund an die Vereinten Nationen überwiesen hat, gehört von Rechts wegen dem souveränen Volk der Vereinigten Staaten. Die Vereinigten Staaten hatten sogenannten Verbündeten Milliarden von Dollar vorgestreckt, um die Kastanien aus dem Feuer zu holen, nachdem sie sich 1914 mit Deutschland gestritten hatten und Gefahr liefen, den Kampf zu verlieren...

1923 wurde ein amerikanischer Beobachter zur Konferenz der alliierten Mächte in Lausanne entsandt, um über die Rückzahlung der den USA geschuldeten 10,4 Milliarden Dollar und die Aufteilung der ölproduzierenden Länder des Nahen Ostens zwischen den USA zu diskutieren. Die internationalen Bankiers widersetzten sich der amerikanischen Intervention in Lausanne auf der Grundlage von Anweisungen, die sie aus Chatham House, dem Sitz der RIIA, erhalten hatten. Die erste Rückzahlungsvereinbarung wurde mit Großbritannien getroffen, das die Kriegsanleihen über einen Zeitraum von 62 Jahren zu einem Zinssatz von 3,3% zurückzahlen musste.

Im November 1925 und im April 1926 schlossen die USA mit Italien und Frankreich Abkommen über die Rückzahlung ihrer Anteile an den Kriegskrediten für denselben Zeitraum. Im Mai 1930 hatten 17 Nationen, denen die USA Geld geliehen hatten, Vereinbarungen über die Rückzahlung ihrer gesamten Kriegskredite in Höhe von fast 11 Milliarden US-Dollar unterzeichnet.

Im November 1932 wurde der erste offen sozialistische Präsident der Vereinigten Staaten, Franklin D. Roosevelt, gewählt. Sein Einzug ins Weiße Haus begann mit der Ermordung von Präsident William McKinley, gefolgt von der Wahl des "Patrioten" Teddy Roosevelt, dessen Aufgabe es war, die Türen für den Sozialismus zu öffnen, der von Franklin D. Roosevelt eingeleitet werden sollte. Auf Anweisung des Chatham House verlor Roosevelt keine Zeit, um die Nichterfüllung der von den Alliierten unterzeichneten Kreditvereinbarungen zu bestätigen. Am 15. Dezember 1932 waren alle Nationen, die den USA Milliarden von Dollar für Kriegsschulden schuldeten, in Verzug. Großbritannien war der größte Schuldner und der größte Zahlungsausfall.

Ein großer Teil dieses Geldes, wie auch ein Großteil dessen, was nach dem Ersten Weltkrieg aus Deutschland herausgepresst wurde, floss in die Kassen des Völkerbundes und landete schließlich auf dem Konto der Vereinten Nationen. So opferte nicht nur Amerika sinnlos seine Soldaten auf den Schlachtfeldern Europas, sondern auch die Nationen, die den Ersten Weltkrieg auslösten, griffen ihm in die Taschen. Schlimmer noch: Wertlose Kriegsreparationsverpflichtungen wurden auf den amerikanischen Finanzmarkt gespült und kosteten die Steuerzahler weitere Milliarden Dollar.

Wenn es eine Sache gibt, die wir über das Komitee der 300 gelernt haben, dann ist es die, dass sie niemals aufgeben. Es gibt ein Sprichwort, das besagt, dass sich die Geschichte wiederholt; das trifft sicherlich auf die Absicht des Komitees der 300 zu, den USA eine einzige Weltregierungsorganisation aufzuzwingen. H. G. Wells beschrieb diese Organisation in seinem Werk *The Shape of Things to* Come[2] als "eine Art offene Verschwörung - ein Kult des Weltstaates" (d. h. einer einzigen Weltregierung).

Der Weltstaat (OWG), so Wells, "muss der einzige Landbesitzer auf der Erde sein. Alle Wege müssen zum Sozialismus führen". In seinem Buch *After Democracy* macht Wells deutlich, dass nach der Errichtung der Weltwirtschaftsordnung (durch den Internationalen Währungsfonds und die Bank für Internationalen Zahlungsausgleich) die politische und soziale Ordnung auf totalitäre Weise durchgesetzt wird. Im Kapitel über das Tavistock Institute for Human Relations wird erläutert, wie

---

[2] "Die Form der zukünftigen Dinge", NDT.

Tavistocks "Operations Research" die treibende Kraft hinter den drastischen Reformen in Wirtschaft und Politik sein sollte.

Im Fall der USA bestand der Plan nicht darin, die US-Regierung oder ihre Verfassung zu stürzen, sondern sie "vernachlässigbar zu machen". Dies wurde weitgehend erreicht, indem das 1920 von der Fabian Society verfasste sozialistische Manifest, das auf dem Kommunistischen Manifest von 1848 basierte, langsam und sorgfältig umgesetzt wurde.

Ist diese Tatsache, die Verfassung "vernachlässigbar" zu machen, nicht genau das, was passiert? Wenn die US-Regierung fast täglich und ungestraft gegen die Verfassung verstößt, macht dies die Verfassung in der Tat "vernachlässigbar". Exekutive Anordnungen wie der Kriegseintritt ohne offizielle Kriegserklärung wie im Golfkrieg haben dazu beigetragen, dass die Verfassung völlig "vernachlässigbar" geworden ist. Es gibt absolut keine Bestimmung in der Verfassung für den Erlass von Exekutivbefehlen. Exekutivbefehle sind lediglich Proklamationen, zu denen der Präsident weder die Macht noch die Befugnis hat. Nur ein König kann Proklamationen aussprechen.

Der wieder aufgewärmte Völkerbund wurde dem US-Senat 1945 unter einem neuen Etikett aufgezwungen: dem Vertrag der Vereinten Nationen. Die Senatoren hatten nur drei Tage Zeit, um die Auswirkungen des Vertrags zu diskutieren, die in mindestens 18 Monaten Diskussion nicht vollständig hätten erörtert werden können. Wenn die Senatoren richtig verstanden hätten, worüber sie diskutierten, was bis auf wenige Ausnahmen nicht der Fall war, hätten sie eine angemessene Diskussionszeit gefordert. Tatsache ist, dass der Senat das Dokument nicht verstanden hat und es daher nicht hätte verabschieden dürfen.

Wenn die Senatoren, die den UN-Vertrag diskutierten, das Dokument richtig verstanden hätten, wäre es sicherlich abgelehnt worden. Abgesehen von allen anderen Überlegungen war das Dokument so schlecht geschrieben und in vielen Fällen so vage, irreführend und widersprüchlich, dass es allein aus diesen Gründen hätte abgelehnt werden können.

Ein Gesetz, die eigentliche Definition eines Vertrags, muss klar geschrieben und unmissverständlich sein. Davon war der UN-Vertrag weit entfernt. Die USA, die an ihre Verfassung gebunden waren, konnten den UN-Vertrag aus folgenden Gründen ohnehin nicht ratifizieren:

(1) Unsere Verfassung beruht auf dem Fundament der Souveränität, ohne das es keine Verfassung geben kann. Die Außenpolitik der Vereinigten Staaten basiert auf Vattels "Recht der Völker", das die Souveränität zum Problem macht. Zwar schweigt die Verfassung über die Weltregierung und ausländische Organisationen, doch wenn die Verfassung über eine Macht schweigt und diese in der Verfassung nicht akzessorisch zu einer anderen Macht ist, dann handelt es sich um eine Hemmung dieser Macht oder um ein PROHIBITION dieser Macht.

(2) Die Vereinten Nationen sind kein souveränes Organ, sie haben keine messbare Macht, die sich auf ein eigenes Territorium beschränkt. Sie sind auf amerikanischem Boden in New York in einem von den Rockefellers geliehenen Gebäude untergebracht. Gemäß der Verfassung der Vereinigten Staaten können wir keine Verträge mit einer Nation oder einem Organismus schließen, der nicht souverän ist. Die Vereinigten Staaten könnten (und dürfen) keinen Vertrag mit einer Organisation oder einem Land schließen, das keine Souveränität besitzt. Die Vereinigten Staaten können einen Vertrag mit einem Land oder einer Organisation ohne Souveränität schließen, aber sie können niemals einen Vertrag mit einer Organisation ohne Souveränität schließen.

(3) Für den Senat ist der Versuch, einen Vertrag mit einer Organisation, einem Staat oder einem Land ohne Souveränität, definierte Grenzen, demografische Daten, ein Währungssystem, eine Reihe von Gesetzen oder eine Verfassung, nämlich den Vereinten Nationen, zu ratifizieren, gleichbedeutend mit dem Verrat an dem Eid, die Verfassung zu verteidigen, den die Senatoren geschworen haben. Dies wird gemeinhin als Hochverrat bezeichnet.

(4) Damit die USA Mitglied der Vereinten Nationen werden können, müssten zwei Verfassungsänderungen verabschiedet werden. Der erste Änderungsantrag müsste die Existenz einer Weltorganisation anerkennen. In ihrer derzeitigen Form kann die Verfassung die Vereinten Nationen nicht als Weltorganisation anerkennen. Ein zweiter Änderungsantrag sollte festlegen, dass die Vereinigten Staaten ein Vertragsverhältnis mit einem nicht souveränen globalen Organismus eingehen können. Keine dieser Änderungen wurde jemals vorgeschlagen, geschweige denn vom Senat angenommen und von allen Staaten ratifiziert.

So hat der durchaus verdächtige UN-"Vertrag" in den USA nie Gesetzeskraft erlangt. So wie die Dinge 1945 und 1993 lagen, hat der Präsident zwar die Macht, in außenpolitischen Angelegenheiten mitzureden, aber er hat nicht die Macht - und hatte sie auch nie -, mit einer Weltorganisation eine Vereinbarung - geschweige denn einen Vertrag - zu schließen. Das bedeutet absolut, dass keine andere globale Organisation, insbesondere die Vereinten Nationen, die Befugnis hat, US-Militärs zu entsenden oder den USA zu befehlen, außerhalb der von unseren Gründervätern auferlegten verfassungsrechtlichen Beschränkungen zu handeln.

Senator David I. Walsh, einer der wenigen Politiker, die die verfassungsrechtlichen Gefahren der UN-Charta mit ihren gravierenden Mängeln erkannt haben, erklärte seinen Kollegen Folgendes:

"Die einzigen aggressiven oder friedensbrechenden Handlungen, von denen die Charta sicher ist, dass sie mit ihnen umgehen kann, sind diejenigen, die von kleinen Nationen begangen werden, d.h. von den Nationen, die am wenigsten fähig und am wenigsten wahrscheinlich sind, einen weiteren globalen Konflikt auszulösen. Selbst in diesen Fällen, Herr Präsident, können Ermittlungen und Präventivmaßnahmen willkürlich von jeder der fünf Großmächte, die ständige Mitglieder des Sicherheitsrates sind, gelähmt werden...".

"So ist jede kleine Nation, die die Schirmherrschaft genießt oder als Instrument oder Marionette einer der Großmächte dient, genauso sicher vor Einmischung wie die Großen Fünf selbst. Sehen wir den Tatsachen ins Auge: Die Charta bietet uns ein Instrument, um kriegerische Handlungen von Ländern zu stoppen, die nicht die Macht haben, Krieg zu führen. Die Gefahr eines groß angelegten Konflikts liegt nicht in den Streitigkeiten zwischen Ländern. Diese Streitigkeiten können begrenzt und abgeschwächt werden".

"Die Bedrohung besteht vielmehr darin, dass kleine Mächte im Interesse eines großen Nachbarn handeln und von diesem Nachbarn in ihrem Handeln provoziert werden. Aber in diesem Fall kann das Vetoprivileg, das die Großmacht gegen das Handeln der Vereinten Nationen immun macht, funktionieren, um die kleine Satellitennation immun zu machen. Die Präventivmaschinerie funktioniert problemlos, bis der Punkt der tatsächlichen Gefahr erreicht ist, der Moment, in dem eine Nation stark genug ist, um einen Weltkrieg zu beschleunigen, tritt ein und kann dann gestoppt werden".

"Wir können in der Tat davon ausgehen, dass jedes kleine Land versucht und gedrängt werden könnte, den Schutzpatron einer Großmacht zu suchen. Nur auf diese Weise kann es einen indirekten Anteil an dem Kontrollmonopol erhalten, über das die großen Fünf verfügen. Einer der Mängel der Charta, Herr Präsident, ist, dass ihr Straf- und Zwangshebel nur gegen eine wirklich kleine, unabhängige Nation angewendet werden könnte". (Der Irak ist ein Paradebeispiel für die Fäulnis der Charta der Vereinten Nationen.)

"Um den Preis ihrer Unabhängigkeit könnte sich eine dieser Nationen von der Zwangsgewalt der Charta befreien, indem sie einfach ein Abkommen mit einer Veto-Nation schließt...".

Senator Hiram W. Johnson, der neben Senator Walsh einer der wenigen war, die die Charta der Vereinten Nationen gesehen haben, erklärte Folgendes:

"In mancher Hinsicht ist er ein ziemlich schwaches Schilfrohr. Es unternimmt nichts, um einen von einer der fünf

Großmächte begonnenen Krieg zu stoppen; es gibt jeder Nation die völlige Freiheit, Krieg zu führen. Unsere einzige Hoffnung, den Weltfrieden zu erhalten, besteht daher darin, dass keine der fünf großen Nationen sich für einen Krieg entscheidet...".

Die Tatsache, dass das amerikanische Volk keinen Schutz und keine Rechtsmittel gegen das Kriegspotenzial der Vereinten Nationen hat, wurde durch den Golfkrieg bestätigt, als Präsident Bush Amok lief und die Bestimmungen der Verfassung mit Füßen trat. Hätte Präsident Bush die entsprechenden Verfahren eingehalten und versucht, eine Kriegserklärung zu erwirken, wäre der Golfkrieg nie zustande gekommen, da er eine Absage erhalten hätte. Millionen von Irakern und über 300 US-Soldaten hätten nicht unnötig ihr Leben verloren.

Der Präsident ist erst dann Oberbefehlshaber unserer Streitkräfte, wenn eine rechtmäßige Kriegserklärung vom Kongress abgegeben wurde und sich die Nation offiziell im Krieg befindet. Wäre der Präsident zu jedem Zeitpunkt Oberbefehlshaber, hätte das Amt die gleichen Befugnisse wie ein König - was die Verfassung ausdrücklich verbietet. Vor dem Golfkrieg akzeptierte CNN die falsche Prämisse, dass Bush als Oberbefehlshaber unserer Streitkräfte das Recht hatte, die Armee in den Krieg zu ziehen. Diese gefährliche Interpretation wurde schnell von den Medien aufgegriffen und wird heute als Tatsache akzeptiert, obwohl dies verfassungsrechtlich nicht der Fall ist.

Eine grobe Täuschung, die dem amerikanischen Volk gegenüber praktiziert wird, ist, dass der Präsident jederzeit der Oberbefehlshaber der Streitkräfte ist. Die Mitglieder des Senats und des Repräsentantenhauses sind so schlecht über die Verfassung informiert, dass sie Präsident George Bush damit durchkommen ließen, fast 500 000 Soldaten in den Golf zu schicken, um einen Krieg für British Petroleum zu führen und einen persönlichen Hass auf Saddam Hussein zu befriedigen. Bush verlor das Vertrauensverhältnis, das er zu diesem Zeitpunkt zum amerikanischen Volk haben sollte. Präsident Bill Clinton hat zuletzt mit dieser falschen Vorstellung eines "Oberbefehlshabers" versucht, die Armee dazu zu zwingen,

Homosexuelle im Dienst zu akzeptieren, wozu er keine Macht hat. Dabei geht es weniger um eine moralische Frage als vielmehr darum, dass der Präsident seine Autorität überschreitet.

Die tragische Wahrheit in Bezug auf das US-Militär, das zum Kampf eingesetzt wurde - wie es von den Vereinten Nationen im Korea- und Golfkrieg eingesetzt wurde - ist, dass diejenigen, die in diesen Kriegen starben, nicht für ihr Land starben, denn für unser Land unter unserer Flagge zu sterben, stellt einen Akt der Souveränität dar, der im Korea- und Golfkrieg völlig fehlte. Da weder der Sicherheitsrat noch irgendein Rat der Vereinten Nationen Souveränität besitzt, ist die Flagge der Vereinten Nationen bedeutungslos.

Nicht eine einzige Resolution des UN-Sicherheitsrats, die die USA direkt oder indirekt betrifft, ist gültig, da diese Resolutionen von einem Gremium verabschiedet werden, das selbst keinerlei Souveränität besitzt. Die Verfassung der Vereinigten Staaten steht über jeder sogenannten Weltorganisation, und dazu gehören insbesondere die Vereinten Nationen, die Verfassung der Vereinigten Staaten steht über und über jeder Vereinbarung oder jedem Vertrag, der mit einer Nation oder einer Gruppe von Nationen geschlossen wird, unabhängig davon, ob diese mit den Vereinten Nationen verbunden sind oder nicht. Doch die Vereinten Nationen verleihen dem Präsidenten der Vereinigten Staaten de facto und de jure unbegrenzte diktatorische Vollmachten, die von der US-Verfassung nicht gewährt werden.

Was Präsident Bush während des Golfkriegs tat, umging die Verfassung, indem er eine Proklamation (einen Exekutivbefehl) direkt im Namen des UN-Sicherheitsrats herausgab. Das Repräsentantenhaus und der Senat versäumten ihrerseits ihre verfassungsmäßige Pflicht, die illegale Herausgabe eines solchen Befehls zu verhindern. Sie hätten dies tun können, indem sie sich weigerten, den Krieg zu finanzieren. Weder das Repräsentantenhaus noch der Senat hatten das Recht und haben es auch heute nicht, eine Vereinbarung (oder einen Vertrag) mit einer globalen Organisation zu finanzieren, die sich über die Verfassung der Vereinigten Staaten erhebt, insbesondere wenn diese globale Organisation keine Souveränität besitzt, und vor allem, wenn diese Organisation die Sicherheit der Vereinigten Staaten bedroht.

Das öffentliche Gesetz[3] 85766, Abschnitt 1602 besagt:

"...Kein Teil der in diesem oder einem anderen Gesetz zugewiesenen Mittel darf verwendet werden, um ... eine Person, eine Firma oder ein Unternehmen oder eine Kombination von Personen, Firmen oder Unternehmen zu bezahlen, um eine Studie durchzuführen oder zu planen, wann oder wie oder unter welchen Umständen die Regierung der Vereinigten Staaten dieses Land und seine Bevölkerung an irgendeine ausländische Macht abtreten sollte."

Das öffentliche Gesetz 471, Abschnitt 109, legt außerdem fest:

"Es ist illegal, Gelder für jedes Projekt zu verwenden, das eine Weltregierung oder die Staatsbürgerschaft innerhalb einer vereinten Welt fördert."

Wie sind die Vereinten Nationen also mit diesem Grundrecht umgegangen? Der Korea-, der Vietnam- und der Golfkrieg verletzten auch die Verfassung der Vereinigten Staaten, da sie gegen Artikel 1, Abschnitt 8, Klausel 11 verstoßen haben:

"Der Kongress wird die Macht haben, den Krieg zu erklären."

Es ist nicht gesagt, dass das Außenministerium, der Präsident oder die Vereinten Nationen dieses Recht haben...

Die Vereinten Nationen möchten, dass wir unser Land zum Krieg in fremden Gebieten verpflichten, aber Artikel 1, Abschnitt 10, Klausel 1 besagt, dass keine Vorkehrungen getroffen werden, die es den Vereinigten Staaten als Nation erlauben, sich zum Krieg in fremden Ländern zu verpflichten. Darüber hinaus erlaubt Artikel 1, Abschnitt 8, Klausel 1, dass Steuereinnahmen nur für folgende Zwecke ausgegeben werden dürfen:

(1) "... die Schulden zu bezahlen, für die gemeinsame Verteidigung und das allgemeine Wohlergehen der

---

[3] Public Law, NDT.

Vereinigten Staaten zu sorgen".

Er sagt nichts über die Zahlung von Beiträgen (Tribut) an die Vereinten Nationen oder eine andere Weltorganisation aus, und es wird keine Befugnis erteilt, dies zuzulassen. Darüber hinaus gibt es das Verbot in Artikel 1, Abschnitt 10, Klausel 1, in dem es heißt:

(2) "Kein Staat darf ohne die Zustimmung des Kongresses ... in Friedenszeiten Truppen oder Kriegsschiffe unterhalten ... oder sich am Krieg beteiligen, es sei denn, er ist tatsächlich überfallen oder in unmittelbarer Gefahr."

Da es seit dem Zweiten Weltkrieg keine gültige verfassungsmäßige Kriegserklärung durch den Kongress gegeben hat, befinden sich die Vereinigten Staaten im Frieden, und daher sind unsere in Saudi-Arabien oder irgendwo in der Region des Persischen Golfs, in Botswana und Somalia stationierten Truppen dort verfassungswidrig und sollten nicht finanziert, sondern sofort nach Hause gebracht werden.

Die brennende Frage für die USA sollte lauten: "Wie konnten die Vereinten Nationen die Anwendung von Gewalt gegen den Irak genehmigen (d. h.: den Krieg erklären), obwohl sie keinerlei Souveränität besitzen, und warum haben unsere Vertreter einer solchen Parodie und einem solchen Verstoß gegen unsere Verfassung, die zu verteidigen sie geschworen haben, zugestimmt? "Außerdem haben die Vereinten Nationen keine Souveränität, was laut unserer eigenen Verfassung notwendig ist, um einen Vertrag mit den USA abzuschließen.

Was macht die Souveränität aus? Sie basiert auf einem angemessenen Territorium, einer konstitutionellen Geldform, einer substanziellen Bevölkerung innerhalb klar abgegrenzter und definitiv messbarer Grenzen. Die Vereinten Nationen erfüllen diese Bedingungen absolut nicht, und egal, was unsere Politiker sagen, die Vereinten Nationen können niemals als souveräner Organismus im Sinne der Definition von Souveränität in der amerikanischen Verfassung angesehen werden. Daraus folgt, dass wir niemals einen Vertrag mit den Vereinten Nationen schließen können, weder jetzt noch jemals.

Die Antwort könnte lauten, dass die Senatoren 1945 entweder aus reiner Unkenntnis der Verfassung oder als Diener des Komitees der 300 die Charta der Vereinten Nationen unter Verletzung ihres Eides, die Verfassung der Vereinigten Staaten zu verteidigen und aufrechtzuerhalten, gebilligt haben.

Die Vereinten Nationen sind ein zielloser, wurzelloser Blutegel, ein Parasit, der sich von seinem amerikanischen Wirt ernährt. Wenn es UN-Truppen in diesem Land gibt, sollten sie sofort ausgewiesen werden, denn ihre Anwesenheit in unserem Land ist eine Beschmutzung unserer Verfassung und sollte, ja kann von denen, die einen Eid auf die Einhaltung der Verfassung geschworen haben, nicht geduldet werden. Die Vereinten Nationen sind eine kontinuierliche Erweiterung der 1920 etablierten fabiano-sozialistischen Plattform, von der jedes Element genau in Übereinstimmung mit dem fabiano-sozialistischen Projekt für Amerika umgesetzt wurde. Die Präsenz der Vereinten Nationen in Kambodscha und ihre Untätigkeit in Bosnien und Herzegowina müssen nicht weiter ausgebaut werden.

Einige Gesetzgeber durchschauten die UN-Vereinbarung. Eine von ihnen war die Abgeordnete Jessie Sumner aus Illinois:

"Herr Präsident, Sie wissen natürlich, dass das Friedensprogramm unserer Regierung nicht der Frieden ist. Die Bewegung wird von denselben alten Kriegstreibern angeführt, die sich immer noch als Friedensfürsten ausgeben, die uns in den Krieg verwickelt haben, während sie gleichzeitig behaupten, ihr Ziel sei es, uns vom Krieg fernzuhalten (eine sehr passende Beschreibung von Diplomatie durch Lügen). Wie das Leihgeschäft und andere Gesetzesvorlagen, die uns in den Krieg verwickelt haben, während sie versprachen, uns vom Krieg fernzuhalten, wird diese Maßnahme (der UN-Vertrag) uns in alle künftigen Kriege verwickeln".

Dem Abgeordneten Sumner schloss sich ein weiterer versierter Gesetzgeber, der Abgeordnete Lawrence H., an. Smith:

"Für diesen Vorschlag zu stimmen, bedeutet, dem

Weltkommunismus seine Zustimmung zu geben. Warum sollte er sonst die volle Unterstützung aller Formen des Kommunismus anderswo haben? Diese Maßnahme (der Vereinten Nationen) trifft das Herz der Verfassung. Sie sieht vor, dass die Macht, einen Krieg zu erklären, dem Kongress entzogen und dem Präsidenten gegeben wird. Das ist das Wesen der Diktatur und der diktatorischen Kontrolle, zu der alles andere unweigerlich tendieren muss".

Smith erklärte außerdem:

"Der Präsident wird mit absoluter Macht ausgestattet (die die Verfassung der Vereinigten Staaten nicht gewährt), um zu einem Zeitpunkt seiner Wahl und unter jedem Vorwand unsere Söhne und Töchter aus ihren Häusern zu reißen, um zu kämpfen und im Kampf zu sterben, und zwar nicht nur für die Dauer, die ihm genehm ist, sondern auch für die Dauer, die den Mehrheitsmitgliedern der internationalen Organisation genehm ist. Bedenken Sie, dass die Vereinigten Staaten in der Minderheit sein werden, sodass die Politik in Bezug auf die Dauer des Aufenthalts unserer Soldaten in fremden Ländern in jedem künftigen Krieg eher Sache fremder Nationen als unserer eigenen sein wird...".

Smiths Befürchtungen erwiesen sich als begründet, denn genau das tat Präsident Bush, als er unsere Söhne und Töchter aus ihren Häusern riss und sie unter dem Deckmantel der Vereinten Nationen, einer Weltorganisation ohne Souveränität, in den Golfkrieg schickte, um dort zu kämpfen. Der Unterschied zwischen einem Vertrag (was die 1945 vom Senat verabschiedeten Dokumente angeblich sein sollten) und einem Abkommen besteht darin, dass ein Vertrag Souveränität erfordert, während ein Abkommen keine Souveränität erfordert.

1945 debattierte der US-Senat nur drei Tage lang - wenn man das überhaupt als Debatte über die Verträge bezeichnen kann. Wie wir alle wissen, haben Verträge eine tausendjährige Geschichte, und der Senat konnte und hat die Charta der Vereinten Nationen nicht im vollen Umfang der ihm zur Verfügung stehenden Ressourcen geprüft. Das US-Außenministerium schickte seine hinterhältigsten Figuren, um die Senatoren zu belügen und zu verwirren. Ein gutes Beispiel dafür war die Aussage des verstorbenen John Foster Dulles, einer der 13 wichtigsten Illuminaten der USA, Mitglied des Komitees der 300 und einer einzigen Weltregierung, die unter ihrer Fuchtel steht.

Dulles und sein Team, das vom Komitee der 300 handverlesen wurde, wurden angewiesen, den Senat zu unterwandern und völlig zu verwirren, da die meisten von ihnen die Verfassung kaum kannten, wie die Aussage des Congressional Record ziemlich deutlich belegt. Dulles war ein unehrlicher Mensch, der offen log und kneifte, wenn er glaubte, bei einer Lüge ertappt werden zu können. Eine absolut verräterische und perfide Vorstellung.

Dulles hatte die Unterstützung von Senator W. Lucas, dem Agenten der Banker, der im Senat abgestürzt war. Senator Lucas hatte im Namen seiner Herren, der Wall-Street-Banker, Folgendes zu sagen:

"...Ich hänge sehr daran (an der Charta der Vereinten Nationen), denn jetzt ist der Zeitpunkt, an dem die Senatoren festlegen müssen, was die Charta bedeutet. Wir sollten nicht ein Jahr oder eineinhalb Jahre warten, wenn die Bedingungen anders sind (als unmittelbar nach dem Krieg). Ich möchte nicht sehen, dass ein Senator sein Urteil bis zu anderthalb Jahren zurückzieht...".

Offensichtlich bedeutete dieses stillschweigende Eingeständnis von Senator Lucas, dass es mindestens achtzehn Monate gedauert hätte, bis der Senat die Charta der Vereinten Nationen ordnungsgemäß geprüft hätte. Es war auch ein Eingeständnis, dass bei einer Prüfung der Dokumente der Vertrag abgelehnt werden würde.

Warum diese ungebührliche Eile? Hätte der gesunde Menschenverstand gesiegt, hätten die Senatoren ihre Hausaufgaben gemacht, hätten sie gesehen, dass es mindestens ein Jahr, wahrscheinlich sogar zwei Jahre gedauert hätte, die ihnen vorgelegte Charta richtig zu studieren und darüber abzustimmen. Hätten die Senatoren von 1945 dies getan, wären Tausende von Soldaten heute noch am Leben, anstatt ihr Leben für dieses nicht souveräne Organ, die Vereinten Nationen, geopfert zu haben.

So schockierend die Wahrheit auch klingen mag, die harte Realität ist, dass der Koreakrieg ein verfassungswidriger Krieg war, der im Namen einer nicht souveränen Organisation geführt wurde. Unsere tapferen Soldaten sind daher nicht für ihr Land gestorben. Dasselbe gilt für den Golfkrieg. Es wird noch viel mehr "Koreakriege" geben; der Golfkrieg und Somalia sind die Vergeltungsmaßnahmen für das Scheitern des US-Senats, den UN-Vertrag 1945 abzulehnen. Die USA haben sich deswegen an vielen verfassungswidrigen Kriegen beteiligt.

In seinem Standardwerk zum Verfassungsrecht schrieb Richter Thomas M. Cooley:

> "Die Verfassung an sich beugt sich niemals einem Vertrag oder einem Gesetzestext. Sie ändert sich nicht im Laufe der Zeit und beugt sich theoretisch nicht der Macht der Umstände... Der Kongress leitet seine Gesetzgebungsbefugnisse von der Verfassung ab, die das Maß seiner Autorität ist. Die Verfassung erlegt der Macht keine Beschränkungen auf, unterliegt aber impliziten Einschränkungen, wonach nichts nach der Verfassung des Landes getan werden kann oder eine Regierungsabteilung oder einen Bundesstaat seiner verfassungsmäßigen Autorität berauben darf - der Kongress und der Senat können in einem Vertrag einem Vertrag, der größer ist als sie selbst, oder der delegierten Macht des Senats und des Repräsentantenhauses keine Substanz verleihen. "

Professor Hermann von Hoist schrieb in seinem monumentalen Werk, *Constitutional Law of the United States:*

> "Über den Umfang einer vertraglichen Macht sagt die Verfassung nichts aus (d. h. sie ist vorbehalten - verboten), aber es ist klar, dass sie nicht unbegrenzt sein kann. Die Macht besteht nur nach Maßgabe der Verfassung, und ein Vertrag, der mit einer Bestimmung der Verfassung unvereinbar ist, ist daher unzulässig und nach dem Verfassungsrecht ipso facto null und nichtig."

Der UN-Vertrag verstößt gegen mindestens ein Dutzend Bestimmungen der Verfassung, und da ein "Vertrag" keinen Vorrang vor der Verfassung haben kann, ist jede seiner Resolutionen des Sicherheitsrats null und nichtig, soweit sie die Vereinigten Staaten betrifft. Dies schließt auch unsere angebliche Mitgliedschaft in dieser parasitären Organisation ein. Die Vereinigten Staaten waren nie Mitglied der Vereinten Nationen, sind es heute nicht und werden es auch nie sein können, es sei denn, wir, das Volk, stimmen zu, dass die Verfassung vom Senat geändert und von allen Staaten ratifiziert wird, um den Beitritt zu den Vereinten Nationen zu ermöglichen.

Es gibt eine Vielzahl von Fällen, in denen die Rechtsprechung diese Behauptung unterstützt. Da es nicht möglich ist, sie alle hier aufzunehmen, werde ich die drei Fälle erwähnen, in denen dieser Grundsatz festgestellt wurde: Cherokee Tobacco vs. the United States, Whitney vs. Robertson und Godfrey vs. Riggs (133 U.S., 256).

Um unsere Position zur Mitgliedschaft in den Vereinten Nationen zusammenzufassen: Wir, das souveräne Volk der Vereinigten Staaten, sind nicht verpflichtet, den Resolutionen der Vereinten Nationen Folge zu leisten, denn die Verkündung der Charta der Vereinten Nationen durch den Senat, mit der angeblich sichergestellt werden sollte, dass sich die Verfassung dem Recht der Vereinten Nationen beugt, steht im Widerspruch zu den Bestimmungen der Verfassung und ist daher ipso facto null und nichtig.

1945 wurden die Senatoren in dem Glauben bestochen, ein Vertrag habe Befugnisse, die über die Verfassung hinausgehen. Offensichtlich hatten die Senatoren nicht gelesen, was Thomas Jefferson zu sagen hatte;

> "Die Befugnis zum Abschluss von Verträgen als unbegrenzt zu betrachten, bedeutet, die Verfassung per Konstruktion zu unbeschriebenem Papier zu machen. "

Hätten sich die Senatoren 1945 die Mühe gemacht, die zahlreichen Informationen im Congressional Record über die Ausarbeitung von Verträgen und Abkommen zu lesen, hätten sie nicht aus Unwissenheit gehandelt, als sie der Charta der Vereinten Nationen zustimmten.

Die Vereinten Nationen sind in Wirklichkeit eine einzige Weltregierungsorganisation, die mit dem Ziel eingerichtet wurde, die Verfassung der Vereinigten Staaten zu zerschlagen - was eindeutig die Absicht ihrer ursprünglichen Autoren, der Fabianisten Sydney und Beatrice Webb, Dr. Leo Posvolsky und Leonard Woolf, war. Eine gute Quelle zur Bestätigung des oben Gesagten findet sich in *Fabian Freeway, High Road to Socialism in the U.S.* von Rose Martin.

Die Grundlagen der sozialistischen Verschwörung zur Unterwanderung der Vereinigten Staaten finden sich in Zeitungen wie dem *New Statesman* und der *New Republic*. Beide Zeitungen wurden um 1915 veröffentlicht und Kopien davon befanden sich im British Museum in London, als ich dort studierte. 1916 veröffentlichte *Brentanos* aus New York die gleichen Dokumente unter dem Titel: "International Government", begleitet von Lobeshymnen amerikanischer Sozialisten aller Couleur.

Wurde die Charta der Vereinten Nationen tatsächlich von den Verrätern Alger Hiss, Molotow und Poswolski geschrieben? Es gibt viele Beweise für das Gegenteil, aber im Großen und Ganzen ist Folgendes passiert: Die RIIA nahm das sozialistische Fabian-Dokument von Beatrice Webb und schickte es an Präsident Wilson, damit seine Bestimmungen in amerikanisches Recht umgeschrieben werden. Das Dokument wurde von Präsident Wilson nicht gelesen, sondern Oberst House zum sofortigen Handeln übergeben. Wilson und eigentlich alle Präsidenten nach ihm handelten stets wortkarg, wenn sie von unseren britischen Herren im Chatham House angesprochen wurden. Oberst House zog sich am 13. und 14. Juli 1918 in seine Sommerresidenz "Magnolia" in Massachusetts zurück, unterstützt und ermutigt von Professor David H. Miller von der Harvard Investigation Group, um die britischen Vorschläge für eine einheitliche Weltregierungsorganisation auszuarbeiten.

House kehrte mit einem Vorschlag von 23 Artikeln nach

Washington zurück, den das britische Außenministerium als Grundlage für den Völkerbund akzeptierte. Das war nichts anderes als ein Versuch, die amerikanische Verfassung zu unterwandern. Der Entwurf der "Kammer" wurde der britischen Regierung zur Genehmigung übermittelt und dann auf 14 Artikel gekürzt.

So entstanden Wilsons "14 Punkte", eigentlich nicht Wilsons, sondern eher die der britischen Regierung mit Hilfe des Sozialisten Walter Lippman - die später zur Grundlage eines Dokuments wurden, das auf der Pariser Friedenskonferenz vorgelegt wurde (Wenn von subversiven Geheimgesellschaften die Rede ist, sei darauf hingewiesen, dass das Wort "Frieden" strikt im kommunistisch-sozialistischen Sinne verwendet wird).

Hätten die Senatoren 1945 ihre Hausaufgaben gemacht, hätten sie schnell herausgefunden, dass der Vertrag der Vereinten Nationen nichts anderes war als eine aufgewärmte Version des sozialistischen Dokuments, das von den britischen Fabianisten erdacht und von ihren amerikanischen Cousins unterstützt worden war. Das hätte die Alarmglocken läuten lassen. Hätten die Senatoren herausgefunden, wer die verräterischen Verfasser des Völkerbunds wirklich waren, hätten sie das Dokument sicherlich ohne zu zögern abgelehnt.

Aus den Bemerkungen von Senator Harold A. geht hervor, dass die Senatoren nicht wussten, was sie sich ansahen. Burton:

> "Wir haben erneut die Möglichkeit, nicht einen Völkerbund, sondern die derzeitige Charta der Vereinten Nationen wiederzuerlangen und zu etablieren, obwohl 80% ihrer Bestimmungen (in der Charta der Vereinten Nationen) im Wesentlichen die gleichen sind wie die des Völkerbundes im Jahr 1919...".

Hätten die Senatoren den Congressional *Record* über den Völkerbund, insbesondere die Seiten 8175-8191, gelesen, hätten sie eine Bestätigung für Senator Burtons Behauptung gefunden, dass die Charta der Vereinten Nationen nichts anderes als eine erneuerte Charta des Völkerbundes war. Ihr Verdacht hätte geweckt werden müssen, dass der Völkerbund seine

Vermögenswerte auf die vorgeschlagenen Vereinten Nationen überträgt. Sie hätten auch bemerkt, dass die Aufgabe, die moderne Version des Völkerbundes umzugestalten, von einer Gruppe liederlicher Personen durchgeführt wurde, die kein Interesse am Wohlergehen der Vereinigten Staaten hatten: Alger Hiss, dessen Mentor der Verfassungszerstörer war, Felix Frankfurter, Leo Posvolsky und hinter ihnen die internationalen Bankiers, personifiziert durch die Rothschilds, Warburgs und Rockefellers.

Der ehemalige Kongressabgeordnete John Rarick hat dies sehr treffend ausgedrückt, als er die Vereinten Nationen als "Geschöpf der unsichtbaren Regierung" bezeichnete. Hätten die Senatoren nur einen Blick auf die Geschichte des wiederbelebten Völkerbundes geworfen, hätten sie entdeckt, dass er im Chatham House wiederbelebt wurde und 1941 mit Anweisungen des RIIA an Außenminister Cordell Hull (der vom Council on Foreign Relations ausgewählt wurde, wie alle Außenminister seit 1919) gesandt wurde, der seine Aktivierung anordnete.

Das Timing war perfekt, 14 Tage nach Pearl Harbor, als unsere britischen Meister davon ausgingen, dass dies nicht viel öffentliche Aufmerksamkeit erhalten würde, und nach dem Schrecken von Pearl Harbor würde die öffentliche Meinung ohnehin positiv ausfallen. So wurde Cordell Hull am 22. Dezember 1941 auf Wunsch der internationalen Bankiers des Komitees der 300 damit beauftragt, Präsident Roosevelt über seine Rolle bei der Präsentation der "neuen und verbesserten" Version des Völkerbunds zu informieren.

Das Schwesterkind des RIIA, der Council on Foreign Relations (CFR), empfahl Roosevelt, den Befehl zur sofortigen Einrichtung eines präsidialen Beratungsausschusses für die Nachkriegsaußenpolitik zu erteilen. Der CFR empfahl die Maßnahme wie folgt:

> "Die Charta der Vereinten Nationen soll das oberste Gesetz des Landes werden, und die Richter jedes Staates sollen ungeachtet gegenteiliger Bestimmungen in der Verfassung eines jeden Staates an sie gebunden sein."

Was die Senatoren 1945 entdeckt hätten, wenn sie sich die Mühe gemacht hätten, nachzusehen, war, dass die CFR-Richtlinie einem Verrat gleichkam, den sie nicht hätten billigen können, ohne ihren Eid auf die Verfassung zu brechen. Sie hätten herausgefunden, dass 1905 eine Gruppe internationaler Bankiers glaubte, die Verfassung unterwandern zu können, indem sie eine globale Organisation als Vehikel benutzte, und dass die CFR-Richtlinie lediglich Teil dieses laufenden Prozesses war.

Ein Vertrag kann rechtlich nicht über der Verfassung stehen, und doch hatte der Vertrag der Vereinten Nationen sehr wohl Vorrang vor der Verfassung. Die Verfassung oder Teile davon können nicht einfach vom Kongress aufgehoben werden, sondern ein Vertrag kann annulliert oder verworfen werden. Nach der Verfassung ist ein Vertrag nur ein Gesetz, das vom Kongress auf zwei Arten aufgehoben werden kann:

(1) Ein Gesetz verabschieden, das den Vertrag aufhebt.

(2) Die Finanzierung des Vertrags abschneiden.

Um einen solchen Machtmissbrauch zu verhindern, müssen wir, das souveräne Volk, von unserer Regierung verlangen, dass sie die Finanzierung der Vereinten Nationen, die sich am häufigsten in "Mitgliedsbeiträgen" ausdrückt, kappt. Der Kongress muss ein Ermächtigungsgesetz verabschieden, um alle Verpflichtungen der Vereinigten Staaten zu finanzieren, aber es ist eindeutig illegal, dass der Kongress eine Ermächtigungsfinanzierung für einen illegalen Zweck verabschiedet, wie unsere angebliche Mitgliedschaft in den Vereinten Nationen, die sich über die Verfassung gestellt hat. Hätten die Senatoren von 1945 die entsprechenden Nachforschungen angestellt und hätten sie Dulles nicht erlaubt, sie zu umgarnen, zu belügen, zu verschleiern, zu täuschen und in die Irre zu führen, hätten sie den folgenden Austausch zwischen Senator Henry M. Teller und Senator James B. Allen gefunden und daraus Profit geschlagen hätten. Hier ein vielsagender Austausch zwischen zwei Senatoren:

Senator Teller: "Es darf keinen Vertrag geben, der die

Regierung der Vereinigten Staaten in Bezug auf die Erhebung von Einnahmen bindet".

Senator Allen: "Sehr gut. Das ist in seiner Natur ganz und gar national und kann nicht Gegenstand eines Vertrags sein."

Senator Teller: "Es ist nicht, weil es sich um eine innere Angelegenheit handelt; es ist, weil die Verfassung diese Angelegenheit ausschließlich in die Hände des Kongresses gelegt hat."

Senator Allen: "Nein, Herr Präsident, nicht unbedingt, denn das Eintreiben von Steuern ist eine rein nationale Angelegenheit. Sie ist die Grundlage für das Leben der Nation, und sie muss von der Regierung allein ausgeübt werden, ohne die Zustimmung oder Beteiligung einer ausländischen Macht (oder einer Weltorganisation)...".

Ein Vertrag ist nicht das oberste Gesetz eines Landes. Er ist nur ein Gesetz, und nicht einmal ein sicheres Gesetz. Ein Vertrag, der die Verfassung gefährdet, ist ipso facto sofort null und nichtig. Außerdem kann ein Vertrag gebrochen werden. Dies ist in Vattels "Recht der Völker" auf Seite 194 gut belegt:

> "Im Jahr 1506 verpflichteten die in Tores versammelten Generalstände des Königreichs Frankreich Ludwig XII. dazu, einen Vertrag zu brechen, den er mit Kaiser Maximilian und Erzherzog Philipp, seinem Sohn, geschlossen hatte, weil dieser Vertrag für das Königreich verderblich war. Sie beschlossen auch, dass weder der Vertrag noch der damit verbundene Eid das Königreich binden können, das nicht das Recht hat, die Güter der Krone zu veräußern".

Es steht fest, dass der UN-Vertrag für die nationale Sicherheit und das Wohlergehen der Vereinigten Staaten zerstörerisch ist. In dem Maße, in dem eine Verfassungsänderung, die für die Mitgliedschaft der USA in den Vereinten Nationen erforderlich ist, nicht von allen 50 Staaten angenommen oder akzeptiert wurde, sind wir nicht Mitglied der Vereinten Nationen. Eine solche Änderung hätte das Recht des Kongresses, den Krieg zu erklären, unterworfen und die Kriegserklärung auf einer höheren

Ebene als der der Verfassung in die Hände der Vereinten Nationen gelegt, wodurch das US-Militär der Kontrolle und dem Kommando der Vereinten Nationen unterstellt worden wäre.

Darüber hinaus wäre eine Verfassungsänderung erforderlich, um eine Kriegserklärung der Vereinten Nationen und der Vereinigten Staaten in dasselbe Dokument aufzunehmen oder sogar direkt oder implizit damit in Verbindung gebracht zu werden. Allein in diesem Punkt bedrohen die Vereinten Nationen die Sicherheit der Verfassung, und daher ist allein in diesem Punkt unsere Mitgliedschaft in den Vereinten Nationen definitiv null und nichtig und darf nicht genehmigt werden. Senator Langer, einer der beiden Senatoren, die gegen die Charta der Vereinten Nationen stimmten, warnte seine Kollegen im Juli 1945, dass der Vertrag für Amerika große Gefahren mit sich bringe.

Der verstorbene US-Abgeordnete Larry McDonald stellte die massive Verhetzung und den Verrat des UN-Vertrags vollends bloß, wie im Congressional Record, Extension of Remarks, am 27. Januar 1982 unter der Überschrift "Get Us Out" nachzulesen ist:

> "Die Vereinten Nationen betreiben seit dreieinhalb Jahrzehnten eine gigantische, ungehinderte Verschwörung, meist auf Kosten der amerikanischen Steuerzahler, um unsere Republik in einer Weltregierung zu versklaven, die von der Sowjetunion und ihrer Dritten Welt dominiert wird. Da sie genug von dieser freilaufenden Verschwörung haben, sind immer mehr verantwortungsvolle Beamte und denkende Bürger bereit, sich zurückzuziehen...".

McDonald hatte Recht, aber in den letzten zwei Jahren haben wir einen deutlichen Wandel in der Art und Weise erlebt, wie die Vereinten Nationen hauptsächlich von Großbritannien und den USA geführt werden, und wir werden zu gegebener Zeit darauf zurückkommen. Unter Präsident Bush gab es einen klaren Wunsch, in den Vereinten Nationen zu bleiben, da dies sowohl seinem Politikstil als auch seinen königlichen Bestrebungen entsprach.

Im kriegsgeplagten Jahr 1945 glaubten die Senatoren, dass die Vereinten Nationen ein Mittel zur Beendigung von Kriegen sein würden. Sie ahnten nicht, dass das Ziel der Vereinten Nationen genau das Gegenteil war. Heute weiß man, dass nur fünf Senatoren die von Alger Hiss verfasste Charta wirklich gelesen hatten, bevor sie für den Vertrag stimmten.

Das Ziel der Vereinten Nationen, oder besser gesagt, das Ziel der Menschen hinter den Vereinten Nationen ist nicht der Frieden, nicht einmal im kommunistischen Sinne.

In Wirklichkeit geht es um eine Weltrevolution, um den Sturz der guten Regierung und Ordnung und um die Zerstörung der etablierten Religion. Sozialismus und Kommunismus sind nicht notwendigerweise das Ziel an sich; sie sind nur Mittel zum Zweck. Das wirtschaftliche Chaos, das derzeit gegen die Vereinigten Staaten verübt wird, ist ein viel mächtigeres Mittel, um dieses Ziel zu erreichen.

Die Weltrevolution, deren integraler Bestandteil die Vereinten Nationen sind, ist eine ganz andere Angelegenheit; ihr Ziel ist es, die moralischen und geistigen Werte, die die westlichen Nationen seit Jahrhunderten genießen, vollständig umzustürzen. Im Rahmen dieses Ziels muss die christliche Führung notwendigerweise zerstört werden, und dies wurde bereits weitgehend erreicht, indem falsche Führer an Stellen platziert wurden, an denen sie einen erheblichen Einfluss ausüben. Billy Graham und Robert S. Schuler sind zwei gute Beispiele für sogenannte christliche Führer, die es nicht sind. Ein großer Teil dieser Revolutionsagenda wurde von Franklin D. Roosevelt in seinem Buch *Our Way* bestätigt.

Wenn man zwischen den Zeilen der verräterischen und aufrührerischen UN-Charta liest, stellt man fest, dass viele der in den vorangegangenen Absätzen beschriebenen Ziele implizit und in einigen Fällen sogar explizit in dem verderblichen "Vertrag" enthalten sind, der, wenn wir, das Volk, ihn nicht stürzen, unsere Verfassung mit Füßen treten und uns zu Sklaven einer äußerst brutalen und repressiven Diktatur unter einer einzigen Weltregierung machen wird.

Kurz gesagt, die Ziele der geistigen und moralischen Weltrevolution, die derzeit - und nirgendwo sonst so sehr wie in den USA - tobt, sind folgende:

(1) Die Zerstörung der westlichen Zivilisation

(2) Auflösung der legalen Regierung

(3) Zerstörung des Nationalismus und damit auch des Ideals des Patriotismus.

(4) Die Menschen in den USA durch progressive Einkommenssteuern, Grundsteuern, Erbschaftssteuern, Verkaufssteuern und so weiter ad nauseam in die Knappheit führen.

(5) Die Abschaffung des gottgegebenen Rechts auf Privateigentum, indem man Eigentum so besteuert, dass es nicht mehr existiert, und Erbschaften zunehmend besteuert. (Präsident Clinton hat bereits einen großen Schritt in diese Richtung getan).

(6) Zerstörung der Kleinfamilie durch "freie Liebe", Abtreibung, Lesbianismus und Homosexualität. (Auch hier stellte sich Präsident Clinton fest hinter diese revolutionären Ziele und zerstörte damit jeden anhaltenden Zweifel an seiner Position in Bezug auf die Kräfte der Weltrevolution).

Das Komitee der 300 beschäftigt eine große Zahl von Spezialisten, die uns glauben machen, dass es aufgrund der "sich ändernden Zeiten" zu ernstlich gefährlichen und oft störenden Veränderungen kommt, als ob sich deren Richtung ändern könnte, ohne dass irgendeine Kraft sie erzwingt. Das Komitee verfügt über eine große Zahl von "Lehrern" und "Führern", deren einzige Lebensaufgabe darin besteht, so viele Menschen wie möglich zu täuschen, indem sie ihnen weismachen, dass größere Veränderungen "einfach passieren" und deshalb natürlich hingenommen werden müssen.

Zu diesem Zweck haben diese "Führer", die bei der Verwirklichung der "Sozialprogramme" des Kommunistischen Manifests an vorderster Front stehen, geschickt die Methoden des Tavistock Institute for Human Relations wie "Internal

Directional Conditioning" und "Operation Research" eingesetzt, um uns dazu zu bringen, die Veränderungen so zu akzeptieren, als wären es ursprünglich unsere eigenen Ideen gewesen.

Eine kritische Prüfung der Charta der Vereinten Nationen zeigt, dass sie sich nur geringfügig vom Kommunistischen Manifest von 1848 unterscheidet, von dem ein ungekürztes und unverändertes Exemplar im British Museum in London aufbewahrt wird. Dort findet sich ein Auszug aus dem Manifest, das angeblich von Karl Marx (dem Juden Mordechai Levy) und Friedrich Engels stammt, in Wirklichkeit aber von Mitgliedern der Illuminaten verfasst wurde, die durch ihre 13 wichtigsten Ratsmitglieder in den USA auch heute noch sehr aktiv sind.

Im Jahr 1945 wurde absolut keine dieser lebenswichtigen Informationen von den Senatoren gesehen, die sich beeilten, dieses gefährliche Dokument zu unterzeichnen. Wenn unsere Gesetzgeber die Verfassung kennen würden, wenn unser Oberster Gerichtshof sie durchsetzen würde, dann wären wir in der Lage, die Worte des verstorbenen Senators Sam Ervin, eines großen Verfassungsrechtlers, der von den Liberalen wegen seiner Arbeit an der Watergate-Affäre so bewundert wurde, wiederzugeben: "Es steht nicht zur Debatte, dass wir den Vereinten Nationen beitreten", und unsere Gesetzgeber zu zwingen, die Tatsache anzuerkennen, dass die amerikanische Verfassung über jedem Vertrag steht.

Die Vereinten Nationen sind ein Organ des Krieges. Sie bemühen sich, die Macht in die Hände der Exekutive zu legen, anstatt dorthin, wo sie hingehört: in die Legislative. Nehmen wir als Beispiel den Koreakrieg und den Golfkrieg. Im letzteren waren es die Vereinten Nationen und nicht der Senat und das Repräsentantenhaus, die Präsident Bush die Befugnis gaben, gegen den Irak in den Krieg zu ziehen, wodurch er die von der Verfassung vorgeschriebene Kriegserklärung als Mittel zur Umgehung des Krieges nutzen konnte. Präsident Harry Truman berief sich auf die gleiche unautorisierte Vollmacht, um den Koreakrieg auszulösen.

Wenn wir, das souveräne Volk, weiterhin glauben, dass die

Vereinigten Staaten rechtmäßig Mitglied der Vereinten Nationen sind, müssen wir uns auf weitere illegale Handlungen unserer Präsidenten einstellen, wie wir es bei der Invasion Panamas und im Golfkrieg gesehen haben. Indem er unter dem Deckmantel der Resolutionen des Sicherheitsrats handelt, kann sich der Präsident der Vereinigten Staaten die Macht eines Königs oder Diktators aneignen. Diese Befugnisse werden von der Verfassung ausdrücklich untersagt.

Aufgrund der Befugnisse, die ihm durch die Resolutionen des UN-Sicherheitsrats übertragen wurden, kann der Präsident uns in jeden zukünftigen Krieg hineinziehen, von dem er entscheidet, dass wir ihn führen sollen. Die Grundlagen dieser Methode, die von der Verfassung mandatierten Verfahren zur Kriegserklärung zu sabotieren, wurden in den Tagen vor dem Golfkrieg getestet und umgesetzt, der zweifellos für immer als Präzedenzfall für künftige unerklärte Kriege im Rahmen der Strategie der Kriege genutzt werden wird. Kriege führen zu tiefgreifenden Veränderungen, die nicht durch Diplomatie erreicht werden können.

Damit wir uns über die in der Verfassung vorgesehenen Verfahren, die eingehalten werden müssen, BEVOR die USA in einen Krieg verwickelt werden können, völlig im Klaren sind, wollen wir sie uns ansehen:

(1) Der Senat und das Repräsentantenhaus müssen separate Resolutionen verabschieden, die erklären, dass zwischen den Vereinigten Staaten und der anderen Nation ein Zustand der Kriegslust besteht. In diesem Zusammenhang müssen wir das Wort "kriegführend" untersuchen, denn ohne "Kriegführend" kann es keine Absicht geben, in den Krieg zu ziehen...

(2) Das Repräsentantenhaus und der Senat müssen dann einzeln und separat Resolutionen verabschieden, die erklären, dass zwischen den kriegführenden Parteien, einer oder mehreren Nationen und den Vereinigten Staaten ein Kriegszustand besteht. Damit wird Amerika offiziell gewarnt, dass es kurz vor dem Eintritt in den Krieg steht.

(3) Das Repräsentantenhaus und der Senat müssen dann einzelne und separate Resolutionen verabschieden, die das Militär darüber informieren, dass sich die Vereinigten Staaten nun mit der/den kriegführenden Nation(en) im Krieg befinden.

(4) Das Repräsentantenhaus und der Senat müssen dann entscheiden, ob der Krieg ein "unvollkommener" oder ein "vollkommener" Krieg sein soll. Ein unvollkommener Krieg bedeutet, dass nur ein einziger Zweig der Streitkräfte beteiligt sein darf, während ein vollkommener Krieg bedeutet, dass jeder Mann, jede Frau und jedes Kind der Vereinigten Staaten mit jedem Mann, jeder Frau und jedem Kind der anderen Nation(en) in einem öffentlichen Krieg steht. Im letzteren Fall sind alle Zweige der Streitkräfte beteiligt.

Wenn der Präsident vom Kongress keine verfassungsgemäße Kriegserklärung erhält, muss das gesamte amerikanische Militärpersonal, das zur Bekämpfung eines nicht erklärten Krieges entsandt wurde, innerhalb von 60 Tagen nach dem Tag, an dem es entsandt wurde, in die Vereinigten Staaten zurückkehren (diese lebenswichtige Bestimmung ist für die meisten null und nichtig geworden). Es ist leicht zu erkennen, wie die Verfassung von Präsident Bush missbraucht wurde; unser Militär befindet sich immer noch im Krieg gegen den Irak und wird immer noch eingesetzt, um eine illegale UN-Blockade durchzusetzen. Wenn wir eine Regierung hätten, die sich wirklich an die Verfassung hält, wäre der Golfkrieg nie begonnen worden, und unsere Truppen befänden sich derzeit nicht im Nahen Osten oder gar in Somalia.

Diese Maßnahmen zur Kriegserklärung wurden speziell dafür entwickelt, um zu verhindern, dass die Vereinigten Staaten in einen Krieg gestürzt werden, weshalb Präsident Bush die Verfassung umgangen hat, damit wir in den Golfkrieg hineingezogen werden konnten. Die Vereinten Nationen haben auch nicht die Autorität, den USA eine Regel aufzuerlegen, die uns sagt, dass wir einer Wirtschaftsblockade des Irak oder einer anderen Nation gehorchen müssen - denn die Vereinten Nationen haben keine Souveränität. Wir werden uns in den nächsten

Kapiteln mit dem Golfkrieg befassen.

Diese Befugnisse, die nicht dem Präsidenten, sondern der De-facto-Legislative übertragen werden, machen die Vereinten Nationen durch die Resolutionen des Sicherheitsrats zum mächtigsten Organ der Welt. Seitdem wir Jeffersons Form der Neutralität aufgegeben haben, wurden wir von einer Reihe von Vagabunden regiert, einer nach dem anderen, die Amerika nach Belieben ausgeplündert haben und dies immer noch tun. Es war Thomas Jefferson, der eine ernste Warnung aussprach, die unsere Agenten im Kongress fröhlich ignorierten, dass Amerika durch geheime Abkommen mit ausländischen Regierungen zerstört würde, die den Wunsch haben, das amerikanische Volk zu spalten und zu regieren, damit die Interessen der ausländischen Regierungen vor den Bedürfnissen unseres eigenen Volkes bedient werden.

Auslandshilfe ist nichts anderes als ein Programm, das darauf abzielt, Länder ihrer natürlichen Ressourcen zu berauben und auszuplündern und das Geld der amerikanischen Steuerzahler den Diktatoren dieser Länder zu übergeben, damit das Komitee der 300 obszöne Gewinne aus dieser illegalen Ausplünderung ernten kann, während das amerikanische Volk, das nicht besser ist als die Sklaven der ägyptischen Pharaonen, unter der enormen Last des Beitrags zur "Auslandshilfe" stöhnt. Im Kapitel über Attentate führen wir Belgisch-Kongo als gutes Beispiel für das an, was wir meinen. Belgisch-Kongo wurde natürlich zugunsten des Komitees der 300 verwaltet, nicht zugunsten des kongolesischen Volkes.

Die Vereinten Nationen nutzen ausländische Hilfe als Mittel, um die Ressourcen souveräner Nationen zu plündern. Kein Pirat oder Dieb hat es je so gut gehabt. Selbst Kubla Kahn hatte nicht so viel Glück wie die Rothschilds, Rockefellers, Warburgs und ihresgleichen. Wenn eine Nation zögerlich ist, ihre natürlichen Ressourcen abzutreten, wie es beim Kongo der Fall war, der versuchte, sich vor ausländischer Ausbeutung zu schützen, rücken die UN-Truppen an, um sie "zur Konformität zu zwingen", selbst wenn das bedeutet, Zivilisten zu ermorden, was die UN-Truppen beim Kongo taten, indem sie den Führer verdrängten und ermordeten, wie es bei Patrice Lumumba der Fall war. Der aktuelle Versuch, den irakischen Präsidenten Hussein zu ermorden, ist ein weiteres Beispiel dafür, wie die Vereinten Nationen das amerikanische Recht und die Gesetze unabhängiger Nationen unterwandern.

Die Frage ist, wie lange wir, das souveräne Volk, unsere unrechtmäßige Mitgliedschaft in diesem Organismus der einen Weltregierung noch dulden werden. Nur wir, das souveräne Volk, können unseren Agenten, unseren Dienern, im Parlament und im Senat befehlen, unsere Mitgliedschaft in einer Weltorganisation, die dem Wohlergehen der Vereinigten Staaten von Amerika abträglich ist, sofort aufzuheben.

II. Der brutale und illegale Golfkrieg

D er jüngste der unter dem Deckmantel des Golfkriegs geführten Kriege unterscheidet sich von den anderen dadurch, dass das Komitee der 300, der Council on Foreign Relations, die Illuminaten und die Bilderberger ihre Spuren auf dem Weg in den Krieg nicht angemessen verwischt haben. Der Golfkrieg ist daher einer der am leichtesten bis zum Chatham House und dem Harold Pratt House zurückzuverfolgenden Kriege und zu unserem Glück auch einer der leichtesten, die von uns vertretene These zu beweisen.

Der Golfkrieg muss als einzigartiger Bestandteil der Gesamtstrategie des Komitees der 300 gegenüber den erdölproduzierenden islamischen Staaten des Nahen Ostens betrachtet werden. Hier kann nur ein kurzer historischer Überblick gegeben werden. Es ist von entscheidender Bedeutung, die Wahrheit zu kennen und sich von der Propaganda der Meinungsmacher der Madison Avenue, die auch als "Werbeagenturen" bekannt sind, zu befreien.

Die britischen Imperialisten begannen mit Hilfe ihrer amerikanischen Cousins Mitte des 19^e Jahrhunderts mit der Umsetzung ihrer Pläne, die Kontrolle über das gesamte Öl im Nahen Osten zu übernehmen. Der illegale Golfkrieg war eine integrale Bestimmung dieses Plans. Ich sage illegal, denn wie in den Kapiteln über die Vereinten Nationen erläutert, kann nur der Kongress den Krieg erklären, wie es in Artikel I, Abschnitt 8, Klauseln 1, 11, 12, 13, 14, 15 und 18 der US-Verfassung heißt. Henry Clay, eine anerkannte Autorität auf dem Gebiet der Verfassung, hat dies mehrfach dargelegt.

Kein gewählter Politiker darf sich über die Bestimmungen der Verfassung hinwegsetzen, und sowohl der ehemalige

Außenminister James Baker III als auch Präsident George Bush hätten wegen Verfassungsbruch angeklagt werden müssen. Eine Quelle des britischen Geheimdienstes sagte mir, dass Baker bei seinem Treffen mit Königin Elisabeth II. im Buckingham-Palast tatsächlich damit prahlte, wie er die Verfassung umgangen hatte, und dann in Gegenwart der Königin Edward Heath tadelte, der sich gegen den Krieg ausgesprochen hatte. Edward Heath, der ehemalige britische Premierminister, wurde vom Komitee der 300 entlassen, weil er die Politik der europäischen Einheit nicht unterstützt und sich stark gegen den Golfkrieg ausgesprochen hatte.

Baker wies die Versammlung der Staatsoberhäupter und Diplomaten darauf hin, dass er Versuche, ihn zu Gesprächen über Verfassungsfragen zu bewegen, zurückgewiesen habe. Baker prahlte auch damit, wie seine Drohungen gegen die irakische Nation in die Tat umgesetzt wurden, und Königin Elisabeth II. nickte zustimmend. Offensichtlich stellten Baker und Präsident Bush, der ebenfalls an dem Treffen teilnahm, ihre Loyalität gegenüber der einen Weltregierung über den Eid, den sie auf die Einhaltung der Verfassung der Vereinigten Staaten geschworen hatten.

Das Land Arabien existiert seit Tausenden von Jahren und ist seit jeher unter dem Namen Arabien bekannt. Dieses Land war durch die Familien Wahabi und Abdul Aziz mit den Ereignissen in der Türkei, in Persien (heute Iran) und im Irak verbunden. Im 15. Jahrhundert sahen die Briten unter der Führung der diebischen venezianischen Bankiers der Welfen aus dem schwarzen Adel die Möglichkeit, in Arabien Fuß zu fassen, wo sie auf den Stamm der Koreisch stießen, den Stamm des Propheten Mohammed, des posthumen Sohnes des Haschemiten Abdullah, aus dem die Dynastien der Fatimiden und Abbasiden hervorgegangen sind.

Der Golfkrieg war nur eine Ausweitung der Versuche des Komitees der 300, die Erben Mohammeds und das Volk der Haschemiten im Irak zu vernichten. Die Führung Saudi-Arabiens wird von allen wahren Anhängern des Islams gehasst und verachtet, zumal sie den "Ungläubigen" (den US-Truppen) erlaubt hat, im Land des Propheten Mohammed stationiert zu werden.

Die wesentlichen Artikel der muslimischen Religion bestehen aus dem Glauben an den einen Gott (Allah), seine Engel und den Propheten Mohammed, den letzten der Propheten, und dem Glauben an sein offenbartes Werk, den Koran; dem Glauben an den Tag der Auferstehung und die Vorherbestimmung der Menschen durch Gott. Die sechs Grundpflichten der Gläubigen sind die Rezitation des Glaubensbekenntnisses, das die Einheit Gottes bezeugt, und die feste Annahme der Mission Mohammeds; fünf tägliche Gebete; das vollständige Fasten während des Monats Ramadan und eine Pilgerfahrt nach Mekka, mindestens einmal im Leben des Gläubigen.

Die strikte Einhaltung der Grundprinzipien der islamischen Religion macht jemanden zu einem Fundamentalisten, was die Familien Wahabi und Abdul Aziz (die saudische Königsfamilie) nicht sind. Die saudische Königsfamilie hat sich langsam aber sicher vom Fundamentalismus entfernt, was sie bei islamisch-fundamentalistischen Ländern wie dem Irak und dem Iran nicht beliebt gemacht hat, die ihnen heute vorwerfen, den Golfkrieg erst möglich gemacht zu haben. Wenn wir Jahrhunderte in der Geschichte überspringen, kommen wir ins Jahr 1463, als im Osmanischen Reich ein großer Krieg ausbricht, der von den venezianischen Bankiers der Schwarzen Guelfen angestiftet und geplant wurde. Die venezianischen Guelfen (die direkt mit Königin Elizabeth II. von England verwandt sind) hatten die Türken getäuscht, indem sie sie glauben ließen, sie seien Freunde und Verbündete, doch die Osmanen sollten daraus eine bittere Lektion lernen.

Um diese Zeit zu verstehen, muss man wissen, dass der britische Schwarze Adel gleichbedeutend mit dem venezianischen Schwarzen Adel ist. Unter der Führung von Mohammed dem Eroberer wurden die Venezianer aus dem Gebiet der heutigen Türkei vertrieben. Die Rolle Venedigs in der Weltgeschichte wurde absichtlich und grob unterschätzt. Und sein Einfluss wird heute ebenso unterschätzt wie seine Rolle in der bolschewistischen Revolution, den beiden Weltkriegen und dem Golfkrieg. Die Osmanen wurden von den Briten und Venezianern betrogen, die "als Freunde kamen, aber einen Dolch hinter ihrem Rücken versteckt hielten", wie die Geschichte berichtet. Es handelt sich um einen der ersten Einblicke in die Welt des Krieges. George Bush reproduzierte ihn mit großem Erfolg, indem er sich als Freund des arabischen Volkes ausgab.

Dank der britischen Intervention wurden die Türken von den Toren Venedigs zurückgedrängt und eine arabische Präsenz auf der Halbinsel fest etabliert. Die Briten nutzten die Araber unter der Führung von Oberst Thomas E. Lawrence, um das Osmanische Reich zu Fall zu bringen, bevor sie sie verrieten und mit der Balfour-Erklärung den zionistischen Staat Israel gründeten. Dies ist ein gutes Beispiel für diplomatische Doppelzüngigkeit. Von 1909 bis 1915 benutzte die britische Regierung Lawrence als Anführer der arabischen Streitkräfte, um gegen die Türken zu kämpfen und sie aus Palästina zu vertreiben. Das von den Türken hinterlassene Vakuum wurde von jüdischen Einwanderern gefüllt, die gemäß den Bedingungen der Balfour-Erklärung nach Palästina strömten.

Die britische Regierung setzte ihre Täuschung fort, indem sie britische Truppen auf den Sinai und nach Palästina verlegte. Sir Archibald Murray versicherte Lawrence, dass es darum gehe, die jüdische Einwanderung gemäß der Balfour-Erklärung zu verhindern, die von Lord Rothschild, einem wichtigen Mitglied der Illuminaten, unterzeichnet worden war.

Die Bedingungen, zu denen sich die Araber bereit erklärten, in den Konflikt mit den Osmanen (denen der schwarze Adel Großbritanniens unverbrüchliche Loyalität geschworen hatte) einzugreifen, wurden von Sheriff Hussein aus dem Hedschas ausgehandelt und enthielten ausdrücklich die Bestimmung, dass Großbritannien die weitere jüdische Einwanderung nach Palästina, Transjordanien und Arabien nicht zulassen würde. Hussein machte diese Forderung zum eigentlichen Kern des mit der britischen Regierung unterzeichneten Abkommens.

Natürlich hatte die britische Regierung nie die Absicht, die

Bedingungen ihrer Vereinbarung mit Hussein einzuhalten und die Namen der anderen Länder zu Palästina hinzuzufügen, damit sie sagen konnten: "Nun, wir haben sie von diesen Ländern ferngehalten." Das war der Gipfel, denn die Zionisten hatten kein Interesse daran, Juden in irgendein anderes Land im Nahen Osten als Palästina zu schicken.

Die britische Regierung spielte die Abdul-Aziz und die Wahabis (die saudische Königsfamilie) immer gegen Sheriff Hussein aus, indem sie heimlich ein Abkommen mit den beiden Familien schloss, die vorgaben, Hussein "offiziell" als König des Hedschas anzuerkennen (was die britische Regierung am 15. Dezember 1916 auch tat). Die britische Regierung erklärte sich bereit, die beiden Familien heimlich zu unterstützen, indem sie ihnen genügend Waffen und Geld zur Verfügung stellte, um die unabhängigen Stadtstaaten in Arabien zu erobern.

Hussein wusste natürlich nichts von dem Parallelabkommen und stimmte einem groß angelegten Angriff auf die Türken zu. Dies veranlasste die Familien Wahabi und Abdul Aziz dazu, eine Armee aufzustellen und einen Krieg zu beginnen, um Arabien unter ihre Kontrolle zu bringen. So gelang es den britischen Ölgesellschaften, Hussein dazu zu bringen, in ihrem Namen gegen die Türken zu kämpfen, ohne es zu wollen.

Finanziert von Großbritannien in den Jahren 1913 und 1927, führten die Armeen von Abdul Aziz-Wahabi einen blutigen Feldzug gegen die unabhängigen Stadtstaaten Arabiens und eroberten den Hedschas, Jauf und Taif. Die heilige haschemitische Stadt Mekka wurde am 13. Oktober 1924 angegriffen, was Hussein und seinen Sohn Ali zur Flucht zwang. Am 5. Dezember 1925 ergab sich Medina nach einer besonders blutigen Schlacht. Die britische Regierung, die einmal mehr ihr Verständnis für die Realität unter Beweis stellt, verschweigt den Wahhabiten und Saudis, dass ihr eigentliches Ziel die Zerstörung der Heiligkeit Mekkas und die allgemeine Schwächung der muslimischen Religion ist, was von den britischen Oligarchen und ihren venezianischen Vettern aus dem schwarzen Adel zutiefst gewünscht wird.

Die britische Regierung sagte den saudischen und wahhabitischen Familien auch nicht, dass sie nur Schachfiguren in dem Spiel waren, das darauf abzielte, Großbritannien angesichts der Ansprüche von Italien, Frankreich, Russland, der Türkei und Deutschland das arabische Öl zu sichern. Am 22. September 1932 schlugen die Armeen Saudi-Arabiens und der Wahhabiten einen Aufstand im mehrheitlich von Haschemiten bewohnten Gebiet Transjordanien nieder. In der Folge wurde Arabien in Saudi-Arabien umbenannt und sollte fortan von einem König regiert werden, der aus beiden Familien stammte. So brachten die britischen Ölgesellschaften durch die Täuschung der Diplomatie durch Lügen die Kontrolle über Arabien unter ihre Kontrolle. Diese blutige Kampagne wird ausführlich in meiner Monografie "Wer sind die wahren saudischen Könige und die wahren kuwaitischen Scheichs? ".

Nachdem sie sich unter der Herrschaft von Sheriff Hussein von der osmanischen Bedrohung und dem arabischen Nationalismus befreit hatten, trat die britische Regierung, die im Namen ihrer Ölgesellschaften handelte, in eine neue Blütezeit ein. Sie entwarfen und garantierten einen Vertrag zwischen Saudi-Arabien, wie es nun hieß, und dem Irak, der zur Grundlage für eine ganze Reihe von interarabischen und muslimischen Pakten wurde, die die britische Regierung nach eigenen Angaben gegen die jüdische Einwanderung nach Palästina durchsetzen wollte.

Im Gegensatz zu dem, was die britische Führung den arabisch-muslimischen Parteien sagte, erlaubte die bereits ausgehandelte Balfour-Erklärung den Juden nicht nur, nach Palästina einzuwandern, sondern es zu ihrer Heimat zu machen. Dieses Abkommen, das in den Worten eines anglo-französischen Abkommens formuliert wurde, stellte Palästina unter internationale Verwaltung. Das tun die Vereinten Nationen heute genauso einfach, indem Cyrus Vance das international anerkannte Bosnien und Herzegowina in kleine Enklaven aufteilt, damit Serbien sie zu gegebener Zeit zurückerobern kann.

Dann, am 2. November 1917, die öffentliche Bekanntgabe der Balfour-Erklärung, in der die britische Regierung - und nicht die

Araber oder Palästinenser, deren Land es war - die Errichtung Palästinas als nationale Heimat für das jüdische Volk befürwortete. Großbritannien verpflichtete sich, alles in seiner Macht Stehende zu tun, um die Erreichung dieses Ziels zu erleichtern, "wobei klar ist, dass nichts getan wird, was die bürgerlichen und religiösen Rechte der in Palästina existierenden nichtjüdischen Gemeinschaften beeinträchtigen könnte".

Ein gewagteres Stück ist anderswo kaum zu finden. Beachten Sie, dass die eigentlichen Bewohner Palästinas zu "nichtjüdischen Gemeinschaften" degradiert wurden. Beachten Sie auch, dass die Erklärung, die in Wirklichkeit eine Proklamation war, von Lord Rothschild, dem Anführer der britischen Zionisten, unterzeichnet wurde, der weder ein Mitglied des britischen Königshauses noch ein Mitglied von Balfours Kabinett war und daher noch weniger das Recht als Balfour hatte, ein solches Dokument zu unterzeichnen.

Der eklatante Verrat der Araber erzürnte Oberst Lawrence so sehr, dass er damit drohte, die Doppelzüngigkeit der britischen Regierung aufzudecken - eine Drohung, die ihn das Leben kosten sollte. Lawrence hatte Hussein und seinen Männern feierlich versprochen, dass die jüdische Einwanderung nach Palästina nicht fortgesetzt werden würde. Aus den Dokumenten des Britischen Museums geht eindeutig hervor, dass das von Lawrence an Sheriff Hussein übermittelte Versprechen von Sir Archibald Murray und General Edmund Allenby im Namen der britischen Regierung abgegeben worden war.

1917 marschierten britische Truppen auf Bagdad und leiteten damit den Anfang vom Ende des Osmanischen Reiches ein. Während dieser ganzen Zeit wurden die wahhabitischen und saudischen Familien von Murray ständig beruhigt, dass keine Juden nach Arabien einreisen dürften und dass die wenigen Juden, die einwandern dürften, nur in Palästina angesiedelt werden sollten. Am 10. Januar 1919 erteilten sich die Briten ein "Mandat", den Irak zu regieren, das am 5. Mai 1920 in ein Gesetz umgewandelt wurde. Nicht eine einzige Regierung auf der Welt protestierte gegen das illegale Vorgehen Großbritanniens. Sir

Percy Cox wurde zum Hochkommissar ernannt. Natürlich wurde das irakische Volk überhaupt nicht befragt.

1922 hatte der Völkerbund die Bedingungen der Balfour-Deklaration (Rothschild) gebilligt, die der britischen Regierung ein Mandat zur Herrschaft über Palästina und das haschemitische Land namens Transjordanien erteilte. Man kann über die Dreistigkeit der britischen Regierung und des Völkerbunds nur staunen.

Im Jahr 1880 freundete sich die britische Regierung mit einem zahmen arabischen Scheich namens Emir Abdullah al Salem Al Sabah an. Al Sabah wurde ihr Vertreter in der Region entlang der südlichen Grenze zum Irak, in der die Rumaila-Ölfelder innerhalb des irakischen Hoheitsgebiets entdeckt wurden. Die Familie Al Sabah behielt das reiche Ölvorkommen im Auge, während die irakische Regierung sich darum kümmerte.

Die Briten machten 1899 eine andere Beute, nämlich die riesigen Goldvorkommen in den winzigen Burenrepubliken Transvaal und Oranje-Freistaat, auf die wir in den folgenden Kapiteln eingehen werden. Wir erwähnen ihn hier, um das Streben des Komitees der 300 zu veranschaulichen, sich die natürlichen Ressourcen der Nationen anzueignen, wann immer und wo immer es möglich ist.

Im Namen des Komitees der 300 schloss die britische Regierung am 25. November 1899 - im selben Jahr, in dem die Briten in den Krieg gegen die Burenrepubliken eintraten - ein Abkommen mit Emir Al Sabah, demzufolge das Land, das sich mit den Rumaila-Ölfeldern im Irak überschnitt, an die britische Regierung abgetreten wurde, obwohl das Land ein integraler Bestandteil des Irak war oder Emir Al Sabah keine Rechte darauf besaß.

Das Abkommen wird von Scheich Mubarak Al Sabah unterzeichnet, der mit seinem Gefolge mit großem Pomp nach London reist. Alle Ausgaben werden von den britischen Steuerzahlern getragen und nicht von den britischen Ölgesellschaften, die die Nutznießer des Abkommens sind. Kuwait wird de facto zu einem nicht erklärten britischen

Protektorat. Die lokale Bevölkerung hat kein Mitspracherecht bei der Einsetzung der Al Sabahs, absoluter Diktatoren, die schnell eine gnadenlose Grausamkeit an den Tag legen.

1915 fielen die Briten in den Irak ein und besetzten Bagdad in einem Akt, den Präsident George Bush als "ungerechte Aggression" bezeichnet hätte - ein Begriff, mit dem er das Vorgehen des Irak gegen Kuwait beschrieb, um sein von Großbritannien geraubtes Land zurückzubekommen. Die britische Regierung errichtete ein selbsternanntes "Mandat", wie wir bereits gesehen haben, und am 23. August 1921, zwei Monate nach seiner Ankunft in Bagdad, ernannte der selbsternannte Hochkommissar Cox den ehemaligen König Faisal von Syrien zum Oberhaupt eines Marionettenregimes in Basra. Großbritannien hatte nun eine Marionette im Nordirak und eine weitere im Südirak.

Um ihre Position zu stärken, weil sie mit dem offensichtlich gefälschten Plebiszit, das den Briten ihr Mandat bescherte, unzufrieden waren, wurde ein ausgeklügeltes und blutiges Komplott geschmiedet. Agenten des britischen Geheimdienstes MI6 wurden ausgesandt, um unter den Kurden in Mossul eine Revolte anzuzetteln. Von ihrem Anführer, Scheich Mahmud, zur Revolte ermutigt, organisierten sie am 18. Juni 1922 einen großen Aufstand. Monatelang hatten die britischen Geheimdienstagenten des MI6 Scheich Mahmud gesagt, dass seine Chancen, einen autonomen Staat für die Kurden zu erreichen, nie besser sein würden.

Warum hat der MI6 demonstrativ gegen die besten Interessen der britischen Regierung gehandelt? Die Antwort liegt in der Diplomatie durch Lügen. Doch noch während man den Kurden mitteilte, dass ihr jahrhundertealtes Streben nach einem autonomen Staat kurz vor der Verwirklichung stehe, erzählte Cox den irakischen Führern in Bagdad, dass die Kurden kurz vor einem Aufstand stünden. Dies sei, so Cox, einer der vielen Gründe, warum die Iraker eine kontinuierliche britische Präsenz im Land benötigten. Nach zweijährigen Kämpfen wurden die Kurden besiegt und ihre Anführer hingerichtet.

1923 wurde Großbritannien jedoch von Italien, Frankreich und Russland gezwungen, ein Protokoll anzuerkennen, das dem Irak die Unabhängigkeit gewährte, sobald das Land dem Völkerbund beitreten würde, spätestens jedoch 1926. Dies erregte den Zorn der Royal Dutch Shell Co und von British Petroleum, die beide zu weiteren Maßnahmen aufriefen, da sie befürchteten, ihre Ölkonzessionen zu verlieren, die 1996 auslaufen sollten. Ein weiterer schwerer Schlag für die britischen Imperialisten und ihre Ölgesellschaften war, dass der Völkerbund dem Irak das ölreiche Mossul zugesprochen hatte.

Der MI6 sorgte dafür, dass von Februar bis April 1925 ein weiterer kurdischer Aufstand stattfand. Der irakischen Regierung wurden falsche Versprechungen gemacht, mit Berichten darüber, was passieren würde, wenn die Briten ihren Schutz aus dem Irak zurückzögen. Die Kurden wurden zum Aufstand gedrängt. Ziel war es, dem Völkerbund zu zeigen, dass die Zuweisung von Mossul an den Irak ein Fehler war und dass es für die Welt schlecht war, eine "instabile" Regierung an der Spitze einer großen Ölreserve zu haben. Der andere Vorteil war, dass die Kurden wahrscheinlich verlieren würden und ihre Anführer wieder einmal hingerichtet würden. Diesmal funktionierte die Verschwörung jedoch nicht; die Liga blieb bei ihrer Entscheidung bezüglich Mossul hart. Der Aufstand endete jedoch erneut mit einer Niederlage der Kurden und der Hinrichtung ihrer Anführer.

Die Kurden haben nie erkannt, dass ihr Feind nicht der Irak ist, sondern die britischen und amerikanischen Ölinteressen. Es war Winston Churchill, und nicht die Iraker, der 1929 der Royal Air Force befahl, kurdische Dörfer zu bombardieren, weil die Kurden sich gegen die britischen Ölinteressen an den Ölfeldern von Mossul stellten, deren Wert sie genau verstanden.

In den Monaten April, Mai und Juni 1932 begannen die Kurden einen neuen, von der M16 inspirierten und angeführten Aufstand, der den Völkerbund zu einer kompromissbereiten Politik bezüglich des Öls in Mossul überreden sollte, doch der Versuch blieb erfolglos und am 3. Oktober 1932 wurde der Irak eine unabhängige Nation mit vollständiger Kontrolle über Mossul. Die britischen Ölgesellschaften hielten sich noch weitere 12 Jahre lang fest, bis sie schließlich 1948 gezwungen wurden, den Irak zu verlassen.

Und selbst nachdem die Briten den Irak verlassen hatten, zogen sie ihre Präsenz in Kuwait nicht zurück, mit der fadenscheinigen Begründung, dass es nicht zum Irak gehöre, sondern ein eigenes Land sei. Nach der Ermordung von Präsident Kassem befürchtete die irakische Regierung einen erneuten Aufstand der Kurden, die weiterhin unter der Kontrolle des britischen Geheimdienstes standen. Am 10. Juni 1963 drohten die Kurden unter Mustafa al-Barzani Bagdad, das bereits alle Hände voll zu tun hatte, um die kommunistische Bedrohung zu zerschlagen, mit einem Krieg. Die irakische Regierung schloss ein Abkommen, das den Kurden eine gewisse Autonomie einräumte, und veröffentlichte eine entsprechende Proklamation.

Ermutigt durch den britischen Geheimdienst nahmen die Kurden im April 1965 die Kämpfe wieder auf, da der Irak keine Fortschritte bei der Umsetzung der Bestimmungen der Proklamation von 1963 gemacht hatte. Die Regierung in Bagdad beschuldigte Großbritannien, sich in ihre inneren Angelegenheiten einzumischen, und die kurdischen Unruhen dauerten weitere vier Jahre an. Am 11. März 1970 wurde den Kurden schließlich die Autonomie gewährt. Doch wie schon zuvor wurden nur sehr wenige der in der Vereinbarung enthaltenen Bestimmungen umgesetzt. Das Arrangement war 1923 gestört worden, als auf Drängen der Türkei, Deutschlands und Frankreichs eine Konferenz unter der Schirmherrschaft des Völkerbunds in Lausanne, Schweiz, stattfand.

Der wahre Grund für die Lausanner Konferenz von 1923 war die Entdeckung der Ölvorkommen von Mosul im Nordirak. Die Türkei beschließt plötzlich, dass sie Anspruch auf die riesigen Ölvorkommen hat, die sich unter dem von den Kurden besetzten Land befinden. Zu diesem Zeitpunkt ist auch Amerika interessiert, und John D. Rockefeller bittet Präsident Warren Harding, einen Beobachter zu entsenden. Der amerikanische

Beobachter akzeptiert die illegale Situation, die in Kuwait herrscht. Rockefeller hat nicht die Absicht, das britische Schiff zu erschüttern, solange er seinen Anteil an den neuen Ölfunden bekommen kann.

Der Irak verlor seine Rechte aus dem alten Abkommen mit der Turkish Petroleum Company, und der Status von Kuwait blieb unverändert. Die Frage des Mossul-Öls wurde auf Drängen des britischen Delegierten absichtlich vage gelassen. Diese Fragen würden "durch künftige Verhandlungen" geklärt, erklärte die britische Delegation. Das Blut amerikanischer Soldaten werde weiterhin vergossen werden, um den britischen und amerikanischen Ölgesellschaften das Öl aus Mossul zu sichern, genauso wie es für das Öl aus Kuwait vergossen worden sei.

Am 25. Juni 1961 griff der irakische Premierminister Hassan Abdul Kassem Großbritannien in der Kuwait-Frage heftig an und wies darauf hin, dass die auf der Konferenz von Lausanne versprochenen Verhandlungen nicht stattgefunden hätten. Kassem erklärte, dass das Kuwait genannte Gebiet ein integraler Bestandteil des Irak sei und seit über 400 Jahren vom Osmanischen Reich als solcher anerkannt worden sei. Stattdessen gewährten die Briten Kuwait die Unabhängigkeit.

Aber es war klar, dass die britische Masche, den Status Kuwaits und der Ölfelder von Mosul aufzuschieben, von Kassem beinahe vereitelt worden wäre. Daher die plötzliche Notwendigkeit, Kuwait die Unabhängigkeit zu gewähren, bevor der Rest der Welt die britische und amerikanische Taktik durchschauen konnte. Kuwait kann niemals unabhängig sein, denn wie die Briten genau wissen, handelt es sich um ein Stück Irak, das bei den Rumaila-Ölfeldern abgetrennt und an British Petroleum verschenkt wurde.

Hätte Kassem Kuwait erfolgreich zurückerobert, wären der britischen Führung Öleinnahmen in Höhe von Milliarden Dollar entgangen. Als Kassem jedoch nach der Unabhängigkeit Kuwaits verschwand, verlor die Protestbewegung gegen Großbritannien ihren Schwung. Indem Großbritannien Kuwait 1961 die Unabhängigkeit gewährte und die Tatsache ignorierte, dass das Land nicht ihnen gehörte, konnte es die berechtigten Ansprüche des Irak abwehren. Wie wir wissen, tat Großbritannien das Gleiche in Palästina, Indien und später in Südafrika.

In den folgenden 30 Jahren blieb Kuwait ein Vasallenstaat Großbritanniens, da die Ölgesellschaften Milliarden von Dollar in britische Banken leiteten, während der Irak leer ausging. In Kuwait florierten britische Banken, die von Whitehall und der City of London aus verwaltet wurden. Diese Situation hielt bis 1965 an. Abgesehen von der Grausamkeit der Al Sabahs gab es auch kein System "ein Mann, eine Stimme". In Wirklichkeit gab es überhaupt keine Stimme für das Volk. Die britische und die amerikanische Regierung kümmerten sich nicht darum.

Die britische Regierung schloss dieses Abkommen mit der Familie Al Sabah, die von nun an die Herrscher von Kuwait (wie dieser Teil des irakischen Staatsgebiets genannt wird) bleiben würden, unter dem vollen Schutz der britischen Regierung. Auf diese Weise wurde Kuwait dem Irak gestohlen. Die Tatsache, dass Kuwait nicht beantragt hatte, Mitglied der Vereinten Nationen zu werden, als Saudi-Arabien dies tat, beweist, dass es nie ein Land im eigentlichen Sinne des Wortes war.

Die Gründung Kuwaits wurde von den aufeinanderfolgenden irakischen Regierungen heftig angefochten, da sie angesichts der britischen Militärmacht nicht viel tun konnten, um das Gebiet zurückzuerlangen. Am 1er Juli 1961 handelte die irakische Regierung nach jahrelangen Protesten gegen die Annexion ihres Territoriums durch Kuwait endlich in der Angelegenheit. Emir Al Sabah forderte Großbritannien auf, das Abkommen von 1899 einzuhalten, und die britische Regierung schickte militärische Kräfte nach Kuwait. Bagdad zog sich zurück, gab jedoch nie seinen berechtigten Anspruch auf das Gebiet auf.

Die Beschlagnahmung des irakischen Territoriums, das Großbritannien Kuwait nannte und dem es die Unabhängigkeit gewährte, durch Großbritannien muss als einer der dreistesten Piratenakte der Neuzeit angesehen werden und trug direkt zum Golfkrieg bei. Ich habe mir viel Mühe gegeben, den Hintergrund der Ereignisse, die zum Golfkrieg führten, zu erklären, um zu zeigen, wie unfair die USA gegenüber dem Irak handelten, und die Macht des Komitees der 300.

Hier eine Zusammenfassung der Ereignisse, die zum Golfkrieg führten:

1811-1818. Die Wahabis aus Arabien greifen Mekka an und besetzen es, werden aber vom Sultan von Ägypten zum Rückzug gezwungen.

1899, 25. November. Scheich Mubarak al-Sabah überträgt einen Teil der Ölfelder von Rumaila an Großbritannien. Das abgetretene Land wurde 400 Jahre lang als irakisches Territorium anerkannt. Bis 1914 sehr dünn besiedelt. Kuwait wird britisches Protektorat.

1909-1915. Die Briten setzen Oberst Thomas Lawrence vom britischen Geheimdienst ein, um sich mit den Arabern anzufreunden. Lawrence versichert den Arabern, dass General Edmund Allenby die Juden daran hindern wird, nach Palästina zu gelangen. Lawrence wird nicht über die wahren Absichten Großbritanniens informiert. Sheriff Hussein, der Herrscher von Mekka, stellt eine arabische Armee auf, um die Türken anzugreifen. Die Präsenz des Osmanischen Reichs in Palästina und Ägypten wird zerstört.

1913. Die Briten erklärten sich insgeheim bereit, Abdul Aziz und die Wahhabitenfamilien zu bewaffnen, zu trainieren und zu versorgen, um die Eroberung der arabischen Stadtstaaten vorzubereiten.

1916. Britische Truppen marschieren auf dem Sinai und in Palästina ein. Sir Archibald Murray erklärt Lawrence, dass es sich um eine Bewegung handelt, die die jüdische Einwanderung verhindern soll, was Sheriff Hussein akzeptiert. Hussein erklärt am 27. Juni einen arabischen Staat; am 29. Oktober wird er König. Am 6. November 1916 erkannten Großbritannien, Frankreich und Russland Hussein als Oberhaupt des arabischen Volkes an; am 15. Dezember wurde er von der britischen Regierung bestätigt.

1916. In einer bizarren Aktion erreichten die Briten, dass Indien die arabischen Stadtstaaten Nejd, Qaif und Jubail als Besitz der Familie Ibn Saud von Abdul Aziz anerkannte.

1917. Britische Truppen erobern Bagdad. Die Balfour-Erklärung wird von Lord Rothschild unterzeichnet, der die Araber verrät und den Juden in Palästina ein Heimatland zugesteht. General Allenby besetzt Jerusalem.

1920. Konferenz von San Remo. Unabhängigkeit der Türkei; Beilegung der Ölstreitigkeiten. Beginn der britischen Kontrolle über die ölreichen Länder des Nahen Ostens. Die britische Regierung errichtet in Basra ein Marionettenregime unter der Führung von König Faisal von Syrien. Ibn Saud Abdul Aziz greift Taif im Hedschas an und kann die Stadt erst nach vierjährigem Kampf erobern.

1922. Aziz entlässt Jauf und ermordet die Dynastie der Shalan-Familie. Die Balfour-Erklärung wird vom Völkerbund gebilligt.

1923. Die Türkei, Deutschland und Frankreich widersetzen sich der britischen Besetzung des Irak und rufen zu einem Gipfeltreffen in Lausanne auf. Großbritannien erklärt sich bereit, den Irak zu befreien, behält aber die Ölfelder von Mosul, um eine eigene Einheit im Nordirak zu schaffen. Im Mai schwächen die Briten die Macht von Emir Abdullah Ibn Hussein, dem Sohn des Sheriffs Hussein von Mekka, und nennen das neue Land "Transjordanien".

1924. Am 13. Oktober greifen die Wahabis und Adbul Aziz die heilige Stadt Mekka, die Grabstätte des Propheten Mohammed, an und erobern sie. Hussein und seine beiden Söhne sind gezwungen, zu fliehen.

1925. Medina ergibt sich den Streitkräften von Ibn Saud.

1926. Ibn Saud erklärt sich zum König des Hedschas und zum Sultan des Nejd.

1927. Die Briten schließen einen Vertrag mit Ibn Saud und den Wahabis, in dem sie ihnen völlige Handlungsfreiheit gewähren und die eroberten Stadtstaaten als ihren Besitz anerkennen. Es beginnt der Kampf zwischen British Petroleum und den US-amerikanischen Ölgesellschaften um Ölkonzessionen.

1929. Großbritannien unterzeichnet einen neuen Freundschaftsvertrag mit dem Irak, in dem dessen Unabhängigkeit anerkannt wird, der Status von Kuwait jedoch offen bleibt. Die ersten groß angelegten Angriffe richten sich gegen jüdische Einwanderer, die von Arabern an der "Klagemauer" angefochten werden.

1930. Die britische Regierung veröffentlicht das Weißbuch der Passfield-Kommission, in dem empfohlen wird, die jüdische Einwanderung nach Palästina sofort zu stoppen und jüdischen Siedlern wegen der "zu großen Zahl landloser Araber" kein neues Land zuzuweisen. Die Empfehlung wurde vom britischen Parlament geändert und es wurden nur symbolische Maßnahmen ergriffen.

1932. Arabien wird in Saudi-Arabien umbenannt.

1935. British Petroleum baut eine Pipeline, die die umstrittenen Ölfelder von Mosul mit dem Hafen von Haifa verbindet. Die Peel-Kommission berichtet dem britischen Parlament, dass Juden und Araber niemals zusammenarbeiten können; sie empfiehlt die Teilung Palästinas.

1936. Die Saudis schließen einen Nichtangriffspakt mit dem Irak, brechen diesen jedoch während des Golfkriegs. Die Saudis beschließen, die USA zu unterstützen, und entehren damit das vorherige Abkommen mit dem Irak.

1937. Die Panarabische Konferenz in Syrien lehnt den Plan der Peel-Kommission über die jüdische Einwanderung nach Palästina ab. Die Briten verhaften die arabischen Führer und deportieren sie auf die Seychellen.

1941. Großbritannien marschiert in den Iran ein, um das Land vor Deutschland zu "retten". Churchill setzt eine Marionettenregierung ein, die ihre Befehle aus London erhält.

1946. Großbritannien gewährt Transjordanien die Unabhängigkeit, das 1949 in "Haschemitisches Königreich

Jordanien" umbenannt wird. Es folgt ein weit verbreiteter und gewalttätiger Widerstand der Zionisten.

1952. Ernsthafte Unruhen im Irak gegen die Aufrechterhaltung der britischen Präsenz, Empörung über die Komplizenschaft der USA mit den Ölgesellschaften...

1953. Die neue Regierung Jordaniens befiehlt den britischen Truppen, das Land zu verlassen.

1954. Großbritannien und die USA werfen Jordanien vor, dass es sich weigert, an den Waffenstillstandsgesprächen mit Israel teilzunehmen, was zum Sturz des jordanischen Kabinetts führt. Die Sechste US-Flotte bedroht die arabischen Länder durch die Landung von Marineinfanteristen im Libanon (ein Kriegsakt). König Hussein lässt sich nicht einschüchtern und antwortet, indem er die engen Verbindungen der USA zu Israel anprangert.

1955. Palästinenseraufstand im Westjordanland Israel erklärt, dass "die Palästinenser ein jordanisches Problem sind".

1959. Der Irak protestiert gegen die Aufnahme Kuwaits in das CETAN-Abkommen. Beschuldigt die Saudis, "dem britischen Imperialismus zu helfen". Die britische Kontrolle über Kuwait wird verstärkt. Die Ausfahrt des Irak zum Meer wird abgeschnitten.

1961. Der irakische Premierminister Kassem warnt Großbritannien: "Kuwait ist irakisches Land und ist es seit 400 Jahren". Kassem wird daraufhin auf mysteriöse Weise ermordet. Die britische Regierung erklärt Kuwait zu einer unabhängigen Nation. Britische Ölgesellschaften erhalten die Kontrolle über einen großen Teil der Rumaila-Ölfelder. Kuwait unterzeichnet einen Freundschaftsvertrag mit Großbritannien. Britische Truppen werden verlegt, um einem möglichen Angriff des Irak entgegenzuwirken.

1962. Großbritannien und Kuwait beenden den Verteidigungspakt.

1965. Kronprinz Sabah Al Salem Al Sabah wird Emir von Kuwait.

1967. Der Irak und Jordanien treten in den Krieg gegen Israel ein. Saudi-Arabien vermeidet es, Partei zu ergreifen, schickt aber 20 000 Soldaten nach Jordanien, denen es verboten ist, sich an den Kämpfen zu beteiligen.

Jetzt war der Einfluss des Komitees der 300 auf die Wirtschaft des Nahen Ostens fast vollständig. Der Weg, den Großbritannien und Amerika eingeschlagen hatten, war nicht neu, sondern eine Fortsetzung, die von Lord Bertrand Russell begonnen worden war:

"Damit eine Weltregierung reibungslos funktioniert, müssen bestimmte wirtschaftliche Voraussetzungen erfüllt sein. Verschiedene Rohstoffe sind für die Industrie unverzichtbar. Einer der wichtigsten davon ist derzeit das Erdöl. Es ist wahrscheinlich, dass Uran, obwohl es nicht mehr für Kriegszwecke benötigt wird, für die industrielle Nutzung der Kernenergie von entscheidender Bedeutung sein wird. Es gibt keine Rechtfertigung für Privateigentum an diesen wichtigen Rohstoffen - und ich denke, wir sollten unter unerwünschtem Eigentum nicht nur das Eigentum von Einzelpersonen oder Unternehmen, sondern auch von separaten Staaten verstehen. Der Rohstoff, ohne den die Industrie nicht möglich ist, sollte der internationalen Autorität gehören und separaten Nationen gewährt werden".

Es handelte sich um eine tiefgründige Erklärung des "Propheten" des Komitees der 300, die genau zu dem Zeitpunkt abgegeben wurde, als die Einmischung der Briten und Amerikaner in die arabischen Angelegenheiten ihren Höhepunkt erreichte. Beachten Sie, dass Russell zu diesem Zeitpunkt bereits wusste, dass es keinen Atomkrieg geben würde. Russell sprach sich für eine einzige Weltregierung oder die neue Weltordnung aus, von der Präsident Bush spricht. Der Golfkrieg war eine Fortsetzung früherer Bemühungen, den rechtmäßigen Eigentümern die Kontrolle über das irakische Öl zu entreißen und die etablierte Position von British Petroleum und anderen Majors des Ölkartells im Auftrag des Komitees der 300 zu schützen.

Die Balfour-Erklärung ist die Art von Dokument, für das die Briten traurige Berühmtheit erlangt haben. Im Jahr 1899 hatten sie die Täuschung gegen die kleinen Burenrepubliken in Südafrika auf neue Höhen getrieben. Während sie vom Frieden sprach, der bereits durch die Hunderttausende von Landstreichern und Lumpen beunruhigt war, die nach dem größten Goldfund der Weltgeschichte in die Burenrepubliken strömten, bereitete sich Königin Victoria auf einen Krieg vor.

Der Golfkrieg wurde aus zwei Hauptgründen geführt: Der erste betraf den Hass auf alles Muslimische seitens der RIIA und ihrer amerikanischen Cousins vom CFR, zusätzlich zu ihrem starken Wunsch, ihren Ersatz Israel zu schützen. Der zweite war eine ungezügelte Gier und der Wunsch, alle ölproduzierenden Länder des Nahen Ostens zu kontrollieren.

Was den Krieg selbst betrifft, so begann das amerikanische Manöver mindestens drei Jahre, bevor Bush offiziell in die Offensive ging. Die USA rüsteten zunächst den Irak auf und verleiteten ihn dann dazu, den Iran in einem Krieg anzugreifen, der beide Länder dezimierte: dem "Krieg des Fleischwolfs". Dieser Krieg sollte den Irak und den Iran so weit schwächen, dass sie keine glaubwürdige Bedrohung mehr für die britischen und amerikanischen Ölinteressen darstellten und als militärische Kraft keine Bedrohung mehr für Israel waren.

1981 beantragte der Irak bei der Banco Nazionale de Lavoro (BNL) in Brescia, Italien, eine Kreditlinie, um Waffen von einer italienischen Firma zu kaufen. Diese Firma verkaufte anschließend Landminen an den Irak. Dann, 1982, strich US-Präsident Ronald Reagan den Irak von der Liste der Länder, die den Terrorismus sponsern, als Reaktion auf eine Forderung des Außenministeriums.

1983 gewährte das US-Landwirtschaftsministerium dem Irak Kredite in Höhe von 365 Millionen US-Dollar, angeblich um landwirtschaftliche Produkte zu kaufen, doch spätere Ereignisse zeigten, dass das Geld für den Kauf von Militärgütern verwendet worden war. 1985 wandte sich der Irak an die Niederlassung der BNL in Atlanta, Georgia, und bat sie, seine Darlehen der Commodity Credit Corporation des US-Landwirtschaftsministeriums zu bearbeiten.

Im Januar 1986 fand in Washington, DC, ein hochrangiges Treffen zwischen der CIA und der National Security Agency (NSA) statt. Die Diskussion drehte sich um die Frage, ob die USA die ihnen vorliegenden Geheimdienstdaten über den Irak an die Regierung in Teheran weitergeben sollten. Der damalige stellvertretende Direktor der NSA, Robert Gates, war dagegen, doch der Nationale Sicherheitsrat stürzte ihn.

Erst 1987 machte Präsident Bush eine Reihe von öffentlichen Hinweisen zugunsten des Irak, darunter einen, in dem er sagte: "Die Vereinigten Staaten müssen eine starke Beziehung zum Irak für die Zukunft aufbauen." Kurz darauf stimmte die Atlanta-Niederlassung der BNL heimlich zu, dem Irak einen Handelskredit in Höhe von 2,1 Milliarden US-Dollar zu gewähren. 1989 endeten die Feindseligkeiten zwischen dem Irak und dem Iran.

1989 warnte ein vom Geheimdienst des US-Außenministeriums vorbereitetes geheimes Memorandum den Sekretär James Baker:

> "Der Irak behält seinen autoritären Ansatz in Bezug auf auswärtige Angelegenheiten bei ... und arbeitet hart daran, chemische und biologische Waffen und neue Raketen (herzustellen)."

Baker unternahm nichts Wesentliches in Bezug auf diesen Bericht und ermutigte Präsident Saddam Hussein später, wie wir sehen werden, aktiv zu der Annahme, dass die Vereinigten Staaten in Bezug auf die Politik des Irak gegenüber seinen Nachbarn im Nahen Osten unparteiisch sein würden.

Im April desselben Jahres hieß es in einem vom Energieministerium erstellten Bericht über die Verbreitung von Atomwaffen, dass der Irak mit dem Bau einer Atombombe begonnen habe. Diesem Bericht folgte im Juni ein Bericht, der gemeinsam von der Eximbank (einer US-amerikanischen Bankagentur), der CIA und den Banken der Federal Reserve erstellt wurde und in dem eine gemeinsame Studie ergab, dass der Irak US-amerikanische Technologie integriert.

> "direkt in die geplanten irakischen Industrien für Raketen,

Panzer und gepanzerte Truppentransportfahrzeuge".

Am 4. August 1989 führte das FBI eine Razzia in den Büros der BNL in Atlanta durch. Einige vermuten, dass dies geschah, um eine echte Untersuchung der Frage zu verhindern, ob die dem Irak gewährten Kredite für den Kauf sensibler Militärtechnologie und anderen militärischen Know-hows verwendet wurden, anstatt für die vom Landwirtschaftsministerium vorgesehenen Zwecke.

Im September berichtete die CIA Baker in einem Versuch, den Insider als vorausschauendes Manöver betrachten, um sich von jeglicher Verantwortung freizusprechen, dass der Irak die Fähigkeit zur Herstellung von Atomwaffen über verschiedene Briefkastenfirmen erhalte, von denen vermutet wurde, dass sie auf höchster Ebene mit Pakistan verbunden seien. Pakistan wurde seit langem verdächtigt und von der Atomenergiekommission der USA sogar beschuldigt, Atomwaffen herzustellen, was zu einem großen Bruch in den Beziehungen zu Washington führte, die als "auf dem Tiefpunkt" beschrieben wurden.

Im Oktober 1989 schickte das Außenministerium Baker ein Memo "zur Schadensbegrenzung", in dem es ihm empfahl, das Kreditprogramm des Landwirtschaftsministeriums für BNL-Forscher "zurückzuziehen". Dieses Memo wurde von Baker paraphiert, was von einigen als Zustimmung zu der Empfehlung interpretiert wurde. Es wird allgemein angenommen, dass die Paraphierung eines Dokuments bedeutet, dass man mit seinem Inhalt und allen geplanten Maßnahmen einverstanden ist.

Kurz darauf unterzeichnete Präsident Bush überraschenderweise die Direktive 26 zur nationalen Sicherheit, die den US-Handel mit dem Irak unterstützte. "Der Zugang zum Persischen Golf und zu den wichtigsten befreundeten Staaten in dieser Region ist für die nationale Sicherheit der Vereinigten Staaten von entscheidender Bedeutung", erklärte Bush. Hier wird also bestätigt, dass sich der Präsident seit Oktober 1989 dazu hinreißen ließ, so zu tun, als sei der Irak ein Verbündeter der USA, obwohl in Wirklichkeit die Vorbereitungen für einen Krieg gegen das Land bereits im Gange waren.

Dann, am 26. Oktober 1989, etwas mehr als drei Wochen nachdem Bush den Irak zum befreundeten Staat erklärt hatte, rief Baker den Landwirtschaftsminister Clayton Yeutter an und bat ihn, die kommerziellen Agrarkredite für den Irak zu erhöhen. Daraufhin wies Yeutter sein Ministerium an, 1 Mrd. USD an versicherten Handelskrediten für die Regierung in Bagdad bereitzustellen, obwohl das Finanzministerium Vorbehalte äußerte.

Der stellvertretende Außenminister Lawrence Eagleburger versicherte dem Finanzministerium, dass das Geld aus "geopolitischen Gründen" benötigt werde:

> "Unsere Fähigkeit, das Verhalten des Irak in Bereichen vom Libanon bis zum Friedensprozess im Nahen Osten (eine schräge Anspielung auf Israel) zu beeinflussen, wird durch die Ausweitung des Handels gestärkt", sagte Eagleburger.

Dies reichte jedoch nicht aus, um den Verdacht und die Feindseligkeit eines Teils der Demokraten im Kongress zu zerstreuen, die möglicherweise auf die aus Israel erhaltenen Informationen reagierten. Im Januar 1990 verbot der Kongress die Kreditvergabe an den Irak und acht weitere Länder, die nach Ansicht der Ermittler des Kongresses den USA feindlich gesinnt waren. Das war ein Rückschlag für den großen Plan eines Krieges gegen den Irak, von dem Bush nicht wollte, dass der Kongress davon erfuhr. So nahm er den Irak am 17. Januar 1990 von dem Verbot des Kongresses aus.

Da er wahrscheinlich befürchtete, dass eine Intervention des Kongresses die Kriegspläne durchkreuzen könnte, schickte John Kelly, ein Spezialist des Außenministeriums, ein Memo an den stellvertretenden Staatssekretär für Politik, Robert Kimit, in dem das Landwirtschaftsministerium wegen seiner Verzögerung bei der Kreditvergabe an den Irak gegeißelt wurde. Dieser Vorfall vom Februar 1990 ist von großer Bedeutung, da er beweist, dass der Präsident unbedingt die Versorgung des Irak mit Waffen und Technologie abschließen wollte, um zu verhindern, dass der Zeitplan für den Krieg ins Wasser fällt.

Am 6. Februar verfasste James Kelly, ein Anwalt der Federal Reserve Bank of New York, der für die Regulierung der BNL-Geschäfte in den USA zuständig ist, ein Memo, das eigentlich Anlass zu großer Sorge hätte geben müssen: Eine geplante Reise von Kriminalermittlern der Federal Reserve Bank nach Italien wurde verschoben. Die BNL hatte sich auf Bedenken hinsichtlich der italienischen Presse berufen. Eine Reise nach Istanbul wurde auf Antrag von Generalstaatsanwalt Richard Thornburgh verschoben.

In Kellys Memo vom Februar 1990 hieß es zum Teil:

"...Ein Schlüsselelement der Beziehung und die Tatsache, dass wir die Kredite nicht genehmigen, wird Saddams Paranoia anheizen und seinen Umschwung gegen uns beschleunigen."

Wenn wir nicht bereits über den geplanten Krieg gegen den Irak Bescheid wüssten, würde diese letzte Aussage erstaunlich erscheinen. Wie könnten die USA Präsident Hussein weiter aufrüsten, wenn sie befürchten, dass er sich "gegen uns wenden" könnte? Logischerweise wäre es der richtige Schritt gewesen, die Kredite auszusetzen, anstatt eine Nation zu bewaffnen, von der das Außenministerium glaubte, dass sie sich gegen uns wenden könnte.

März 1990 bringt einige überraschende Entwicklungen mit sich. Aus Dokumenten, die dem Bundesgericht in Atlanta vorgelegt wurden, geht hervor, dass Reinaldo Petrignani, der italienische Botschafter in Washington, Thornburgh gesagt hatte, dass die Belastung italienischer Beamter in der BNL-Untersuchung "einem Schlag ins Gesicht der Italiener gleichkommen" würde. Petrignani und Thornburgh bestritten später, dass dieses Gespräch überhaupt stattgefunden hatte. Sie bewies jedoch eines: die tiefe Verstrickung der Bush-Regierung in die BNL-Kredite an den Irak.

Im April 1990 traf sich der Ausschuss der behördenübergreifenden Stellvertreter des Nationalen Sicherheitsrats unter der Leitung des stellvertretenden Nationalen Sicherheitsberaters Robert Gates im Weißen Haus, um eine mögliche Änderung der Haltung der USA gegenüber dem Irak zu diskutieren - eine neue Wendung im Wirbelsturm der Lügendiplomatie.

Im selben Monat lehnte das Finanzministerium in einer weiteren unerwarteten Wendung der Ereignisse, die offenbar weder von Bush noch von der NSA vorhergesehen worden war, einen Kredit des Landwirtschaftsministeriums in Höhe von 500 Millionen Dollar ab. Im Mai 1990 teilte das Finanzministerium mit, dass es ein Memo von der NSA erhalten habe, das sich gegen sein Vorgehen aussprach. In dem Memo hieß es, dass die NSA-Mitarbeiter die Vergabe von Agrarkrediten verhindern wollten.

"denn dies würde die ohnehin angespannten außenpolitischen Beziehungen zum Irak weiter verschärfen".

Am 25. Juli 1990, wahrscheinlich früher als vom Komitee der 300 gewünscht, war die Falle zugeschnappt. Ermutigt durch eine wachsende Zahl von Fehlschlägen, erlaubte Präsident Bush der US-Botschafterin April Glaspie, sich mit Präsident Hussein zu treffen. Ziel des Treffens war es, Präsident Saddam Hussein zu versichern, dass die USA keinen Streit mit ihm hätten und sich nicht in innerarabische Grenzkonflikte einmischen würden, wie aus einer Reihe von noch nicht freigegebenen Kabeln des Außenministeriums hervorgeht, die dem Abgeordneten Henry Gonzalez zugänglich gemacht wurden. Dabei handelte es sich um einen klaren Hinweis auf den Konflikt zwischen dem Irak und Kuwait um die Rumaila-Ölfelder.

Die Iraker verstanden Glaspies Worte als ein Signal aus Washington, dass sie ihre Armee nach Kuwait schicken könnten, und beteiligten sich so an der Verschwörung. Wie Ross Perot bei den Wahlen im November 1992 sagte

"Ich schlage vor, dass in einer freien Gesellschaft, die dem Volk gehört, das amerikanische Volk wissen sollte, was wir Botschafter Glaspie gesagt haben, Saddam Hussein zu sagen, weil wir in diesem Bemühen viel Geld ausgegeben, Leben riskiert und Leben verloren haben und die meisten unserer Ziele nicht erreicht haben."

In der Zwischenzeit verschwand Glaspie von der Bildfläche und wurde an einem geheimen Ort festgehalten, kurz nachdem die Nachricht über ihre Rolle in der Praxis gegen den Irak aufgekommen war. Schließlich erschien sie, nachdem sie von den Medien getrieben und von zwei liberalen Senatoren flankiert worden war, die so taten, als sei Glaspie eine Putte, die viel Galanterie brauche, vor einem Senatsausschuss und stritt alles ab. Kurz darauf "trat" Glaspie aus dem Außenministerium zurück, und zweifellos lebt sie nun in einer bequemen Dunkelheit, aus der sie herausgerissen, vor Gericht vereidigt und gezwungen werden sollte, die Wahrheit darüber zu bezeugen, wie die Bush-Administration kalkuliert hat, nicht nur den Irak, sondern auch diese Nation zu täuschen.

Am 29. Juli 1990, vier Tage nach Glaspies Treffen mit dem irakischen Präsidenten, begann der Irak, seine Armee an die Grenze zu Kuwait zu verlegen. In Fortsetzung der Täuschung schickte Bush ein Team zum Kapitol, um gegen die Verhängung von Sanktionen gegen den Irak auszusagen, und bestärkte damit Präsident Husseins Überzeugung, dass Washington bei der bevorstehenden Invasion des Irak ein Auge zudrücken würde.

Zwei Tage später, am 2. August 1990, überschritt die irakische Armee die künstliche Grenze zu Kuwait. Ebenfalls im August teilte die CIA Bush in einem streng geheimen Bericht mit, dass der Irak nicht in Saudi-Arabien einmarschieren werde und dass die irakische Armee keinen Notfallplan dafür ausgearbeitet habe.

Im September 1990 traf sich der italienische Botschafter Rinaldo Petrignani in Begleitung einer Reihe von Beamten der BNL mit Staatsanwälten und Ermittlern des Justizministeriums. Bei diesem Treffen erklärte Petrignani, dass die BNL "Opfer eines schrecklichen Betrugs geworden ist - der gute Ruf der Bank ist von großer Bedeutung, da der italienische Staat Mehrheitseigentümer ist". Diese Tatsachen wurden in Dokumenten aufgedeckt, die dem Vorsitzenden des Bankenausschusses des Repräsentantenhauses, Henry Gonzalez, übergeben wurden.

Für erfahrene Beobachter bedeutete dies nur eines: Es war eine

Verschwörung im Gange, um die wahren Schuldigen in Rom und Mailand ungeschoren davonkommen zu lassen und die Schuld auf den lokalen Schuldigen zu schieben. Kein Wunder, dass man eine "nicht schuldig"-Haltung einnahm: Später tauchten unwiderlegbare Beweise auf, die zeigten, dass die von der BNL-Zweigstelle in Atlanta gewährten Kredite den vollen Segen der BNL-Zentrale in Rom und Mailand hatten.

Am 11. September 1990 berief Bush eine gemeinsame Sitzung des Kongresses ein und erklärte fälschlicherweise, dass der Irak am 5. August 1990 150.000 Soldaten und 1.500 Panzer in Kuwait hatte, die bereit waren, Saudi-Arabien anzugreifen. Bush stützte seine Erklärung auf falsche Informationen, die vom Verteidigungsministerium weitergegeben wurden. Das Verteidigungsministerium musste wissen, dass diese Information falsch war, denn sonst hätten seine Satelliten KH11 und KH12 nicht richtig funktioniert, und wir wissen, dass sie nicht funktioniert haben. Offenbar musste Bush übertreiben, um den Kongress davon zu überzeugen, dass der Irak eine Bedrohung für Saudi-Arabien darstellte.

In der Zwischenzeit veröffentlichte die russische Armee eigene Satellitenbilder, die die genaue Truppenstärke in Kuwait zeigten. Um Bush zu decken, behauptete Washington, die Satellitenbilder stammten von einem kommerziellen Satelliten, der unter anderem an den Fernsehsender ABC verkauft worden war. Indem Russland die Satellitenbilder einem kommerziellen Unternehmen anvertraute, betrieb es seinerseits eine kleine Täuschung. Es ist klar, dass das Verteidigungsministerium und der Präsident das amerikanische Volk belogen haben und nun auf frischer Tat ertappt werden.

Zu diesem Zeitpunkt stellte Präsident Gonzalez unbequeme Fragen über die mögliche Verwicklung der Bush-Regierung in den BNL-Skandal. Im September 1990 schrieb der stellvertretende Generalstaatsanwalt für Gesetzgebungsangelegenheiten ein Memo an den Generalstaatsanwalt, in dem es hieß:

"Unser bester Versuch, weitere Untersuchungen des

Kongresses durch den Bankenausschuss des Repräsentantenhauses zu den Krediten (von BNL) zu vereiteln, besteht darin, Sie zu bitten, sich direkt mit Präsident Gonzalez in Verbindung zu setzen."

Am 26. September, wenige Tage nachdem er das Memo erhalten hatte, rief Thornburgh Gonzalez an und teilte ihm mit, dass er wegen der auf dem Spiel stehenden nationalen Sicherheitsfragen keine Ermittlungen im Fall BNL durchführen werde. Gonzalez beschloss daraufhin abrupt, die Untersuchung der BNL durch den Bankenausschuss des Repräsentantenhauses abzubrechen. Thornburgh bestritt später, Gonzalez gesagt zu haben, er solle BNL in Ruhe lassen. Gonzalez gelangte schnell in den Besitz eines Memos des Außenministeriums vom 18. Dezember, in dem Thornburghs Plädoyer für die "nationale Sicherheit" dargelegt wurde. In dem Memo hieß es außerdem, dass die Ermittlungen des Justizministeriums gegen BNL keine Fragen oder Probleme der nationalen Sicherheit aufwerfen würden.

Darüber hinaus gab die Defense Intelligence Agency bekannt, dass ihre Teams in Italien erfahren hatten, dass die BNL-Zweigstelle in Brescia dem Irak 255 Millionen Dollar geliehen hatte, um Landminen von einem italienischen Hersteller zu kaufen. Am Tag, an dem der "Sieg der Alliierten" im Golfkrieg verkündet wurde, klagte das Justizministerium wie erwartet den Sündenbock des BNL-Skandals an. Christopher Drogoul wird beschuldigt, dem Irak illegal Kredite in Höhe von über 5 Milliarden US-Dollar gewährt und Kickbacks von bis zu 2,5 Millionen US-Dollar angenommen zu haben. Nur wenige glaubten, dass ein obskurer Kreditsachbearbeiter einer kleinen Filiale einer italienischen Staatsbank die Macht gehabt hätte, eigenmächtig Geschäfte in dieser Größenordnung abzuschließen.

Von Januar bis April 1990, als der Druck auf die Bush-Regierung wuchs, die eklatanten Anomalien im NBL-Skandal zu erklären, ergriff der Nationale Sicherheitsrat Maßnahmen, um die Reihen zu schließen. Am 8. April berief Nicolas Rostow, der Generalstaatsanwalt des NSC, ein hochrangiges Treffen ein, um Möglichkeiten auszuloten, wie man den dringenden Forderungen nach Dokumentation nachkommen könnte, die unter anderem vom Vorsitzenden des Bankenausschusses des Repräsentantenhauses, Gonzalez, gestellt worden waren. An dem Treffen nahmen teil: C. Boyden Gray, Bushs Rechtsberater, Fred Green, Berater der National Security Agency, Elizabeth Rindskopf, Generalberaterin der CIA, und eine ganze Reihe von Anwälten, die das Landwirtschafts-, das Verteidigungs-, das Justiz-, das Finanz-, das Energie- und das Handelsministerium vertraten. Rostow eröffnete das Treffen mit der Warnung, dass der Kongress offenbar die Absicht habe, die Beziehungen der Bush-Regierung zum Irak vor dem Krieg auszuloten.

Rostow erklärte den Anwälten, dass "der Nationale Sicherheitsrat die Koordination der Reaktion der Regierung auf Anfragen des Kongresses nach Dokumenten über den Irak übernimmt" und fügte hinzu, dass jede Anfrage des Kongresses nach Dokumenten auf "Fragen des Exekutivprivilegs, der nationalen Sicherheit usw." geprüft werden müsse. Alternativen zur Bereitstellung von Dokumenten müssen erforscht werden". Diese Information wurde schließlich von Gonzalez erhalten.

In der ansonsten soliden Obstruktionspolitik der Regierung zeigten sich erste Risse. Am 4. Juni 1990 gaben Beamte des Handelsministeriums zu, dass sie Informationen aus Exportdokumenten entfernt hatten, um die Tatsache zu verschleiern, dass das Ministerium tatsächlich Exportlizenzen für den Versand von Militärgütern und -technologie in den Irak erteilt hatte.

Noch größere Risse begannen sich im Juli abzuzeichnen, als Stanley Moskowitz, CIA-Verbindungsmann zum Kongress, berichtete, dass die Verantwortlichen der BNL-Bank in Rom nicht nur bestens über die Vorgänge in der Filiale in Atlanta informiert waren, lange bevor Drogoul angeklagt wurde, sondern tatsächlich die Kredite für den Irak unterzeichnet und genehmigt hatten. Dies stand in direktem Widerspruch zu der Aussage von Botschafter Petrignani gegenüber dem Justizministerium, dass die römische Niederlassung der BNL nichts von den Krediten für den Irak wusste, die von ihrer Zweigstelle in Atlanta vergeben wurden.

In einer weiteren überraschenden Wendung schrieb Generalstaatsanwalt William Barr im Mai 1992 einen Brief an Gonzales, in dem er diesen beschuldigte, den "Interessen der nationalen Sicherheit" zu schaden, indem er die Politik der Regierung gegenüber dem Irak offenlegte. Trotz der Schwere der Anschuldigung liefert Barr keine Bestätigung für die Behauptung. Es ist klar, dass der Präsident erschüttert ist und dass die Wahlen im November immer näher rücken. Dieser Punkt ist auch Gonzalez nicht entgangen, der Barrs Anschuldigung als "politisch motiviert" bezeichnete.

Am 2. Juni 1992 bekennt sich Drougal des Bankbetrugs schuldig. Ein unzufriedener Richter Marvin Shoobas fordert das Justizministerium auf, einen Sonderstaatsanwalt zu ernennen, der den gesamten BNL-Fall untersuchen soll. Doch am 24. Juli 1992 wurde der Angriff auf Gonzalez mit einem Brief des CIA-Direktors Robert Gates wieder aufgenommen. Er warf dem Präsidenten vor, die Tatsache aufgedeckt zu haben, dass die CIA und eine Reihe anderer US-Geheimdienste vor dem Golfkrieg von den Beziehungen der Bush-Regierung zum Irak gewusst hatten. Später in diesem Monat. Der Brief von Gates wurde vom Bankenausschuss des Repräsentantenhauses veröffentlicht.

Im August beschuldigte der ehemalige Leiter des FBI-Büros in Atlanta das Justizministerium offen, in der BNL-Affäre fast ein Jahr lang die Füße stillgehalten und die Anklageerhebung verzögert zu haben. Und am 10. August 1992 weigerte sich Barr, einen Sonderstaatsanwalt zu ernennen, der die Beziehungen der Bush-Regierung zum Irak vor dem Golfkrieg untersuchen sollte, wie es der Justizausschuss des Repräsentantenhauses gefordert hatte.

Dann, am 4. September, schrieb Barr einen Brief an den Bankenausschuss des Repräsentantenhauses, in dem er erklärte, dass er den Vorladungen des Ausschusses bezüglich der BNL-Dokumente und der damit verbundenen Informationen nicht Folge leisten würde. Es wurde schnell klar, dass Barr alle Regierungsstellen angewiesen haben musste, die

Zusammenarbeit mit dem Bankenausschuss des Repräsentantenhauses zu verweigern, denn vier Tage nach der Veröffentlichung von Barrs Brief erklärten die CIA, die Defense Intelligence Agency, der Customs Service, das Commerce Department und die National Security Agency alle, dass sie nicht beabsichtigten, auf Anfragen nach Informationen und Dokumenten in der BNL-Frage zu reagieren.

Gonzalez trug den Kampf bis in die Kammerebene und enthüllte, dass es aufgrund des CIA-Berichts vom Juli 1991 klar war, dass die BNL-Führung in Rom von den Krediten, die die Filiale in Atlanta dem Irak gewährt hatte, wusste und diese genehmigt hatte. Die Bundesstaatsanwälte in Atlanta waren von diesen äußerst schädlichen Informationen verblüfft.

Am 17. September 1991 erklärten sich die CIA und das Justizministerium in dem offensichtlichen Bemühen um Schadensbegrenzung bereit, den Bundesstaatsanwälten in Atlanta mitzuteilen, dass die einzigen Informationen, die sie über BNL hatten, bereits veröffentlicht worden waren - eine eklatante und gedankenlose Lüge mit erschütternden Verzweigungen. Die Bereitschaft, sich selbst und ihre Dienststellen zu entlasten, war der Grund für alle Anschuldigungen und internen Kämpfe, die kurz vor der Wahl auf allen Nachrichtenkanälen ausgestrahlt wurden.

In dem Wissen, dass er den Großteil der letzten hundert Tage seiner Amtszeit mit dem verzweifelten Versuch verbracht hatte, die um ihn herum aufbrechenden Skandale zu vertuschen, wurde Bush ein Rettungsanker zugeworfen: Die Medien stimmten zu, nicht über die Details der Verschwörung zu berichten. Die Nebelwand der "nationalen Sicherheit" hatte die Arbeit erledigt.

In dem fortgesetzten Bemühen, Distanz zwischen ihn und die anderen an der Vertuschung des BNL-Irakgate beteiligten Parteien zu bringen, vereinbarte das Justizministerium, dass es bald sehr schädliche Dokumente veröffentlichen würde, aus denen hervorging, dass die CIA im Voraus wusste, dass das BNL-Büro in Rom "grünes Licht" für Kredite für den Irak gegeben hatte. Die Informationen wurden anschließend an

Richter Shoob weitergeleitet, dessen frühere Zweifel an einer Anklage gegen Drougal berechtigt schienen.

Dann, am 23. September 1992, gab Gonzalez bekannt, dass er geheime Dokumente erhalten habe, die eindeutig zeigten, dass die CIA im Januar 1991 wusste, dass die BNL auf hoher Ebene die Kredite für den Irak genehmigt hatte. In seinem Brief äußerte sich Gonzalez besorgt über Gates' Lügen gegenüber den Bundesstaatsanwälten in Atlanta, dass das Büro der BNL in Rom nicht gewusst habe, was ihre Niederlassung in Atlanta tat.

Der Geheimdienstausschuss des Senats beschuldigte Herrn Gates außerdem, das Justizministerium, die Bundesstaatsanwälte und Richter Shoob über das Ausmaß des Wissens der CIA über die BNL-Ereignisse in die Irre geführt zu haben. Das Justizministerium gestattete Herrn Drogoul, sein Schuldbekenntnis am 1er Oktober zurückzuziehen. Die einzige Schlacht, die der Vorsitzende des Bankausschusses des Repräsentantenhauses gegen die Bush-Regierung geführt und gewonnen hatte, wurde von den Medien aus Respekt vor den Wünschen des republikanischen Wahlausschusses und zum Schutz von Bush, einem seiner Lieblingssöhne, ignoriert.

Richter Shoob zog sich einige Tage später aus dem BNL-Fall zurück. Er erklärte, er sei zu dem Schluss gekommen, dass

"ist es wahrscheinlich, dass die US-Geheimdienste über die Beziehungen von BNL-Atlanta zum Irak informiert waren... Die CIA kooperiert weiterhin nicht bei dem Versuch, Informationen über ihr Wissen oder ihre Beteiligung an der Finanzierung des Irak durch BNL - Atlanta aufzudecken."

Die Quelle dieser Information konnte ursprünglich nicht offengelegt werden, doch der Großteil der Information tauchte später in einem Bericht der *New York Times auf.*

Eine wichtige Entwicklung trat ein, als Senator David Boren die CIA der Vertuschung und der Lüge gegenüber Beamten des Justizministeriums beschuldigte. In ihrer Antwort gab die CIA zu, dass sie dem Justizministerium in ihrem Bericht vom September falsche Informationen gegeben hatte - was kein besonders wichtiges Eingeständnis war, da unter anderem Gonzalez bereits Beweise dafür hatte. Die CIA behauptete, es habe sich um einen ehrlichen Fehler gehandelt. Es habe "keinen Versuch gegeben, jemanden in die Irre zu führen oder etwas zu verschleiern", so die Agentur. Die CIA gab außerdem widerwillig zu, dass sie nicht alle Dokumente, die ihr über BNL vorlagen, veröffentlicht hatte.

Am nächsten Tag stimmte der Chefanwalt der CIA, Rindskopf (der 1991 an dem Briefing teilnahm, das Nicolas Rostow von der National Security Agency zur Schadensbegrenzung abhielt), in das Lied vom "ehrlichen Fehler" ein und bezeichnete den Fall als einen "sicherlich bedauerlichen Fehler", der auf ein fehlerhaftes Ablagesystem zurückzuführen sei. War dies die beste Entschuldigung, die der Chefankläger der CIA finden konnte? Weder Senator Boren noch Abgeordneter Gonzalez ließen sich davon überzeugen.

Es sei daran erinnert, dass der eigentliche Zweck des 1991 von Nicholas Rostow einberufenen Treffens darin bestand, den Zugang zu allen Regierungsdokumenten und -informationen zu kontrollieren, die die wahren Beziehungen zwischen der Bush-Regierung und der Regierung in Bagdad aufdecken könnten. Natürlich hatten die Personen, die mit dem Versuch betraut waren, die um solche Informationen errichtete Mauer zu durchbrechen, das Recht, sehr skeptisch gegenüber Rindskopfs fadenscheiniger Ausrede über eine fehlerhafte Ablage zu sein.

Rostows Bemühungen um Schadensbegrenzung erhielten am 8. Oktober 1992 einen weiteren Schlag, als CIA-Beamte vor einer nichtöffentlichen Sitzung des Geheimdienstausschusses des Senats aussagen sollten. Laut Informationen aus dem Umfeld des Ausschusses hatten es die CIA-Beamten nicht leicht und schoben schließlich dem Außenministerium die Schuld zu, indem sie behaupteten, es habe Informationen zurückgehalten und dann auf Drängen eines hochrangigen Beamten des Justizministeriums irreführende Informationen über BNL-Atlanta weitergegeben.

Am 9. Oktober 1992 wurde ein offizielles Dementi veröffentlicht, in dem das Außenministerium die Verantwortung dafür ablehnte, dass es die CIA angewiesen hatte, die relevanten BNL-Dokumente nicht an die Staatsanwälte in Atlanta weiterzugeben. Das Justizministerium startete daraufhin seine eigene Anklage und beschuldigte die CIA, einige der als geheim eingestuften Dokumente in ungeordneter Weise herausgegeben und andere zurückgehalten zu haben. Das Senate Select Intelligence Committee stimmte zu, eine eigene Untersuchung dieser Anschuldigungen und Gegenbeschuldigungen einzuleiten.

Es wurde klar, dass alle Parteien, die am 8. April 1991 an dem Treffen teilnahmen, sich von der Affäre zu distanzieren versuchten. Am 10. Oktober kündigte das FBI dann an, dass es ebenfalls in der BNL-Atlanta-Affäre ermitteln würde. Die CIA bestritt, jemals vor dem Geheimdienstausschuss des Senats zugegeben zu haben, dass sie auf besonderen Wunsch des Justizministeriums Informationen zurückgehalten hatte.

Diese seltsamen Ereignisse folgen so schnell aufeinander, dass die täglichen Ankündigungen von Anklagen durch die eine oder andere Regierungsbehörde bis zum 14. Oktober 1992 andauern. Am 11. Oktober kündigt das Justizministerium an, dass sein Büro für berufliche Verantwortung mit Hilfe des FBI eine Untersuchung gegen sich selbst und die CIA durchführen wird. Der stellvertretende Generalstaatsanwalt Robert S. Meuller III, Sprecher des Justizministeriums für seine Abteilung für öffentliche Integrität, wurde mit der Untersuchung beauftragt. Informationen aus dem Büro von Senator David Boren scheinen darauf hinzudeuten, dass Meuller direkt an der Vorenthaltung von Informationen vor den Bundesanwälten in Atlanta beteiligt ist.

Am 12. Oktober 1992, nur zwei Tage nachdem das FBI angekündigt hatte, dass es eine eigene Untersuchung der BNL-Affäre durchführen würde, behauptete ABC News, Informationen erhalten zu haben, wonach gegen FBI-Direktor William Sessions vom Office of Professional Responsibility des Justizministeriums ermittelt werde. Die Vorwürfe beziehen sich auf den Missbrauch von Regierungsflugzeugen, den Bau eines Zauns um sein Haus auf Regierungskosten und den Missbrauch von Telefonprivilegien - keiner dieser Sachverhalte steht in irgendeiner Weise mit dem BNL-Fall in Verbindung. Der ABC-Bericht kam, nachdem das FBI am 10. Oktober angekündigt hatte, dass es im BNL-Fall ermitteln würde. Es handelte sich dabei um einen Versuch, Druck auf Sessions auszuüben, damit er die vom FBI zugesagte Untersuchung abbricht. Senator Boren erklärte gegenüber Journalisten:

"Das Timing der Anschuldigungen gegen Richter Sessions lässt mich fragen, ob versucht wird, Druck auf ihn auszuüben, damit er keine unabhängige Untersuchung durchführt."

Andere wiesen auf eine Aussage von Sessions vom 11. Oktober hin, wonach seine Ermittlungen nicht die Hilfe von Beamten des Justizministeriums in Anspruch nehmen würden, gegen die möglicherweise selbst ermittelt wird. "Das Justizministerium wird sich nicht an den Ermittlungen (des FBI) beteiligen und das FBI wird keine Informationen weitergeben", sagte Sessions. In den letzten Tagen seiner Wiederwahlkampagne bestritt Bush weiterhin kategorisch, dass er irgendeine Kenntnis oder persönliche Verwicklung in die Skandale um Iraqgate oder Iran/Contra hatte.

Die Dinge gerieten für den Präsidenten ins Wanken, als Senator Howard Metzenbaum, Mitglied des Senate Select Committee on Intelligence, am 12. Oktober 1992 an Generalstaatsanwalt Barr schrieb und die Ernennung eines Sonderstaatsanwalts forderte:

"... Da sehr hochrangige Beamte sehr wohl von einer Bemühung gewusst haben oder daran beteiligt gewesen sein können, BNL-Rome von ihrer Mitschuld an den Aktivitäten von BNL-Atlanta freizusprechen, kann kein Zweig der Exekutive das Verhalten der US-Regierung in dieser Angelegenheit untersuchen, ohne dass zumindest der Anschein eines Interessenkonflikts besteht".

In Metzenbaums Brief hieß es, es gebe Hinweise auf eine "geheime Beteiligung der US-Regierung an Waffenverkäufen an den Irak", die aus Gerichtsverfahren in Atlanta stammten. Gonzalez schickte einen scharfen Brief an Barr, in dem er forderte, dass ein Sonderstaatsanwalt ernannt werden sollte, um

"das wiederholte und offensichtliche Versagen und die Behinderung durch die Leitung des Justizministeriums zu beheben... Der beste Weg, dies zu erreichen, ist, das Richtige zu tun und Ihren Rücktritt einzureichen", sagte Gonzalez.

Dann, am 14. Oktober, schrieb Senator Boren an Barr und forderte ihn auf, einen unabhängigen Sonderstaatsanwalt zu ernennen:

"Eine wirklich unabhängige Untersuchung ist notwendig, um festzustellen, ob bei der Handhabung des BNL-Falls durch die Regierung Bundesverbrechen begangen wurden."

Boren behauptet weiter, das Justizministerium und die CIA hätten sich an einer Vertuschungsaktion der BNL-Affäre beteiligt. Am nächsten Tag veröffentlichte die CIA ein Kabel ihres Stationsleiters in Rom, in dem eine nicht identifizierte Quelle zitiert wurde, die hochrangige Beamte in Italien und den USA beschuldigte, bestochen worden zu sein, offenbar um sie daran zu hindern, ihr Wissen über die BNL-Atlanta-Affäre preiszugeben.

Es folgte eine fünftägige Ruhepause in dem Feuersturm um die Bush-Regierung, bis der Sonderausschuss des Senats mit der Untersuchung der Vorwürfe begann, dass die CIA und die NSA Briefkastenfirmen benutzt hätten, um den Irak unter Verletzung des Bundesgesetzes mit militärischer Ausrüstung und Technologie zu versorgen. Einige Demokraten im Justizausschuss des Senats forderten Barr außerdem auf, einen unabhängigen Staatsanwalt zu ernennen, was er jedoch erneut ablehnte.

Bush kämpfte um sein politisches Leben, während Sonderstaatsanwalt Lawrence Walsh eine Anklageschrift gegen den ehemaligen Verteidigungsminister Caspar Weinberger verkündete, in der er ihn beschuldigte, den Kongress belogen zu haben. Quellen in Washington zufolge "herrschte im Weißen Haus Pandämonium". Weinberger seinerseits gab an, dass er nicht die Rolle des Sündenbocks für den Präsidenten spielen werde. Laut einer Quelle sagte C. Boyden Gray dem Präsidenten, dass die einzige Linie, die ihm zur Verfügung stehe, die Begnadigung Weinbergers sei.

So begnadigte Bush am Weihnachtsabend 1992 Weinberger und fünf weitere Schlüsselfiguren des Iran/Contra-Skandals: Der ehemalige Nationale Sicherheitsberater Robert McFarlane, die CIA-Agenten Clair George, Duane Clarridge und Alan Fiers sowie der ehemalige stellvertretende Außenminister Elliott Abrams. Bushs Milde brachte ihn tatsächlich vor Walsh in Sicherheit und tötete damit die Iran/Contra-Untersuchung. Was Clinton betrifft, so hat er bislang kein vorrangiges Interesse an der Ernennung eines Sonderermittlers gezeigt.

Walsh machte seinem Ärger gegenüber den Medien schnell Luft. Die Milde des Präsidenten

"zeigt, dass mächtige Personen mit mächtigen Verbündeten in hohen Ämtern schwere Verbrechen begehen können - indem sie das Vertrauen der Öffentlichkeit vorsätzlich missbrauchen, ohne dass dies Konsequenzen hat... Die Vertuschung von Iran/Contra, die sechs Jahre lang andauerte, ist nun beendet...". Dieses Büro wurde erst in den letzten zwei Wochen, am 11. Dezember 1992, darüber informiert, dass Präsident Bush den Ermittlern seine hochrelevanten zeitgenössischen Notizen (Bushs Tagebuch) trotz wiederholter Aufforderung zu solchen Dokumenten nicht vorgelegt hatte... Im Lichte von Präsident Bushs eigenem Fehlverhalten, sein tägliches Tagebuch zurückzuhalten, sind wir ernsthaft besorgt über seine Entscheidung, andere Personen zu begnadigen, die den Kongress belogen und offizielle Ermittlungen behindert haben."

Vielleicht wusste Walsh nicht, was auf ihn zukam, oder dass die Vertuschung schon viel länger andauerte, als er ahnte. Der Fall des israelischen Agenten Ben-Menashe ist ein gutes Beispiel dafür. Die Arbeitsgruppe des Repräsentantenhauses zur Oktoberüberraschung hielt es nicht für nötig, Ben-Menashe als Zeugen aufzurufen. Hätte der Ausschuss dies getan, hätte er erfahren, dass Ben-Menashe dem *Time-Korrespondenten* Rajai Samghabadi 1980 von einem großen "inoffiziellen"

Waffenhandel zwischen Israel und dem Iran berichtet hatte.

Während des Prozesses gegen Ben-Menashe 1989, bei dem Samghabadi für ihn aussagte, stellte sich heraus, dass die Geschichte eines riesigen illegalen Waffenverkaufs von Israel an den Iran dem *Time* Magazine mehrfach angeboten worden war, das sich jedoch weigerte, sie zu drucken, obwohl sie von Bruce Van Voorst, einem ehemaligen CIA-Agenten, der für *Time* arbeitete, bestätigt worden war. Walsh schien nicht zu wissen, dass das liberale Ostküsten-Establishment, das vom 300er-Komitee angeführt wird, sich nicht um das Gesetz schert, weil es das Gesetz macht.

Walsh lief gegen dieselbe Ziegelsteinmauer wie Senator Eugene McCarthy, als er versucht hatte, William Bundy vor seinen Ausschuss zu bringen und nur John Foster Dulles erreichte. Es ist nicht überraschend, dass Walsh keinen Erfolg hatte, insbesondere wenn es darum ging, sich einen Skull and Bonesman vorzunehmen.[4] McCarthy hatte versucht, Dulles dazu zu bringen, über bestimmte Aktivitäten der CIA auszusagen, doch dieser hatte sich geweigert, zu kooperieren.

R. James Woolsey, der Mann, den Clinton zum Leiter der CIA ernannt hat, wird er etwas unternehmen, um die Schuldigen vor Gericht zu bringen? Woolsey ist Mitglied des National Security Club, arbeitete unter Henry Kissinger als Mitglied des Nationalen Sicherheitsrats und war in der Carter-Administration Unterstaatssekretär für die Marine. Er war außerdem Mitglied in zahlreichen Kommissionen und wurde ein enger Vertrauter von Les Aspin und Albert Gore.

Woolsey hat einen weiteren engen Freund in Dave McMurdy, Mitglied des Geheimdienstausschusses des Repräsentantenhauses und ebenfalls ein wichtiger Berater Clintons. Woolsey ist von Beruf Rechtsanwalt und war Partner der Establishment-Kanzlei Shae and Gardner, während der er als ausländischer Agent agierte - ohne sich als solcher beim Senat registrieren zu lassen. Woolsey unterhielt außerdem lange Zeit

---

[4] Mitglied der Geheimgesellschaft Skull and Bones, NDT.

eine Mandanten-Anwalts-Beziehung mit einem hochrangigen CIA-Beamten.

Einer von Woolseys prominentesten Kunden war Charles Allen, ein Agent des nationalen Geheimdienstes in der CIA-Zentrale in Langley, Virginia. Allen wurde von seinem Chef, William Webster, in einem internen Untersuchungsbericht zum Iran/Contra-Skandal beschuldigt, Beweise zu unterschlagen. Allen hatte offenbar nie alle seine Unterlagen über die Beziehungen zu Manucher Ghorbanifar, einem Mittelsmann im Iran/Contra-Skandal, herausgegeben. Webster bedrohte Allen, der sich hilfesuchend an Woolsey wandte und sagte, er habe "einen einfachen Fehler" gemacht. Als Sessions herausfand, dass Allen von Woolsey vertreten wurde, ließ er den Fall fallen. Diejenigen, die mit der Angelegenheit vertraut waren, sagen, dass mit Woolsey an der Spitze der CIA andere Personen, die von Bush nicht begnadigt wurden, in Woolsey eine "offene Tür" finden würden.

III. Die Ölpolitik der USA

D ie Ölpolitik der USA in fremden Ländern liefert eine zusammenhängende Geschichte der Diplomatie durch Lügen. Bei der Suche nach den Dokumenten des Außenministeriums für dieses Buch stieß ich auf zahlreiche Dokumente, in denen die Unterstützung für Standard Oil in Mexiko und die US-Ölfirmen im Nahen Osten offen verkündet wurde. Dabei wurde mir klar, dass das Außenministerium in ein gigantisches Komplott der Diplomatie durch Täuschung im Bereich des ausländischen Öls verwickelt war.

Eine Direktive des Außenministeriums vom 16. August 1919, die an alle Konsuln und Botschaften in fremden Ländern gerichtet war, befürwortete massive Spionage und eine Verdoppelung des Außendienstpersonals, um den großen amerikanischen Ölgesellschaften zu helfen:

> "Meine Herren: Das Ministerium wurde auf die vitale Bedeutung der Sicherstellung einer angemessenen Versorgung mit Kohlenwasserstoffen für den gegenwärtigen und zukünftigen Bedarf der Vereinigten Staaten aufmerksam gemacht. Die Entwicklung nachgewiesener Vorkommen und die Erkundung neuer Gebiete werden in vielen Teilen der Welt von Staatsangehörigen verschiedener Länder aggressiv vorangetrieben, und es wird aktiv nach Konzessionen für Schürfrechte gesucht. Es ist wünschenswert, die umfassendsten und aktuellsten Informationen über diese Aktivitäten von US-Bürgern oder anderen zu erhalten.

> "Sie sind daher dafür verantwortlich, von Zeit zu Zeit Informationen über Ölkonzessionen, Änderungen im Eigentum an Öleigentum oder wichtige Änderungen im Eigentum oder in der Kontrolle von Unternehmen, die mit der Förderung oder dem Vertrieb von Öl zu tun haben, zu

erhalten und rasch weiterzuleiten.

"Informationen über die Erschließung neuer Felder oder die Steigerung der Ausbeutung von Förderregionen sollten ebenfalls übermittelt werden. Umfassende Daten sind erwünscht und die Berichte sollten nicht auf die speziell oben genannten Punkte beschränkt sein, sondern Informationen zu allen die Mineralölindustrie betreffenden Fragen von Interesse enthalten, die von Zeit zu Zeit auftreten können...".

Diese Direktive wurde nach einem langen und erbitterten Kampf mit der mexikanischen Regierung erlassen. Wie wir in der folgenden Erzählung sehen werden, hatte A.C. Bedford, der Präsident von Standard Oil, gefordert, dass die US-Regierung ins Spiel kommt:

"Jede geeignete diplomatische Unterstützung, um Öleigentum im Ausland zu erhalten und auszubeuten, sollte von der Regierung unterstützt werden."

Die Eidgenössische Handelskommission empfahl umgehend eine "diplomatische Unterstützung" dieser Ölfirmen im Ausland.

Charles Evans Hughes sagte auch vor dem Coolidge Federal Oil Conservation Board aus und bestand darauf, dass die Politik des Außenministeriums und der Ölgesellschaften gleichbedeutend sein sollte:

"Die Außenpolitik der Regierung, die in dem Satz "Open Door" zum Ausdruck kommt und vom Außenministerium konsequent verfolgt wird, hat dazu geführt, dass unsere amerikanischen Interessen im Ausland auf intelligente Weise gefördert und die Bedürfnisse unseres Volkes in hohem Maße angemessen gewahrt werden konnten".

Das bedeutete tatsächlich, dass eine Verschmelzung der staatlichen und privaten Ölinteressen notwendig war. Es war kein Zufall, dass Evans zufällig als Berater des American Petroleum Institute und von Standard Oil fungierte.

Ein Fallbeispiel: Die Ausbeutung des mexikanischen Öls

Die Geschichte der Ausbeutung des mexikanischen Öls ist ebenfalls ein Beispiel dafür, wie man seine Ziele erreicht. Die Eroberung der wichtigsten natürlichen Ressource Mexikos - seines Öls - bleibt ein hässlicher und offener Fleck auf den Seiten der amerikanischen Geschichte.

Das Öl wurde in Mexiko von dem britischen Baumagnaten Weetman Pearson entdeckt, dessen Unternehmen Teil des weltweiten Netzwerks der Unternehmen des Komitees der 300 war. Pearson war zwar nicht im Ölgeschäft tätig, wurde aber von britischen Ölfirmen, insbesondere der Royal Dutch Shell Company, unterstützt. Er wurde schnell zum größten Produzenten in Mexiko.

Der mexikanische Präsident Porfirio Diaz übertrug Pearson offiziell die Exklusivrechte zur Ölexploration, nachdem er das "Exklusivrecht" bereits an Edward Dahoney von Standard Oil vergeben hatte, der als "mexikanischer Ölzar" bekannt war. Wie wir sehen werden, kämpfte Díaz für die Interessen seiner elitären Geldgeber. Außerdem stand er fest unter dem Einfluss von Dahoney und dem Präsidenten Warren Harding.

Man muss bis zum Vertrag von Guadalupe Hidalgo aus dem Jahr 1848 zurückgehen, in dem Mexiko den USA für 15 Millionen Dollar Oberkalifornien, Neu Mexiko und den Norden von Sonora, Coahuila und Tampaulis abtrat. Texas war 1845 von den USA annektiert worden. Einer der Hauptgründe für die Annexion von Texas war, dass Geologen von den riesigen Ölvorkommen unter seinem Land wussten.

1876 stürzte Díaz Leordo de Tejada und wurde am 2. Mai 1877 zum Präsidenten von Mexiko erklärt. Mit Ausnahme von vier Jahren (1880-1884) blieb er bis 1911 im Amt. Diaz stabilisierte die Finanzen, nahm Industrieprojekte in Angriff, baute Eisenbahnen und steigerte den Handel während seiner diktatorischen Herrschaft, wobei er denjenigen, die ihn an die Macht gebracht hatten, treu blieb. Das "Königtum" in Mexiko war eng mit dem Königtum in Großbritannien und Europa verbunden.

Erst die Verkündung eines neuen Bergbaugesetzes am 22. November 1884 öffnete Pearson die Tür, um in die Ölförderung einzusteigen. Im Gegensatz zum alten spanischen Gesetz sah das neue Gesetz vor, dass ein Landtitel das Eigentum an den Produkten des Untergrunds mit sich brachte. Es ermöglichte auch, dass Gemeindeland, das Indianern und Mestizen gehörte, in die Hände der 1,5 Millionen "Oberschichten" Mexikos überging. Vor diesem Hintergrund begann Diaz, ausländischen Investoren Zugeständnisse zu machen.

Der erste, der eine Konzession erhielt, war Dahoney, der enge Mitarbeiter von Innenminister Albert Fall und Präsident Harding, dem Dahony große Geldsummen für seine Kampagne gegeben hatte. In Hardings Kabinett waren nicht weniger als vier Ölarbeiter vertreten, darunter auch Fall. Im Jahr 1900 kaufte Dahoney 280.000 Acres der Hacienda del Tulillo für 325.000 Dollar. Als "Belohnung" für Präsident Diaz war Dahoney buchstäblich in der Lage, Land zu stehlen oder zu lächerlich niedrigen Preisen zu kaufen.

Nach vier Jahren Betrieb produzierte Dahoney den Großteil der 220.000 Barrel Öl, die Mexiko verließen. In dem Glauben, gut aufgestellt zu sein, weigerte sich Dahoney auf Anweisung der US-Regierung, die "Belohnungs"-Zahlungen an Präsident Diaz zu erhöhen, obwohl die Felder Potrero und Cero Azul mehr als eine Million Dollar pro Woche produzierten. Diese Haltung war ziemlich typisch für die egoistische Gier von John D., eine Tendenz, die sich durch die gesamte Rockefeller-Familie zog. In dieser Phase gab Diaz, der mit Dahoney unzufrieden war, Pearson eine "einmalige Konzession". Bis 1910 hatte Pearsons Mexican Eagle Company 58 Prozent der gesamten mexikanischen Produktion erworben.

Als Reaktion darauf ordnete Rockefeller an, dass Pearsons Brunnen gesprengt und seine Arbeiter von Bauern, die sein Geld zu diesem Zweck bewaffnet hatte, angegriffen werden sollten. Große Räuberbanden wurden bewaffnet und ausgebildet, um die Pipelines und die Ölanlagen von Mexican Eagle zu zerstören. All die bösen Tricks, die William "Doc" Avery Rockefeller gelehrt hatte, kamen in John D. Rockefellers Krieg gegen Pearson zum Vorschein.

Pearson erwies sich jedoch als mehr als ebenbürtig mit Rockefeller und verteidigte sich mit ähnlichen Taktiken. Da er kalkulierte, dass es in Mexiko nicht genug Öl gab, um den Kampf fortzusetzen (was sich als schwerer Fehler herausstellte), zog sich Rockefeller zurück und überließ Pearson das Feld. Später bereute John D. seine Entscheidung, sich aus dem Kampf zurückzuziehen, und setzte die Ressourcen des Standards ein, um in Mexiko ein blutiges Chaos anzurichten. In diesem Land nannte man die Unruhen "mexikanische Revolutionen", was niemand verstand.

In Anerkennung seiner Verdienste um die britischen Ölinteressen erhält Pearson den Titel "Lord Cowdray" und ist fortan unter diesem Namen bekannt. Er wird außerdem ständiges Mitglied des Ausschusses für 300. Lord Cowdray steht in gutem Verhältnis zu Präsident Wilson, doch hinter den Kulissen bemüht sich John D., diese Beziehung zu untergraben und die Ölförderung in Mexiko wieder aufzunehmen. Lord Cowdray ist jedoch entschlossen, den größten Teil der mexikanischen Ölgewinne in den Kassen der britischen Regierung zu behalten.

Die Öldiplomatie in London und Washington unterscheidet sich in Bezug auf die Aggressivität nur wenig. Die Motive und Methoden sind bemerkenswert unverändert geblieben. Schließlich ist die internationale Macht nach wie vor in erster Linie eine wirtschaftliche. Am 21. Januar 1928 ließ Konteradmiral Charles Plunkett, Kommandant des Brooklyn Navy Yard, die Katze aus dem Sack, als er das 800 Millionen Dollar schwere Marineprogramm von Präsident Calvin Coolidge mit den Worten verteidigte:

> "Die Strafe für kommerzielle und industrielle Effizienz ist unweigerlich Krieg".

Das bezog sich auf die große Nachfrage nach Öl für die Schiffe der Marine. Plunkett hatte ein Auge auf das Öl in Mexiko geworfen.

Logischerweise regiert die Nation, die die Rohstoffvermögen der Welt kontrolliert, diese auch. Als Großbritannien eine große Marine hatte, die es brauchte, um seinen Welthandel aufrechtzuerhalten, war dies der Schlüssel zu den britischen Operationen in den Öl produzierenden Ländern. Amerika lernte schnell dazu, vor allem nach der Ankunft von Dulles' Illuminatenfamilie, wie wir noch sehen werden.

Kehren wir nach Mexiko zurück, wo Diaz 1911 von Francisco Madero verdrängt wurde, und erfahren wir, welche Rolle Standard Oil bei dieser Entwicklung spielte. General Victoriano Huerto alarmierte die britischen Ölinteressen, als er erklärte, er wolle die Kontrolle über das mexikanische Öl zurückgewinnen, und die Briten baten Lord Cowdray (der zu diesem Zeitpunkt sein Mexikogeschäft an Shell verkauft hatte), Präsident Wilson davon zu überzeugen, ihnen beim Sturz Huertas zu helfen.

Das war eine gute Idee, denn die Briten wussten, dass Standard Oil hinter der Madero-Revolution von 1911 stand, die Präsident Diaz stürzte. Eine Revolution, die Standard Oil für notwendig hielt, um die britische Vergewaltigung "ihres" mexikanischen Öls zu beenden. Francisco Madero, der am 6. November 1911 Präsident von Mexiko wurde, verstand kaum die Kräfte, die an seinen Fäden zogen, und spielte das politische Spiel mit, ohne zu erkennen, dass Politik allein auf Wirtschaft beruht. Huerta, der ihn ersetzte, wusste jedoch, wie das Spiel gespielt wurde.

Standard Oil war stark in den Sturz von Porfirio Diaz involviert. Die Aussagen einer Reihe von Zeugen bei der Anhörung des Senatsausschusses für auswärtige Beziehungen im Jahr 1913 verwickelten Dahoney und Standard Oil in die Finanzierung der Madero-Revolution von 1911. Einer der Zeugen, Lawrence E. Converse, erzählte den Ausschussmitgliedern weit mehr, als Standard sie hören lassen wollte:

> "Herr Madero sagte mir, dass, sobald die Rebellen (Maderos Truppen) ihre Stärke gut demonstriert hatten, mehrere große Bankiers aus El Paso (Texas) bereit waren, ihm einen Vorschuss zu gewähren. Ich glaube, die Summe betrug 100.000 Dollar und die Interessen von Standard Oil hatten die

provisorische Regierung von Mexiko gekauft... Sie (Gouverneur Gonzalez und Staatssekretär Hernandez) sagten, dass die Interessen von Standard Oil Madero in seiner Revolution unterstützten...".

Die Regierung Wilson, die Cowdrays Zugeständnisse einschränken will, nimmt diplomatische Beziehungen zu Maderos Regierung auf und ordnet ein Waffenembargo gegen alle Konterrevolutionäre an. Colonel House (Woodrow Wilsons Kontrolleur) überträgt Cowdray die Rolle des Bösewichts, als Francisco Huerta Madero stürzt. "Wir mögen ihn (Cowdray) nicht, weil wir glauben, dass zwischen ihm und Carden (Sir Lionel Carden, britischer Minister in Mexiko) ein großer Teil unserer Probleme fortbesteht", sagte House.

Oberst House beschuldigte Huerta zu Recht, von den Briten an die Macht gebracht worden zu sein, damit die Zugeständnisse des Standards durch die Ausweitung der Ölförderung von Lord Cowdray verringert werden konnten. Präsident Wilson weigerte sich, die Regierung Huerta anzuerkennen, obwohl Großbritannien und die anderen Großmächte dies getan hatten. Wilson erklärte:

> "Wir können keine Sympathie für diejenigen haben, die versuchen, die Regierungsmacht an sich zu reißen, um ihre eigenen Interessen oder persönlichen Ambitionen voranzutreiben."

Ein Sprecher des 300er-Komitees sagte zu Präsident Wilson "Sie klingen wie ein Standard Oilman". Die Frage wurde gestellt:

> "... Was bedeutet das Öl oder der Handel Mexikos im Vergleich zu der engen Freundschaft zwischen den Vereinigten Staaten und Großbritannien? Beide Länder sollten sich auf dieses grundlegende Prinzip einigen - ihre Ölinteressen ihre eigenen Kämpfe ausfechten lassen, sowohl rechtlich als auch finanziell."

Vertraute von Präsident Wilson sagten aus, dass er sichtlich erschüttert war, als der britische Geheimdienst MI6 seine direkten Verbindungen zu den mexikanischen Standard-Unternehmen aufdeckte, was sein Image als demokratischer

Präsident zu beschädigen begann. House warnte ihn, dass das Beispiel, das Huerto gab, indem er die amerikanische Macht herausforderte, in ganz Lateinamerika zu spüren sein könnte, wenn die USA (verstanden als Standard Oil) sich nicht behaupten würden. Dies war ein schönes Rätsel, mit dem sich ein "liberaler Demokrat" auseinandersetzen musste.

Innenminister Fall forderte den US-Senat auf, US-Streitkräfte nach Mexiko zu schicken, um "das Leben und das Eigentum von Amerikanern zu schützen". Diese Argumentation wurde auch von Präsident Bush benutzt, um US-Truppen nach Saudi-Arabien zu schicken, um "Leben und Eigentum" von British Petroleum und seinen Angestellten zu "schützen", nicht zu vergessen das Unternehmen seiner eigenen Familie, die Zapata Oil Company. Zapata war eine der ersten amerikanischen Ölgesellschaften, die sich mit den Al Sabahs von Kuwait anfreundete.

1913 berief der Ausschuss für auswärtige Beziehungen des US-Senats Anhörungen zu dem ein, was er als "die Revolutionen in Mexiko" bezeichnete. Die amerikanische Öffentlichkeit hatte damals wie heute keine Ahnung, was vor sich ging, und wurde von den Zeitungen zu der Annahme verleitet, dass eine große Anzahl "verrückter Mexikaner herumrannte und sich gegenseitig erschoss".

Herr Dahoney, der als sachverständiger Zeuge erschien, war in seiner verschleierten Forderung, die Regierung in Washington solle Gewalt anwenden, um Huerta festzuhalten, ziemlich lyrisch. Er sagte:

> "... Mir scheint, dass die Vereinigten Staaten den Unternehmergeist, die Fähigkeiten und den Pioniergeist ihrer Bürger nutzen sollten, um einen angemessenen Teil der weltweiten Ölreserven zu erwerben, zu besitzen und zu behalten. Wenn sie dies nicht tun, werden sie feststellen, dass die Ölreserven, die sich nicht innerhalb der Grenzen des US-Territoriums befinden, schnell von den Bürgern und Regierungen anderer Nationen erworben werden...".

Es scheint, als hätten wir ein ähnliches Zitat schon einmal in jüngerer Zeit gehört, als der "verrückte" Saddam Hussein angeblich eine Bedrohung für die Ölversorgung der Welt darstellte. Minister Fall fügte seinen Forderungen an den Senat nach einem bewaffneten Eindringen in Mexiko:

> "... und ihre Unterstützung (d. h. die amerikanischen Streitkräfte) bei der Wiederherstellung der Ordnung und der Aufrechterhaltung des Friedens in diesem unglücklichen Land sowie bei der Überführung der Verwaltungsfunktionen in die Hände fähiger und patriotischer mexikanischer Bürger zu leisten."

Die Ähnlichkeit zwischen dem Betrug, den Dahoney von Standard Oil und Minister Fall am Senat und am Volk der Vereinigten Staaten verübten, ähnelt verblüffend der Rhetorik, die Bush vor und während seines illegalen Krieges gegen den Irak an den Tag legte. Bush erklärte, es sei notwendig, dass die US-Soldaten "die Demokratie nach Kuwait bringen".

Die Wahrheit ist, dass Demokratie für die Al-Sabah-Diktatoren in Kuwait ein völlig fremdes Konzept war.

Nachdem es Amerika gelungen war, Kuwait für British Petroleum zurückzugewinnen (ein Beispiel für die besondere Freundschaft zwischen den USA und Großbritannien, von der der Bote des Komitees der 300 bei seinem Besuch bei Präsident Wilson sprach), richtete Bush seine Aufmerksamkeit auf "das traurige und unglückliche Land Irak".

Ähnlich wie Wilson, der der Ansicht war, der "Tyrann Huerta" müsse abgesetzt und Mexiko wiederhergestellt werden, um "die Ordnung und die Aufrechterhaltung des Friedens in diesem unglücklichen Land zu gewährleisten, indem die Verwaltungsfunktionen in die Hände kompetenter und patriotischer mexikanischer Bürger gelegt werden", erklärte Bush mit einer ähnlichen Formulierung, Amerika müsse den "Tyrannen Saaaddam" loswerden. (Absichtlicher Rechtschreibfehler).

Die Amerikaner waren schnell davon überzeugt, dass Präsident Hussein die Ursache aller Probleme im Irak war, was Colonel

House durch Wilson dem amerikanischen Volk über den mexikanischen Präsidenten Huerta mitteilte. In beiden Fällen war der gemeinsame Nenner, in Mexiko und im Irak, das Öl und die Gier. Heute hat der Staatssekretär des Council on Foreign Relations, Warren Christopher, Dahoney, Fall und Bush ersetzt und hält die Behauptung aufrecht, Hussein müsse zur Rettung des irakischen Volkes erschossen werden.

Christopher setzt einfach weiterhin Lügen ein, um das Ziel des Komitees der 300, die Ölfelder des Irak vollständig in Besitz zu nehmen, zu vertuschen. Dies unterscheidet sich nicht von Wilsons Politik gegenüber Huerta.

Während Wilson 1912 die "Huerta-Bedrohung" als Gefahr für den Panamakanal darstellte, präsentierte Bush Hussein als Bedrohung für die Ölversorgung der USA aus Saudi-Arabien. In beiden Fällen entsprach dies nicht der Wahrheit: Wilson log über die "Bedrohung" des Panamakanals, und Bush log über eine "laufende Invasion" Saudi-Arabiens durch die irakische Armee. In beiden Fällen existierte eine solche Bedrohung nicht. Wilsons verbale Aggression gegen Heurta wurde in einer Rede vor dem Interalliierten Ölrat publik gemacht.

In einer von Oberst House für ihn vorbereiteten Rede erklärte Wilson dem Kongress, dass Mexiko eine "ständige Gefahr für die amerikanischen Interessen" sei.

> "Die derzeitige Situation in Mexiko ist unvereinbar mit der Erfüllung der internationalen Verpflichtungen Mexikos, mit der zivilisierten Entwicklung Mexikos selbst und mit der Aufrechterhaltung tolerierbarer politischer und wirtschaftlicher Bedingungen in Zentralamerika", sagte Wilson.

> "Mexiko befindet sich endlich dort, wo die ganze Welt hinschaut. Mittelamerika steht kurz davor, von den großen Routen des Welthandels und der Kreuzung, die von einem Ozean zum anderen zum Isthmus führt, berührt zu werden ...".

Tatsächlich kündigte Wilson an, dass von nun an die Politik der US-amerikanischen Ölgesellschaften zur Politik der Vereinigten

Staaten von Amerika werden würde.

Präsident Wilson stand völlig unter dem Einfluss der Wall Street und von Standard Oil. Ungeachtet der Tatsache, dass der Oberste Gerichtshof am 1er Mai 1911 ein Kartellverfahren gegen Standard Oil angeordnet hatte, wies er die US-Konsuln in Mittelamerika und Mexiko an, "den Behörden den Gedanken zu vermitteln, dass jede schlechte Behandlung von Amerikanern die Frage einer Intervention aufwerfen kann." Dieses Zitat stammt aus einem längeren Dokument des Außenministeriums sowie aus Anhörungen, die 1913 vom Ausschuss für auswärtige Beziehungen des Senats durchgeführt wurden.

Im Anschluss an diese Botschaft forderte Wilson Außenminister William Bryan auf, deutlich zu machen, dass er eine schnelle Absetzung von Präsident Huerta wünsche:

"Es ist klar, dass Huerta die sofortige Pflicht hat, sich aus der mexikanischen Regierung zurückzuziehen, und dass die US-Regierung nun alle notwendigen Mittel einsetzen muss, um dieses Ergebnis zu erreichen".

Im besten Stil der imperialistischen Vereinigten Staaten legte Wilson am 12. November 1912 mit einer weiteren Anklage gegen Präsident Huerta nach:

"Wenn General Huerta sich nicht mit Gewalt zurückzieht, wird es die Pflicht der Vereinigten Staaten sein, weniger friedliche Mittel einzusetzen, um ihn hinauszuwerfen."

Wilsons kriegerische Erklärung war umso schockierender, als sie auf eine friedliche Wahl folgte, bei der Präsident Huerta in seinem Amt bestätigt worden war.

Man könnte sich fragen, warum, wenn dies in Bezug auf Panama der Fall gewesen wäre, John D.s Erbe, David Rockefeller, so sehr darum kämpfte, Oberst Torrijos den Panamakanal zu geben, aber das ist Gegenstand eines anderen Kapitels unter der Überschrift Panama und der betrügerische Carter-Torrijos-Vertrag.

Es ist nicht verwunderlich, dass das amerikanische Volk damals Wilsons kriegerischen Angriff auf Mexiko hinnahm, kaum verkleidet als "patriotisch" und im Interesse der Vereinigten Staaten. Hat nicht schließlich der Großteil der Bevölkerung, und ich glaube, es waren 87% der Amerikaner, Bush bei seinem Angriff auf den Irak voll unterstützt, und sind wir nicht schuldig, weil wir das unmenschliche und völlig ungerechtfertigte Embargo gegen den Irak bestehen ließen?

Wir sollten uns nicht über die Ähnlichkeit der Rhetorik Wilsons und Bushs wundern, denn beide wurden von unserer hochrangigen geheimen Parallelregierung kontrolliert,[5] genauso wie Clinton vom Chatham House in London in der Person von Frau Pamela Harriman kontrolliert wird. Es ist daher nicht verwunderlich, dass Warren Christopher die große Lüge gegen den Irak fortsetzt. Öl und Gier sind 1993 genauso wie 1912 der entscheidende Faktor. Die Anschuldigungen, die ich hier gegen Wilson vorbringe, sind gut dokumentiert von dem Autor Anton Mohr in seinem Buch "The Oil War".

Es war Amerika, das Mexiko 1912 am meisten Schaden zufügte und es in einen Bürgerkrieg stürzte, der fälschlicherweise als "Revolution" bezeichnet wurde, genauso wie wir die Nation sind, die dem Irak 1991 am meisten Schaden zufügte und dies immer noch tut, unter Missachtung unserer Verfassung, was die Kongressabgeordneten, die einen Eid auf die Einhaltung der Verfassung geschworen haben, kläglich und erbärmlich versäumt haben.

Sekretär Bryan erklärte den europäischen Mächten, denen die Vorgänge in Mexiko nicht gefielen, Folgendes

> "die Aussichten auf Frieden, Sicherheit des Eigentums und schnelle Zahlung ausländischer Verbindlichkeiten sind vielversprechender, wenn Mexiko den Kräften überlassen wird, die sich dort derzeit bekämpfen".

Das war ein klassisches Beispiel für Diplomatie durch Lügen. Was Bryan den Europäern nicht sagte, war, dass er Mexiko keineswegs "den vorhandenen Kräften" überließ, sondern gar nichts tat. Wilson hatte bereits begonnen, Huerta zu isolieren,

---

[5] Der berühmte "Deep State", NDT.

indem er ein Finanz- und Waffenembargo verhängte. Gleichzeitig bewaffnete und unterstützte er finanziell die von Venustiano Carranza und Francisco Villa kontrollierten Kräfte und stachelte sie an, General Huerta zu stürzen. Am 9. April 1914 organisierte der US-Konsul eine Krise in Tampico, die mit der Verhaftung einer Gruppe von US-Marines endete. Die US-Regierung verlangte eine Entschuldigung und brach, da diese nicht erfolgte, den Kontakt zur Huerta-Regierung ab. Am 21. April hatte sich der Vorfall so weit zugespitzt, dass die US-Truppen den Befehl erhielten, nach Vera Cruz zu marschieren.

Indem Wilson aus dem Vorfall in Tampico Kapital schlug, konnte er die Entsendung von US-Marinestreitkräften nach Vera Cruz rechtfertigen. Huertas Angebot, den Fall Vera Cruz dem Haager Tribunal zu unterbreiten, lehnte Wilson ab. Wie sein Nachfolger Bush im Fall von Präsident Hussein ließ Wilson nichts unversucht, um das Ende von General Huertas Herrschaft zu verhindern. Dabei wurde Wilson geschickt von Dahoney von Standard Oil unterstützt, der Wilson und Bryan mitteilte, dass er dem Rebellen Carranza 100.000 Dollar in bar und 685.000 Dollar in Form von Treibstoffgutschriften gegeben hatte.

Mitte 1914 wurde Mexiko durch die Einmischung von Präsident Wilson in seine Angelegenheiten in ein völliges Chaos gestürzt. Am 5. Juli wurde Huerta durch eine Volksabstimmung zum Präsidenten gewählt, trat aber am 11. Juli zurück, als klar wurde, dass Wilson Unruhen schüren würde, solange er die Zügel der mexikanischen Regierung in der Hand hielt.

Einen Monat später übernahm General Obregón die Kontrolle über Mexiko-Stadt und setzte Carranza als Präsidenten ein. Im Norden wird jedoch Francisco Villa zum Diktator. Villa stellt sich gegen Carranza, aber die USA erkennen Carranza trotzdem an. Nun fürchten die lateinamerikanischen Länder eine Intervention der USA, was durch die Kämpfe zwischen Villas Truppen und den US-Streitkräften in Carrizal noch verstärkt wird.

Aufgrund des Aufschreis in Lateinamerika und unter besonderer Berücksichtigung der Reaktionen seiner Lateinamerika-Berater ordnete Wilson am 5. Februar 1917 den Rückzug der US-Streitkräfte aus Mexiko an. Carranza enttäuschte seine amerikanischen Anhänger insofern, als er nichts unternahm, um ihrer Sache zu helfen. Stattdessen versuchte er, die Revolution von 1911 zu rechtfertigen, die er als notwendig bezeichnete, um die Integrität Mexikos zu bewahren. Das war nicht das, was die amerikanischen Ölgesellschaften ihm zu sagen befohlen hatten.

Im Januar 1917 war die neue mexikanische Verfassung fertig, die für Standard Oil und Cowdrays Unternehmen einen Schock darstellte. Carranza wurde für vier Jahre gewählt. Die neue Verfassung, die Öl tatsächlich zu einer unveräußerlichen natürlichen Ressource des mexikanischen Volkes erklärte, trat am 19. Februar 1918 in Kraft. Außerdem wurde eine neue Steuer auf ölhaltige Ländereien und Verträge erhoben, die vor dem 1er Mai 1917 abgeschlossen worden waren.

Diese zusätzliche Steuer, die unter Artikel 27 des sogenannten US-Dokuments fiel, war "konfiskatorisch" und bot amerikanischen Unternehmen in Mexiko im Wesentlichen einen Anreiz, keine Steuern zu zahlen. Die Regierung Carranza antwortete Washington, dass die Besteuerung in die Zuständigkeit des "souveränen Staates Mexiko" falle. So sehr sich das US-Außenministerium auch bemühte, es gelang ihm nicht, Carranza umzustimmen: Das mexikanische Öl gehört Mexiko, und wenn Ausländer dort noch investieren können, dann nur zu einem Preis - Steuern. Die Ölgesellschaften wachen auf und finden heraus, dass Carranza seinen Spieß umgedreht hat.

Zu diesem Zeitpunkt wandte sich Cowdray an den US-Präsidenten und forderte ihn auf, "gemeinsam dem gemeinsamen Feind (der Verstaatlichung) entgegenzutreten". Carranza war nun persona non grata und Cowdray versuchte, seine Anteile zu verkaufen, weil er noch mehr Verwirrung kommen sah, während die drei wichtigsten mexikanischen Generäle um die Macht stritten. Cowdrays Verkaufsangebot wurde von der Royal Dutch Shell Company angenommen. Obwohl die Bedingungen unsicher waren, erzielte Cowdray einen schönen Gewinn aus dem Verkauf seiner Aktien.

Nach zahlreichen Kämpfen, in deren Verlauf Carranza getötet und Villa ermordet wurde, wurde General Obregón am 5. September 1923 zum Präsidenten gewählt. Am 26. Dezember führt Huerta einen Aufstand gegen Obregón an, wird jedoch besiegt. Obregón wurde von Washington unter der Bedingung unterstützt, dass er die Anwendung der von den ausländischen Ölgesellschaften als so verwerflich empfundenen Verfassung einschränkte. Stattdessen führte Obregón eine Steuer von 60% auf Ölexporte ein. Die US-Regierung und die Ölgesellschaften waren wütend über das, was sie als Überlaufen Obregóns betrachteten.

Fast fünf Jahre lang setzte Washington seinen Angriff auf die mexikanische Verfassung fort, wobei er seine wahren Motive verbarg. Im Jahr 1927 wird Mexiko von zivilen Unruhen heimgesucht und seine Staatskasse ist fast leer. Die mexikanische Regierung ist gezwungen, zu kapitulieren. Es gibt keine bessere Beschreibung dessen, wie sich die Mexikaner fühlten, als ihr Öl geplündert wurde, als ein Leitartikel in *El Universal* aus Mexico City, Oktober 1927:

"Der amerikanische Imperialismus ist ein schicksalhaftes Produkt der wirtschaftlichen Entwicklung. Es ist sinnlos, zu versuchen, unsere nördlichen Nachbarn davon zu überzeugen, nicht imperialistisch zu sein; sie können nicht anders, als imperialistisch zu sein, egal wie gut ihre Absichten auch sein mögen. Lassen Sie uns die Naturgesetze des Wirtschaftsimperialismus studieren, in der Hoffnung, eine Methode zu finden, die, anstatt sich ihm blindlings zu widersetzen, seine Wirkung abschwächt und zu unserem Vorteil wendet."

Es folgte eine vollständige und totale Rücknahme der mexikanischen Verfassung durch Präsident Plutarco Calles. Dieser Rückschritt wurde von den aufeinanderfolgenden mexikanischen Regierungen fortgesetzt. Mexiko bezahlte die Annäherung, indem es hinter die Prinzipien zurückfiel, für die es

1911 und 1917 gekämpft hatte. Am 1er Juli 1928 wurde General Obregón erneut zum Präsidenten gewählt, aber 16 Tage später ermordet. Ausländische Ölgesellschaften wurden des Verbrechens beschuldigt und dafür verantwortlich gemacht, Mexiko in einem Zustand der Unsicherheit gehalten zu haben.

Die US-Regierung handelte in einer Allianz mit Standard Oil und Lord Cowdray, um die mexikanische Regierung zu zwingen, das Dekret vom 19. Februar 1918 zurückzunehmen, in dem Öl zu einer unveräußerlichen natürlichen Ressource des mexikanischen Volkes erklärt wurde. Am 2. Juli 1934 wurde General Lazaro Cardenas von Calles zu seinem Nachfolger gewählt. Cardenas wandte sich später gegen Calles und bezeichnete ihn als "zu konservativ". Unter dem Druck britischer und amerikanischer Ölinteressen ließ er Calles nach seiner Rückkehr aus den USA 1936 verhaften. Die Dokumente des Außenministeriums lassen keinen Zweifel daran, dass die US-Regierung bei diesen Ereignissen ihre Hand im Spiel hatte.

Cardenas zeigt Sympathie für die amerikanischen und britischen Ölgesellschaften, aber Vincente Lombardo Toledano, der Führer des mexikanischen Arbeiterbundes, lehnt diese energisch ab. Cardenas war gezwungen, sich den Forderungen dieser Gruppe zu beugen, und am 23. November 1936 gab ein neues Enteignungsgesetz der Regierung die Befugnis, Eigentum, insbesondere Ölland, zu beschlagnahmen. Das war das Gegenteil von dem, was die US-Regierung und die Ölkonzerne erwartet hatten, und versetzte die Ölkonzerne in Panik.

Im Jahr 1936 waren 17 ausländische Unternehmen damit beschäftigt, das Öl abzupumpen, das Mexiko rechtmäßig gehörte. Die Situation war ziemlich ähnlich wie in Südafrika, wo die Oppenheimer-Familie des Komitees der 300 seit dem Anglo-Boer-Krieg (1899-1902) Südafrika seines Goldes und seiner Diamanten beraubte und sie nach London und Zürich verschiffte, während das südafrikanische Volk kaum davon profitierte. Der Anglo-Boer-Krieg war die erste offene Demonstration der Macht und des Einflusses des Komitees der 300.

Sowohl mit dem "schwarzen Gold" als auch mit dem "gelben

Gold" wurden die nationalen Ressourcen Mexikos und Südafrikas, die eigentlich dem Volk gehörten, geplündert. All dies geschah unter dem Deckmantel des Friedensabkommens, das erst zusammenbrach, als starke nationale Führer auftauchten, wie Daniel Malan in Südafrika und Lazaro Cardenas in Mexiko.

Doch im Gegensatz zu Malan, der die diebischen Verschwörer nicht durch die Verstaatlichung der Goldminen zurückhalten konnte, erließ Cardenas am 1er November 1936 ein Dekret, in dem die Bodenrechte von Standard Oil und anderen Gesellschaften für verstaatlicht erklärt wurden. Die Nettowirkung dieses Dekrets beraubte die Ölgesellschaften der Möglichkeit, in Mexiko zu operieren und ihre Gewinne in die USA zu repatriieren. Jahrelang lebten die mexikanischen Ölarbeiter am Rande der Armut, während Rockefeller und Cowdray ihre Profitschatullen aufblähten. Cowdray wurde zu einem der reichsten Männer Englands; die Amerikaner kennen das Ausmaß des Rockefeller-Imperiums nur zu gut.

Das Blut von Tausenden Mexikanern war wegen der Gier von Standard Oil, Eagle, Shell usw. sinnlos vergossen worden. Revolutionen wurden von den Manipulatoren in den USA absichtlich herbeigeführt, wobei sie stets von den geeigneten Vertretern der US-Regierung unterstützt wurden. Während Cowdray in absolutem Luxus lebte und die besten Clubs in London besuchte, ging es den mexikanischen Ölarbeitern schlechter als den Sklaven der Pharaonen, sie lebten in Armut und drängten sich in Slums zusammen, die keine Beschreibung vertragen konnten.

Am 18. März 1938 verstaatlicht die Regierung Cardenas das Eigentum der amerikanischen und britischen Ölgesellschaften. Die USA schlagen zurück und stellen den Kauf von Silber aus Mexiko ein. Die britische Regierung brach die diplomatischen Beziehungen ab. Insgeheim finanzieren Standard Oil und die britischen Ölgesellschaften General Saturnino Cedillo und bringen ihn dazu, gegen Cardenas zu rebellieren. Eine massive Demonstration der Bevölkerung zur Unterstützung von Cardenas beendete den Aufstandsversuch jedoch innerhalb weniger

Wochen.

Die USA und Großbritannien führten bald einen Boykott gegen mexikanisches Öl ein, der die als PEMEX bekannte nationale Ölgesellschaft verwüstete. Die Cardenas schlossen daraufhin Tauschgeschäfte mit Deutschland und Italien ab. Dieses irreführende Verhalten der beiden Regierungen - die die meisten Menschen als Säulen der westlichen Zivilisation betrachteten - setzte sich fort, als die Kommunisten versuchten, Spanien unter ihre Kontrolle zu bringen, und die mexikanische Regierung versuchte, den Ölboykott zu durchbrechen, indem sie Öl an die Regierung von General Franco schickte.

Im französisch-kommunistischen Krieg, der als "Spanischer Bürgerkrieg" bekannt wurde, unterstützte Roosevelt die kommunistische Seite und erlaubte ihr, in den USA Männer und Munition zu rekrutieren. Washington verfolgte eine offizielle Politik der "Neutralität", doch diese Täuschung war schlecht verborgen und wurde aufgedeckt, als Texaco in den Dreck gezogen wurde.

PEMEX beschloss, Franco mit Öl zu versorgen, das mithilfe von Texaco-Tankern zu den spanischen Häfen transportiert werden sollte. Sir William Stephenson, der Chef des Geheimdienstes MI6, verriet Texaco an Roosevelt. Wie es üblich ist, wenn antikommunistische Rechtsregierungen um die Existenz ihres Landes kämpfen, wies die geheime Parallelregierung der USA Roosevelt an, die mexikanischen Öllieferungen an Franco zu stoppen. Das hinderte die Bolschewiki jedoch nicht daran, in den USA zu rekrutieren oder von der Wall Street Munition und Finanzmittel zu erhalten. Texaco handelte nicht aus Sympathie für Franco oder Mexiko: Sein Motiv war Profit. Dies zeigt, was passiert, wenn ein fabianischer Sozialist wie Roosevelt ein Land regiert, das gegen den Sozialismus ist.

Erst 1946 kehrte mit der Wahl von Präsident Miguel Aleman wieder so etwas wie Ordnung in Mexiko ein. Am 30. September 1947 nahm die mexikanische Regierung eine endgültige Regelung aller amerikanischen und britischen Enteignungsforderungen vor. Dies kam das mexikanische Volk teuer zu stehen und ließ die Kontrolle über das Öl de facto in den Händen der US-amerikanischen und britischen Ölgesellschaften. So war das von Cardenas unterzeichnete Enteignungsdekret von 1936 nur ein Teilerfolg.

Als 1966 mehrere Schriftsteller die Gier und Korruption von Lord Cowdray aufdeckten, engagierte dieser Desmond Young, um ein Buch zu schreiben, in dem er seine Verwicklung mit Diaz und Huerta reinwusch und herunterspielte. 1970 unterzeichnete Präsident Richard Nixon auf Wunsch des Council on Foreign Relations ein Abkommen mit Präsident Diaz Ordaz, das eine friedliche Beilegung künftiger Grenz- und anderer Konflikte (d. h. um Öl) vorsah.

Dieses Abkommen ist bis heute gültig, und auch wenn sich die Methoden zur Plünderung des mexikanischen Öls geändert haben, haben sich die Absicht und die Motivation nicht geändert. Es gibt ein weit verbreitetes Missverständnis über das Nixon-Abkommen, nämlich dass es einen Wandel in der Politik Washingtons darstellte. Es sollte den Eindruck erwecken, dass wir nunmehr das Recht Mexikos auf seine natürlichen Ressourcen anerkennen. Es war eine Wiederholung der Zeit, als Morrow ein Abkommen mit Cailes-Obregón aushandelte, in dem, was dem amerikanischen Volk als "großes Zugeständnis der Vereinigten Staaten" verkauft wurde, obwohl es in Wirklichkeit praktisch überhaupt kein Zugeständnis war, was Washington betraf. Dies ist die Politik der Diplomatie durch Lügen.

IV. Rockefeller: Das Genie des Bösen

Eine andere Industrie ist so korrupt wie die mächtige Ölindustrie, und keine andere Industrie hat die Epitheta, mit denen sie belegt wurde, so sehr verdient. Als die Indianer Amerikas den französischen Franziskanermissionar Pater Joseph de la Roche Daillon zu dem geheimnisvollen Schwarzwasserteich in West-Pennsylvania führten, konnten sie sich nicht vorstellen, welch schreckliche Folgen dies haben würde.

Die Ölindustrie hat alle Versuche überlebt, ihre Mauern zu durchbrechen, sei es von der Regierung oder von Privatbürgern. Die US-Ölindustrie hat die persönlichen Rachefeldzüge der verstorbenen Senatoren Henry Jackson und Frank Church überlebt und ist aus zahlreichen Untersuchungen souverän und mit ihren Geheimnissen unversehrt hervorgegangen. Nicht einmal die Kartellverfahren konnten ihre Macht brechen.

Man kann die Ölindustrie nicht erwähnen, ohne John D. Rockefeller zu nennen, der die Standard Oil in New Jersey gegründet hat. Der Name Rockefeller steht auch für Habgier und einen unerschütterlichen Machthunger. Der Hass, den die meisten Amerikaner gegen die Rockefellers hegen, begann, als die "Große Hand" in den Ölgebieten Pennsylvanias auftauchte. Er begann unter den Nachkommen der Bohrpioniere, die nach Titusville und Pit Head strömten, als 1865 der schwarze "Goldrausch" einsetzte.

John D. Rockefellers Fähigkeit, Prospektoren und Bohrer um ihre Ölkonzessionen zu bringen, erinnert auf seltsame Weise an die "bahnbrechenden" Bemühungen von Cecil John Rhodes, Barny Barnato und anderen Rothschild-Warburg-Agenten, die das Geld für die Diebstähle und Schikanen bereitstellten, die diese Gauner am helllichten Tag an den Besitzern der Kimberly-Diamanten und der Rand-Goldkonzessionen begangen haben.

Nelson Rockefeller behauptete einmal, das Familienvermögen sei "ein Unfall" gewesen, doch die Tatsachen sprechen eine andere Sprache.

Die Paranoia und das Bedürfnis nach Geheimhaltung, die John D. Rockefeller umgaben, wurden an seine Söhne weitergegeben und als Strategie gegen die Einmischung von außen in die Ölgeschäfte übernommen. Heute rechnet die Buchhaltungsfirma des Komitees der 300, Price Waterhouse, so ab, dass selbst die besten Buchhalter und die verschiedenen Ausschüsse des Senats nicht in der Lage waren, die Finanzen der Rockefellers zu entwirren. Dies ist die Natur des Tieres. Oft wird die Frage gestellt: "Warum war Rockefeller so tief verdreht?". Man kann nur vermuten, dass dies seiner Natur innewohnte.

John D. Rockefeller glaubte nicht daran, dass man sich von Freundschaft in seinem Fortschritt behindern lassen sollte, und er warnte seine Söhne, niemals "die gute Kameradschaft von euch Besitz ergreifen zu lassen". Sein Lieblingsdogma betraf die alte, weise Eule, die nichts sagte und viel hörte. Die ersten Fotografien von John D. zeigen ein langes, grimmiges Gesicht, kleine Augen und nicht die geringste Spur von menschlichen Qualitäten.

Angesichts seines Aussehens ist es umso erstaunlicher, dass die Brüder Clark John D. als ihren Buchhalter und später als Teilhaber ihrer Raffinerie akzeptierten. Die Brüder merken schnell, dass sie Rockefeller nicht trauen können. Innerhalb kurzer Zeit waren sie gezwungen, sich zurückzuziehen, "erlöst", wie John D. sagte. Ida Tarbells Buch "The History of the Standard Oil Company" ist reich an Beispielen für Rockefellers Rücksichtslosigkeit und seine Unmenschlichkeit gegenüber allen außer ihm selbst.

Die Standard Oil Company war das geheimste Unternehmen in der Geschichte der USA, eine Tradition, die heute von Exxon und seinen Tochtergesellschaften fortgeführt wird. Es heißt, Standard Oil sei wie eine Festung verriegelt und verbarrikadiert gewesen. Rockefellers Image hatte so sehr gelitten, dass er die PR-

Fachfrau Ivy Lee engagierte, um ihm zu helfen, sein Image als Philanthrop wieder aufzupolieren. Doch trotz all seiner Bemühungen gelang es Lee nicht, das von John D. hinterlassene Erbe des Hasses auszulöschen. Das beschädigte Image der Standard und der Rockefellers setzte sich in den 1990er Jahren fort und wird wohl für immer bleiben. Standard Oil sollte das Aushängeschild der Ölindustrie in ihrem Verhalten gegenüber Nationen sein, die über Öl- und Gasreserven im Untergrund verfügten.

Die Rockefellers haben schon immer das Gesetz gemacht, und schon früh entschieden sie, dass die einzige Möglichkeit, der Steuer zu entgehen, darin bestand, den Großteil ihrer Gelder und Vermögenswerte außerhalb der USA anzulegen. Bereits 1885 hatte Rockefeller Märkte in Europa und im Fernen Osten aufgebaut, die erstaunliche 70% des Geschäfts von Standard Oil ausmachten.

Doch Rockefellers Marsch durch die Kontinente verlief nicht reibungslos. Die öffentlichen Ressentiments gegen Standard erreichten neue Höhen, nachdem Schriftsteller wie Ida Tarbell und H.D. Lloyd enthüllt hatten, dass Standard ein Unternehmen mit einer Armee von Spionen war, die über den lokalen, staatlichen und föderalen Regierungen stand

> "die den Krieg erklärt, den Frieden ausgehandelt, die Gerichte, die Legislative und die souveränen Staaten auf einen beispiellosen Gehorsam gegenüber seinem Willen reduziert haben".

Im Senat flossen heftige Beschwerden ein, als das amerikanische Volk von Standard's monopolistischen Praktiken erfuhr, was zum Sherman Antitrust Act führte. Das Gesetz war jedoch so absichtlich vage formuliert und ließ mehrere Fragen offen, dass Rockefeller und seine Anwaltsbande die Einhaltung des Gesetzes leicht umgehen konnten. Rockefeller beschrieb es einmal als "eine PR-Übung ohne jeden Biss". John D. Rockefellers Einfluss im Senat war nie so deutlich spürbar wie während der Debatten über das Sherman-Kartellgesetz. Zu dieser Zeit wurden einzelne Senatoren von Rockefellers Lobbyisten stark unter Druck gesetzt.

Rockefeller erlitt einen vorübergehenden Rückschlag, als der Oberste Richter Edward White am 11. Mai 1911 in einem von Frank Kellogg gegen Standard angestrengten Kartellverfahren sein Urteil verkündete: Standard müsse sich innerhalb von sechs Monaten von allen seinen Tochtergesellschaften trennen. Rockefeller reagierte darauf mit dem Einsatz einer Armee von Schriftstellern, die erklärten, dass die "besondere Natur" des Ölgeschäfts sich nicht für normale Geschäftsmethoden eigne; es müsse als Sondereinheit behandelt werden, wie es John D. Rockefeller getan hatte.

Um die Entscheidung von Richter White zu verwässern, setzte Rockefeller seine eigene Regierungsform ein. Diese neue "Regierung" nahm die Form von Stiftungen und philanthropischen Institutionen an, die dem Patronagesystem der europäischen Königshöfe nachempfunden waren. Diese Institutionen und Stiftungen würden Rockefellers Vermögen vor der Einkommenssteuer schützen, vor der ihn seine Söldner im Senat gewarnt hatten und die er in den kommenden Jahren zahlen müsse.

Dies war der Beginn der "Regierung in der Regierung" der Ölindustrie, einer Macht, die bis heute anhält. Es besteht kein Zweifel daran, dass der CFR seinen schnellen Aufstieg zur Macht Rockefeller und Harold Pratt zu verdanken hat. Im Jahr 1914 bezeichnete ein Mitglied des Senats Rockefellers Imperium als "geheime Regierung der Vereinigten Staaten". Rockefellers Strategen forderten die Gründung eines privaten Geheimdienstes, und ihrem Rat folgend kaufte Rockefeller buchstäblich das Personal und die Ausrüstung von Reinhardt Heydrichs SS-Nachrichtendienst, der heute als "Interpol" bekannt ist."

Mit Informationen, die mit denen von Heydrichs SS vergleichbar waren, waren die Rockefellers in der Lage, Länder zu infiltrieren, praktisch die Kontrolle über ihre Regierungen zu übernehmen, ihre Steuergesetze und ihre Außenpolitik zu ändern und dann die US-Regierung unter Druck zu setzen, damit sie sich an die

Gesetze hält. Wenn die Steuergesetze strenger wurden, ließen die Rockefellers das Gesetz einfach ändern. Es war dieser Bazillus in der Ölindustrie, der die lokale Produktion stilllegte, die Amerika völlig unabhängig von ausländischem Öl gemacht hätte. Was war das Nettoergebnis? Höhere Preise für den amerikanischen Verbraucher und obszöne Gewinne für die Ölkonzerne.

Die Rockefellers betraten bald die Bühne im Nahen Osten, aber ihre Bemühungen, Zugeständnisse zu erhalten, wurden von Harry F. Sinclair blockiert. Es scheint, dass Sinclair in der Lage war, die Rockefellers jedes Mal zu schlagen. Dann kam es zu einer spektakulären Wende, dem Tea-Pot-Dome-Skandal, bei dem Innenminister Albert Fall, ein enger Freund Sinclairs, und Dahoney, ein Freund Fall', angeklagt wurden, weil sie sich die Marineölreserven von Tea Pot Dome und Elk Hills für private Zwecke angeeignet hatten. Viele befürchteten, dass der Tea Pot Dome-Skandal von den Rockefellers inszeniert worden war, um Sinclair als unliebsamen Konkurrenten zu diskreditieren und auszuschalten.

Der Skandal erschütterte Washington und kostete Fall seinen Posten (daher der Ausdruck "Sündenbock"). Sinclair gelingt es gerade noch, eine Gefängnisstrafe zu vermeiden. Alle seine lukrativen Verträge mit Persien und Russland wurden annulliert. Bis heute wird vermutet, aber nicht bewiesen, dass der Tea Pot Dome-Skandal eine Infiltrationsoperation der Rockefellers war. Schließlich gingen die meisten von Sinclairs Konzessionen im Nahen Osten, mit Ausnahme derjenigen im Besitz Großbritanniens, in die Hände der Rockefellers über.

Die Ereignisse im Iran sollten bald die Macht von Rockefeller und seinen britischen Partnern unter Beweis stellen. Als sich Reza Shah Pahlavi von Iran 1941 weigerte, sich den sogenannten "Alliierten" gegen Deutschland anzuschließen und seine Staatsbürger des Landes zu verweisen, geriet Churchill in Rage und ordnete die Invasion des Irak an, der sich seine bolschewistischen Verbündeten aus Russland anschlossen. Indem er russischen Truppen den Einmarsch in den Iran gestattete, öffnete Churchill die Tür für eine russische Präsenz in der Region, eines der von Stalin so ersehnten Ziele. Dies ist ein schockierender Verrat am iranischen Volk und am Westen im Allgemeinen, der zeigt, dass der Einfluss der Rockefellers international ist.

Dies ist die Macht der Ölgesellschaften, insbesondere derjenigen, die von den Rockefellers kontrolliert werden. Vertreter der Ölgesellschaften Standard Oil und Royal Dutch Shell rieten Churchill, Reza Shah zu verhaften und auszuweisen, was dieser auch prompt tat und ihn zunächst nach Mauritius und dann nach Südafrika schickte, wo er im Exil starb. Die Dokumente, die ich im British Museum in London eingesehen habe, zeigen, dass die Rockefellers weitgehend in die Nahostpolitik eingegriffen haben.

Im britischen Parlament prahlte Churchill:

> "Wir (die Ölgesellschaften) haben gerade einen Diktator aus dem Exil vertrieben und eine verfassungsmäßige Regierung eingesetzt, die sich verpflichtet hat, einen ganzen Katalog ernsthafter Reformen durchzuführen".

Was er nicht sagte, war, dass die "verfassungsmäßige Regierung" eine von den Ölkonzernen ausgewählte Marionettenregierung war und dass ihr "umfassender Reformkatalog" einzig und allein dem Zweck diente, die amerikanischen und britischen Ölinteressen zu stärken, um noch größere Anteile an den Öleinnahmen zu erhalten.

Doch 1951 griff die nationalistische Stimmung im Nahen Osten, die in Ägypten begonnen hatte, wo Oberst Gamal Abdel Nasser entschlossen war, die Briten aus der Kontrolle des Landes zu verdrängen, auch auf den Iran über. Zu dieser Zeit trat ein wahrer iranischer Patriot, Dr. Mohamed Mossadegh, auf den Plan, um die Marionettenregierung Churchills herauszufordern. Mossadeghs Hauptziel war es, die Macht der ausländischen Ölgesellschaften zu brechen. Er war der Ansicht, dass die Stimmung des iranischen Volkes reif für eine solche Aktion war.

Dies alarmierte die Rockefellers zutiefst und sie riefen Großbritannien zu Hilfe. Mossadegh erklärte Rockefeller und

British Petroleum, dass er sich nicht an ihre Konzessionsvereinbarungen halten werde. David Rockefeller soll einen persönlichen Hass auf Mossadegh entwickelt haben. Aus diesem Grund forderte British Petroleum die britische Regierung auf, "das von Mossadegh geschaffene Ärgernis zu beenden". Churchill wollte den Forderungen des Ölkartells der Sieben Schwestern (bestehend aus den sieben größten britischen und amerikanischen Ölgesellschaften im Nahen Osten) nachkommen und bat die USA um Hilfe.

Als talentierter, gebildeter und kluger Politiker aus wohlhabenden Verhältnissen hatte Mossadegh den aufrichtigen Wunsch, dem iranischen Volk zu helfen, von seiner nationalen Ressource zu profitieren. Im Mai 1951 verstaatlichte Dr. Mossadegh das iranische Öl. Es wurde eine internationale Werbekampagne gegen Mossadegh gestartet, der als dummer kleiner Mann dargestellt wurde, der im Pyjama durch Teheran rennt und in Emotionen versunken ist. Das entsprach bei weitem nicht der Wahrheit.

Auf Betreiben der Rockefeller-Ölfirmen und mit Unterstützung des US-Außenministeriums wird ein internationaler Boykott gegen iranisches Öl angeordnet. Das iranische Öl wird schnell unverkäuflich. Das Außenministerium erklärt seine Unterstützung für Churchills Marionettenregierung in Teheran, die eingesetzt wurde, als der Schah sich weigerte, sich den Alliierten im Krieg gegen Deutschland anzuschließen.

Zur gleichen Zeit starten die CIA und der MI6 eine gemeinsame Operation gegen Mossadegh. Was dann folgt, ist ein klassisches Beispiel dafür, wie Regierungen mithilfe einer Propagandakampagne unterwandert und gestürzt werden. Churchill, der nach Kriegsende seine Wahl verloren hatte, wurde von einer gehirngewaschenen britischen Öffentlichkeit wieder an die Macht gebracht. Er nutzte sein Amt, um gegen Dr. Mossadegh und das iranische Volk Krieg zu führen, indem er sich der Taktiken eines Wegelagerers und Piraten bediente, wie das folgende Beispiel zeigt:

Die "Rose Marie", die in internationalen Gewässern fuhr und

iranisches Öl transportierte, verstieß gegen kein Gesetz oder internationales Abkommen, als sie von Churchill den Befehl erhielt, von der Royal Air Force abgefangen zu werden, und gezwungen wurde, nach Aden, einem Hafen unter britischer Kontrolle, zu fahren. Die Entführung eines Schiffes auf See wurde vom US-Außenministerium auf Vorschlag der Rockefeller-Familie voll und ganz unterstützt.

Meine Quelle in London, deren Job es ist, die Ölindustrie zu überwachen, erzählte mir 1970, dass Churchill nur mit Mühe von seinem Kabinett davon abgehalten werden konnte, der RAF den Befehl zu geben, die "Rose Marie" zu bombardieren. Es verging ein Jahr, in dem der Iran große finanzielle Verluste erlitt. 1953 schrieb Dr. Mossadegh an Präsident Dwight D. Eisenhower und bat ihn um Hilfe. Genauso gut hätte er auch an Rockefeller schreiben können. Eisenhower, der mit seinen Nerven spielte, antwortete nicht.

Diese Taktik hatte den erwünschten Effekt, Mossadegh zu verängstigen. Schließlich antwortete Eisenhower und riet dem iranischen Führer in klassischer Manier, "die internationalen Verpflichtungen des Iran zu respektieren". Mossadegh forderte die britische und die amerikanische Regierung weiterhin heraus. Die Ölgesellschaften schickten eine Deputation zu Eisenhower, um sofortige Maßnahmen zur Absetzung Mossadeghs zu fordern.

Kermit Roosevelt, der die geheime CIA-Operation gegen Mossadegh leitete, arbeitete unermüdlich daran, Kräfte innerhalb Teherans aufzubauen, die dazu benutzt werden könnten, Unruhe zu stiften. Große Geldsummen, die sich meiner Quelle zufolge auf drei Millionen Dollar belaufen, wechselten den Besitzer. Im April 1953 versuchte Schah Mohammed Reza Pahlavi unter dem intensiven Druck der internationalen Bankiers, Dr. Mossadegh abzusetzen, doch dieser Versuch scheiterte. Eine Armee von Agenten, die von der CIA und dem MI6 ausgerüstet wurden, begann, die Armee anzugreifen. Aus Angst, ermordet zu werden, floh der Schah und Mossadegh wurde im August 1953 gestürzt. Die Kosten für die amerikanischen Steuerzahler belaufen sich auf fast 10 Millionen US-Dollar.

Es sei darauf hingewiesen, dass zur gleichen Zeit, als Kermit Roosevelt die verdeckte CIA-Operation gegen Dr. Mossadegh im Jahr 1951 vorbereitete, gegen seine Rockefeller-Partner in Washington Gerichtsverfahren liefen, die zur Einstellung der Operationen im Iran hätten führen müssen. Tatsache ist, dass die allmächtige Ölindustrie wusste, dass sie die Herausforderung abwehren konnte, wie sie es mit allen anderen getan hatte. Gegen Exxon, Texaco, Standard Gulf, Mobil und Socal wurden Verfahren des Justizministeriums eingeleitet. (Es wurden keine Anstrengungen unternommen, um gegen Shell und BP vorzugehen).

Standard Oil beauftragte sofort Dean Acheson mit der Vertuschung der Ermittlungen. Acheson erwies sich als gutes Beispiel dafür, wie Rockefeller wichtige Personen aus der Regierung und dem Privatsektor einsetzte, um die Regierung in Washington zu übergehen. Anfang 1952 ging Acheson zum Angriff über. Unter Berufung auf das Interesse des Außenministeriums, Amerikas außenpolitische Initiativen zu schützen, womit er stillschweigend zugab, dass die großen Ölgesellschaften die Außenpolitik des Staates lenkten, verlangte Acheson, dass die Untersuchung eingestellt werden sollte, um "unsere guten Beziehungen im Nahen Osten" nicht zu schwächen.

Acheson ließ den Tumult und die Instabilität unerwähnt, die zu genau diesem Zeitpunkt im Iran von Rockefeller, der CIA und dem MI6 geschaffen wurden. Der Generalstaatsanwalt antwortete mit einem Rundumschlag gegen die Ölmonopole und warnte, das Öl müsse "aus dem Griff einiger weniger befreit werden; das freie Unternehmertum kann nur bewahrt werden, indem man es vor übermäßiger Macht, sowohl der Regierung als auch der Privatwirtschaft, schützt". Hethen beschuldigte das Kartell, in einer Weise zu handeln, die die nationale Sicherheit gefährde.

Rockefeller ordnete sofort an, dass über seine Kontakte im Außen- und Justizministerium Anstrengungen zur

Schadensbegrenzung unternommen werden sollten. (Acheson verurteilte die Ermittlungen öffentlich als eine Aktion "von kartellrechtlichen Polizeihunden, die nichts mit dem Mammon und den Ungerechten zu tun haben wollen". Der Tonfall seiner Stimme war zu jeder Zeit kriegerisch und bedrohlich. Acheson sicherte sich die Unterstützung des Verteidigungs- und des Innenministeriums für Rockefeller, der auf höchst erstaunliche Weise für die Sieben Schwestern bürgte.

"Die Unternehmen (die großen Ölgesellschaften) spielen eine lebenswichtige Rolle bei der Versorgung der freien Welt mit dem wichtigsten Lebensmittel. Die Ölgeschäfte der USA sind in jeder Hinsicht Instrumente unserer Außenpolitik".

Dean Acheson versuchte dann, den schwarzen Peter der sowjetischen Einmischung im Nahen Osten zu heben, was nichts anderes als eine Ausflucht war, um von der Art und Weise abzulenken, wie die Ölgesellschaften operierten. Schließlich wurden alle strafrechtlichen Anklagen gegen das Kartell fallen gelassen...

Um ihre völlige Missachtung des amerikanischen Rechts zu demonstrieren, trafen sich die Vertreter der wichtigsten Ölgesellschaften 1924 in London, um auf Anweisung von Sir William Fraser mögliche Anklagen wegen Verschwörung zu vermeiden. In dem Brief, den Fraser an die leitenden Angestellten von Standard, Mobil, Texaco, BP, Socal und Shell schrieb, wurde erklärt, dass sie sich treffen sollten, um ihre Rechnungen mit dem inzwischen völlig überdrehten Schah Reza Pahlavi zu begleichen.

Die Verschwörer trafen sich einen Monat später in London, wo sich ihnen der Vorstandsvorsitzende der französischen Erdölgesellschaft anschloss. Es wurde vereinbart, ein Konsortium zu gründen, das die Kontrolle über das iranische Öl übernehmen sollte. Die neue Organisation wird als "Konsortium" bezeichnet, da die Verwendung des Wortes "Kartell" in Amerika als unklug angesehen wird. Der Erfolg sei garantiert, sagten amerikanische Politiker ihren ausländischen Amtskollegen, da das Außenministerium dem Treffen in London seinen Segen gegeben habe.

Was das Außenministerium betrifft, so spielten die Seven Sisters[6] eine Schlüsselrolle im Nahen Osten, indem sie das Eindringen der Kommunisten in eine Region verhinderten, die für die USA von vitalem Interesse war. Angesichts der Tatsache, dass dieselben Ölfirmen 1942 Churchill dabei unterstützten, dass die sowjetischen bolschewistischen Truppen in den Iran einmarschierten, wodurch Stalin die beste Gelegenheit erhielt, im Nahen Osten Fuß zu fassen, ist dies nicht ganz die Wahrheit.

Während des gesamten Verfahrens des Justizministeriums, das im Oktober 1951 begann, bezeichneten die Zeugen des Außenministeriums die Ölindustrie immer wieder als "das sogenannte Kartell". Das Außenministerium ist dicht mit Rockefeller-Agenten besetzt, vielleicht mehr als jede andere Regierungsinstitution, die von David Rockefeller kontrolliert wird.

Ich bin bis heute fest davon überzeugt, dass es noch keine Möglichkeit gibt, die Rockefeller-Ketten zu sprengen, die die Ölgesellschaften und diese Nation an den Council on Foreign Relations binden, der alle Facetten unserer Außenpolitik gegenüber den Ölnationen der Welt kontrolliert. Mit dieser Situation werden wir, das Volk, uns hoffentlich so bald wie möglich auseinandersetzen müssen.

In Washington verlief die Zivilklage gegen das Ölkartell angesichts der Drohungen des Council on Foreign Relations, der von seiner Marionette, Präsident Eisenhower, unterstützt wurde, im Sande. Eisenhower erklärte, dass die nationalen Sicherheitsinteressen der USA durch das Verfahren gefährdet würden. Eisenhower, eine Marionette des CFR, wies seinen Generalstaatsanwalt Herbert Brownell Jr. an, dem Gericht mitzuteilen, dass

"Kartellgesetze sollten im Vergleich zu den Interessen der

---

6 Die "Sieben Schwestern", die Unternehmen, die das Kartell des weltweiten Ölmonopols bilden. NDÉ.

nationalen Sicherheit als zweitrangig angesehen werden".

Während Kermit Roosevelt in Teheran mit Hammer und Zange kämpfte, schlugen Eisenhower und Dulles dem Gericht einen Kompromiss vor, der, wie Eisenhower es ausdrückte, "die Interessen der freien Welt im Nahen Osten als Hauptquelle der Ölversorgung schützen würde". Kein Wunder, dass Ayatollah Khomeini Jahrzehnte später die USA als "den großen Satan" bezeichnete. Khomeini bezog sich nicht auf das Volk der Vereinigten Staaten, sondern auf ihre Regierung

Khomeini wusste genau, dass der gewöhnliche Amerikaner Opfer einer Verschwörung war, dass er belogen, betrogen, bestohlen und gezwungen wurde, das Blut von Millionen seiner Söhne in fremden Kriegen zu opfern, an denen er absolut keinen Grund hatte, teilzunehmen. Der geschichtsbewusste Khomeini war mit dem Federal Reserve Act bestens vertraut, der seiner Meinung nach "das Volk unter dem Einfluss der Sklaverei hielt". Als die US-Botschaft in Teheran von den Revolutionsgarden gestürmt wurde, fielen Khomeini mehrere kompromittierende Dokumente in die Hände, die eindeutig die Verstrickung der CIA mit British Petroleum, Standard und anderen großen Ölgesellschaften belegten.

Nachdem der für erfolgreich erklärte Staatsstreich abgeschlossen war, kehrte der Schah in seinen Palast zurück. Er konnte nicht ahnen, dass er zwei Jahrzehnte später das gleiche Schicksal wie Mossadegh erleiden würde, in den Händen der Ölindustrie und ihrer Ersatzregierungen in Washington und London: der CIA und des MI6. Der Schah glaubte, David Rockefeller vertrauen zu können, doch wie viele andere musste auch er bald feststellen, dass sein Vertrauen leider fehl am Platz war.

Nachdem er Zugang zu den Dokumenten erhalten hatte, die Mossadegh ausgegraben hatte und die das Ausmaß der Plünderung der nationalen Ressourcen des Iran zeigten, wurde der Schah von London und Washington schnell entzaubert. Als der Schah von den Aufständen in Mexiko und Venezuela gegen Rockefeller und Shell sowie von Saudi-Arabiens "Golden Gimmick" erfuhr, begann er, Rockefeller und die Briten unter

Druck zu setzen, um einen größeren Anteil an den iranischen Öleinnahmen zu erhalten, die damals nur 30% der gesamten Öleinnahmen ausmachten, von denen die Ölgesellschaften profitierten.

Auch andere Länder haben die Peitsche der Ölindustrie zu spüren bekommen. Mexiko ist ein klassischer Fall für die Fähigkeit der Ölkonzerne, eine Außenpolitik zu entwerfen, die nationale Grenzen überschreitet und die amerikanischen Verbraucher ein riesiges Vermögen kostet. Öl schien die Grundlage einer neuen Wirtschaftsordnung zu sein, mit einer unangefochtenen Macht in den Händen einiger weniger Personen, die außerhalb der Ölindustrie kaum bekannt waren.

Die "Majors" wurden mehrfach erwähnt. Es handelt sich dabei um eine Abkürzung für die großen Ölgesellschaften, die das erfolgreichste Kartell in der Geschichte des Handels bilden. Exxon (in Europa Esso genannt), Shell, BP, Gulf, Texaco, Mobil und Socol-Chevron. Zusammen sind sie Teil eines großen Netzwerks aus Banken, Versicherungsgesellschaften und Maklerhäusern, die ineinander greifen und sich gegenseitig beeinflussen. Dieses Netzwerk wird vom Komitee der 300 kontrolliert, das außerhalb seines Kreises kaum bekannt ist.

Die Realität der einen Weltregierung oder der Regierung der obersten Ebene der Neuen Weltordnung duldet keine Einmischung von irgendjemandem, auch nicht von mächtigen nationalen Regierungen, den Führern großer oder kleiner Nationen, Konzernen oder Einzelpersonen. Diese supranationalen Giganten verfügen über Fachkenntnisse und Buchhaltungsmethoden, die die besten Köpfe der Regierung, für die sie unerreichbar bleiben, verblüfft haben. Es scheint, dass die Majors in der Lage waren, Regierungen dazu zu bringen, ihnen Ölkonzessionen zu erteilen, ungeachtet derer, die sich dagegen aussprachen. John D. Rockefeller hätte diesem geschlossenen Unternehmen, das seit 68 Jahren von Exxon und Shell geführt wird, höchstwahrscheinlich zugestimmt.

Aufgrund des Umfangs und der Komplexität ihrer Operationen, die meist mit harten Bandagen geführt werden und oftmals

Aktivitäten in mehreren Ländern gleichzeitig beinhalten, ist es offensichtlich, dass die Ölindustrie eine der mächtigsten Komponenten ist, aus denen sich die wirtschaftlichen Operationen des Komitees der 300 zusammensetzen.

Im Geheimen hat der Club der Sieben Schwestern Kriege ausgeheckt und untereinander entschieden, welche Regierungen sich ihren Schandtaten beugen sollten. Wenn Probleme auftauchen, wie im Fall von Dr. Mossadegh und später Präsident Saddam Hussein vom Irak, muss man nur die Luftwaffe, die Marine, das Heer und die entsprechenden Geheimdienste einschalten, um das Problem zu lösen und das "Ärgernis" loszuwerden. Dies sollte nicht mehr Probleme bereiten als das Zerschlagen einer Fliege. Die Sieben Schwestern sind zu einer Regierung innerhalb einer Regierung geworden, und zwar nirgendwo anders als bei Rockefellers Standard Oil (SOCO-Exxon-Chevron).

Wenn man wissen will, wie die Außenpolitik der USA und Großbritanniens gegenüber Saudi-Arabien, dem Iran oder dem Irak aussieht, muss man nur die Politik von BP, Exxon, Gulf Oil und ARAMCO studieren. Wie sieht unsere Politik in Angola aus? Sie besteht darin, das Eigentum von Gulf Oil in diesem Land zu schützen, selbst wenn das bedeutet, einen bekennenden Marxisten zu unterstützen. Wer hätte gedacht, dass Gulf, Exxon, Chevron und ARAMCO mehr über die Außenpolitik der USA zu sagen haben als die Mitglieder des Kongresses? In der Tat, wer hätte sich vorstellen können, dass. Standard Oil eines Tages die Außenpolitik der Vereinigten Staaten kontrollieren und das Außenministerium dazu bringen würde, so zu handeln, als würde es für seine eigenen wirtschaftlichen Interessen geführt werden?

Gibt es eine andere Gruppe, die so exaltiert ist und so begünstigt wird durch den Regen von Steuervergünstigungen, die sich jährlich auf Milliarden von Dollar belaufen? Ich werde oft gefragt, warum die amerikanische Ölindustrie, die einst so dynamisch und voller Versprechungen war, einen abrupten Niedergang erlebt hat. Die Antwort lautet kurz und bündig: Gier. Aus diesem Grund musste die nationale Ölproduktion gedrosselt werden, für den Fall, dass die Öffentlichkeit eines Tages herausfinden würde, was vor sich ging. Dieses Wissen ist viel schwieriger zu erlangen, wenn es sich um ausländische Geschäfte handelt. Was weiß die amerikanische Öffentlichkeit darüber, was in der Ölpolitik Saudi-Arabiens vor sich geht? Während die Ölindustrie Rekordgewinne erzielt, fordert und erhält sie zusätzliche Steuererleichterungen, die sowohl offen - als auch versteckt - vor den Augen der Öffentlichkeit liegen.

Haben die US-Bürger von den enormen Gewinnen profitiert, die Exxon, Texaco, Chevron und Mobil (vor ihrem Verkauf) erzielt haben? Die Antwort lautet nein, denn die meisten Gewinne wurden "upstream", d. h. außerhalb der USA, erzielt und dort einbehalten, während die US-Verbraucher immer höhere Benzinpreise an den Zapfsäulen zahlen mussten.

Rockefellers Hauptsorge galt Saudi-Arabien. Die Ölgesellschaften hatten sich durch verschiedene Tricks bei König Ibn Saud verschanzt. Der König, der besorgt war, dass Israel eines Tages sein Land bedrohen und die israelische Lobby in Washington stärken könnte, brauchte etwas, das ihm einen Vorteil verschaffen würde. Das Außenministerium erklärte auf Anregung der Rockefellers, dass es eine pro-saudische Politik ohne Verärgerung Israels nur verfolgen könne, wenn es Exxon (ARAMCO) als Fassade benutze. Diese Information wurde dem Ausschuss für Auswärtige Beziehungen des Senats mitgeteilt. Sie war so brisant, dass die Mitglieder des Ausschusses sie nicht einmal sehen durften.

Rockefeller hatte in Wirklichkeit nur eine kleine Summe, 500 000 Dollar, bezahlt, um von Ibn Saud eine wichtige Ölkonzession zu erhalten. Nach viel Diplomatie wurde eine Täuschung entwickelt, eine Täuschung, die den amerikanischen Steuerzahler im ersten Jahr mindestens 50 Millionen Dollar kostete. Das Ergebnis der Gespräche zwischen Exxon und Ibn Saud ist in den geheimen Rockefeller-Ratssälen als "Golden Gimmick" bekannt. Die US-amerikanischen Ölkonzerne erklärten sich bereit, dem saudischen Herrscher eine Subvention von mindestens 50 Millionen Dollar pro Jahr zu zahlen, die von der Menge des abgepumpten saudischen Öls abhängt. Das Außenministerium würde den US-Unternehmen dann gestatten, diese Subventionen als "ausländische Einkommenssteuer" zu deklarieren, die Rockefeller beispielsweise von den US-Steuern von Exxon abziehen könnte.

Mit dem Anstieg der Produktion von billigem saudischem Öl stiegen auch die Subventionszahlungen. Dies ist einer der größten Betrügereien, die an der amerikanischen Öffentlichkeit begangen wurden. Der Kern des Plans bestand darin, dass jedes Jahr riesige ausländische Hilfszahlungen an die Saudis unter dem Deckmantel von "Subventionen" geleistet wurden. Als die israelische Regierung von dem Plan erfuhr, verlangte auch sie "Subventionen", die sich heute auf 13 Milliarden Dollar pro Jahr belaufen - alles auf Kosten der amerikanischen Steuerzahler.

Da der US-Verbraucher tatsächlich dazu beiträgt, dass er für importiertes Rohöl weniger zahlt als für heimisches Rohöl, sollten wir von dieser Regelung nicht durch niedrigere Benzinpreise an den Zapfsäulen profitieren? Schließlich war das saudische Öl so billig, und sollte sich dies angesichts der Produktionssubventionen nicht in niedrigeren Preisen niederschlagen? Hat der amerikanische Verbraucher auch nur den geringsten Vorteil davon, diese enorme Rechnung zu bezahlen? Ganz und gar nicht. Abgesehen von geopolitischen Erwägungen sind die "Majors" auch bei der Preisfestsetzung schuldig. Billiges arabisches Öl wurde beispielsweise bei der Einfuhr in die USA durch einen Trick, der als "Schattenfrachtrate" bekannt ist, auf den höheren Preis des heimischen Rohöls festgelegt.

Laut handfesten Beweisen, die bei den multinationalen Anhörungen 1975 vorgelegt wurden, erzielten die großen Ölgesellschaften, die von den Rockefeller-Gesellschaften geleitet wurden, 70% ihrer Gewinne im Ausland - Gewinne, die damals nicht besteuert werden konnten. Da der Großteil ihrer Gewinne aus dem Ausland stammte, war die Ölindustrie nicht bereit, eine größere Investition in die nationale Ölindustrie zu tätigen. Infolgedessen begann diese zu schrumpfen. Warum sollte man Geld für die Erforschung und Förderung des heimischen Öls ausgeben, wenn es in Saudi-Arabien zu einem niedrigeren Preis als das heimische Produkt und mit einem viel höheren Gewinn verfügbar war?

Der ahnungslose amerikanische Verbraucher wurde und wird immer noch betrogen, ohne es zu wissen. Laut geheimen Wirtschaftsdaten, die mir einer meiner Kontakte, der immer noch im Bereich der Überwachung der wirtschaftlichen Intelligenz tätig ist, gezeigt hat, hätte das Benzin an den Zapfsäulen in Amerika unter Berücksichtigung aller lokalen, regionalen und bundesstaatlichen Steuern, die auf den Preis aufgeschlagen werden, den Verbraucher Ende 1991 nicht mehr als 35 Cent pro Gallone kosten dürfen. Dennoch wissen wir, dass die Preise an den Zapfsäulen drei- bis fünfmal so hoch waren, ohne dass es eine Rechtfertigung für diese übermäßig hohen Preise gegeben hätte.

Die Unmoral dieser groben Täuschung besteht darin, dass die großen Ölgesellschaften - und ich muss erneut die Führung der Rockefellers in dieser Angelegenheit hervorheben -, wenn sie nicht so gierig gewesen wären, in der Lage gewesen wären, nationales Öl zu produzieren, das unsere Benzinpreise zu den billigsten der Welt gemacht hätte. Meiner Meinung nach macht die Art und Weise, wie diese diplomatische Täuschung zwischen dem Außenministerium und Saudi-Arabien zustande gekommen ist, das Außenministerium zum Partner eines kriminellen Unternehmens. Denn um sich nicht mit Israel zu zerstreiten und gleichzeitig die Saudis zufrieden zu stellen, wurde der amerikanische Verbraucher einer enormen Steuerlast ausgesetzt, von der dieses Land keinen Nutzen hatte. Ist das nicht ähnlich wie die von der amerikanischen Verfassung verbotene unfreiwillige Leibeigenschaft?

Die Führung Saudi-Arabiens verlangte daraufhin, dass die Ölgesellschaften (ARAMCO) feste Preise ausweisen sollten, was bedeutete, dass das Land bei fallenden Ölpreisen keine Einbußen bei den Einnahmen hinnehmen musste. Als sie von dieser Vereinbarung erfuhren, forderten und erhielten der Iran und der

Irak die gleiche Vereinbarung über die von den Rockefeller-Gesellschaften festgesetzten Preise, zahlten Steuern auf einen künstlich erhöhten Preis und nicht auf den tatsächlichen Marktpreis, was durch die niedrigeren Steuern, die sie in den USA zahlten, ausgeglichen wurde - ein großer Vorteil, den keine andere Industrie in Amerika genoss.

Dadurch konnten Exxon und Mobil (und alle ARAMCO-Unternehmen) trotz ihrer enormen Gewinne einen durchschnittlichen Steuersatz von 5% zahlen. Die Ölkonzerne betrogen nicht nur den amerikanischen Verbraucher und tun dies immer noch, sondern sie gestalten und implementieren auch die Außenpolitik der USA zum extremen Nachteil des amerikanischen Volkes. Diese Absprachen und Handlungen stellen die Ölindustrie über das Gesetz und verschaffen ihr eine Position, von der aus die Konzerne die Außenpolitik der gewählten Regierung diktieren können und de facto auch diktieren, und zwar ohne jegliche Kontrolle durch unsere Vertreter in Washington.

Die Politik der Ölkonzerne kostet den amerikanischen Steuerzahler Milliarden von Dollar an zusätzlichen Steuern und Milliarden von Dollar an überhöhten Gewinnen an der Zapfsäule. Die Ölindustrie, insbesondere Exxon, hat dank der Kontrolle durch die ständige hochrangige geheime Parallelregierung des Council on Foreign Relations (CFR) keine Angst vor der US-Regierung, Rockefeller ist unantastbar. Dadurch konnte ARAMCO Öl an die französische Marine für 0,95 $ pro Barrel verkaufen, während der US-Marine zur gleichen Zeit 1,23 $ pro Barrel berechnet wurden.

Einer der wenigen Senatoren, die es wagten, die beeindruckende Macht der Rockefellers anzugreifen, war Senator Brewster. Er deckte bei Anhörungen im Jahr 1948 einige der "unfairen Verhaltensweisen" der Ölindustrie auf und beschuldigte die Industrie der Böswilligkeit "mit einem gierigen Wunsch, riesige Gewinne zu erzielen, während sie ständig den Mantel des Schutzes und der Unterstützung der Vereinigten Staaten suchen, um ihre weitreichenden Konzessionen zu bewahren,". Die

Rockefellers verfassten ein Memo, das von den größten amerikanischen Ölgesellschaften unterzeichnet wurde und in dem es im Wesentlichen darum ging, dass sie "keine besonderen Verpflichtungen gegenüber den Vereinigten Staaten" hätten. Der eklatante Internationalismus der Rockefellers war endlich offengelegt worden.

Als Beispiel für das oben Gesagte erklärte M. J. Eaton in einem von *The Oil Industry* veröffentlichten Artikel: "Die Ölindustrie ist derzeit mit der Frage der Regierungskontrolle konfrontiert". Als die US-Regierung das American Petroleum Institute aufforderte, drei Mitglieder für einen von ihr eingesetzten Ausschuss zu benennen, der sich mit der Naturschutzgesetzgebung befassen sollte, sagte der API-Vorsitzende E.W. Clarke:

"Wir können es nicht unternehmen, uns zu irgendwelchen Vorschlägen zu äußern, dass die Bundesregierung die Rohölförderung in mehreren Bundesstaaten direkt regulieren könnte, geschweige denn, dass wir darauf eingehen."

Die API argumentierte, dass die Bundesregierung gemäß Artikel 1 der US-Verfassung nicht befugt sei, die Ölgesellschaften zu kontrollieren. Am 27. Mai 1927 erklärte die API, dass die Regierung der Industrie nicht vorschreiben könne, was sie zu tun habe, selbst wenn die gemeinsame Verteidigung und das allgemeine Wohlergehen der Nation betroffen seien.

Eine der besten und umfangreichsten Darstellungen der Ölindustrie ist ein 400-seitiger Bericht mit dem Titel "The International Petroleum Cartel". Dieser großartige Bericht ist aus dem Umlauf verschwunden. Soweit ich weiß, kauften Rockefeller und das CFR kurz nach seiner Veröffentlichung alle verfügbaren Exemplare auf und verhinderten den Druck weiterer Exemplare des Berichts.

Inspiriert vom verstorbenen Senator John Sparkman und inszeniert von Professor M. Blair, geht die Geschichte des Ölkartells auf eine Verschwörung zurück, die in Achnacarry Castle, einem abgelegenen Fischereireservat in Schottland, stattfand. Sparkman scheute keine Kosten und Mühen, um

Rockefellers Öl-Imperium anzugreifen. Akribisch baute er ein Dossier auf, das bewies, dass die großen Ölgesellschaften eine Verschwörung eingegangen waren, um folgende Ziele zu erreichen:

1) Kontrolle der gesamten Ölproduktion in fremden Ländern in Bezug auf die Förderung, den Verkauf und die Verteilung von Öl.

2) Strenge Kontrolle über alle Technologien und Patente im Zusammenhang mit der Ölproduktion und -raffination.

3) Pipelines und Öltanker unter den sieben Schwestern aufteilen.

4) Die Weltmärkte nur untereinander aufteilen.

5) Gemeinsam handeln, um die Preise für Öl und Benzin künstlich hoch zu halten.

Professor Blair beschuldigte ARAMCO unter anderem, die Ölpreise hochgehalten zu haben, während sie saudisches Öl zu unglaublich niedrigen Preisen erhielt. Als Reaktion auf Sparkmans Anschuldigungen begann das Justizministerium 1951 mit einer eigenen Untersuchung, die in diesem Dokument früher behandelt wurde.

Es hat sich nichts geändert. Der Golfkrieg ist ein gutes Beispiel für "business as usual". Die Besetzung Somalias hat ebenfalls einen öligen Unterton. Dank unseres neuesten Spionagesatelliten, dem Crosse Imager, der Bilder von dem, was sich unter der Erde befindet, weitergeben kann, wurden vor etwa drei Jahren in Somalia sehr große Öl- und Gasvorkommen entdeckt. Diese Entdeckung wurde absolut geheim gehalten, was zu der US-Mission führte, die darauf abzielte, hungernde somalische Kinder zu ernähren, und die drei Monate lang Nacht für Nacht im Fernsehen gezeigt wurde.

Eine Rettungsmission für "hungrige Kinder" wurde von der Bush-Regierung inszeniert, um die Bohrungen von Aramco, Phillips, Conoco, Cohoco und British Petroleum zu schützen, die von den somalischen Führern bedroht wurden, als ihnen bewusst wurde, dass sie kurz vor der Ausplünderung standen. Die US-Operation hatte wenig damit zu tun, hungernde Kinder zu füttern. Warum haben die USA keine ähnliche "Rettungsmission" in Äthiopien organisiert, wo die Hungersnot ein echtes Problem ist? Die Antwort ist natürlich, dass Äthiopien keine bekannten Ölreserven hat. Dennoch ist die Sicherung des Hafens von Berbera das Hauptziel der US-Streitkräfte. In Russland herrscht große Uneinigkeit über das Öl. Die Kurden müssen immer wieder für das Öl in Mossul leiden. Rockefeller und BP sind immer noch die gierigen Ölräuber, die sie schon immer waren.

V. Fokus auf Israel

Vielleicht mehr als jedes andere Land im Nahen Osten, mit Ausnahme dessen, was heute als Saudi-Arabien bezeichnet wird, erreichte die Lügendiplomatie in den Jahren der Staatsbildung Israels ihren Höhepunkt. Wie im gesamten Buch habe ich mich auch bei der Behandlung des Kontexts der Entstehung Israels um absolute Objektivität bemüht, da die Mehrheit dazu neigt, alles, was über das Land gesagt wird, als "antisemitisch" zu betrachten.

Diese Darstellung der Entstehung des Staates Israel berücksichtigt keine religiösen Fragen, sondern stützt sich schlicht und einfach auf politische, geografische, geopolitische und wirtschaftliche Faktoren. Es ist schwierig, zu einem Ausgangspunkt zu gelangen, wenn man sich mit der Geschichte eines Landes befasst, aber nach fast fünfzehn Jahren Forschung habe ich festgestellt, dass der 31. Oktober 1914 der Beginn der Ereignisse war, die zur Gründung Israels führten.

Die Geschichte eines Landes kann nicht von der seiner Nachbarn getrennt werden, und das gilt ganz besonders, wenn es darum geht, die Geschichte Israels nachzuzeichnen. Lord Horatio Kitchener, dem es gerade gelungen war, die Souveränität und Unabhängigkeit der Burenrepubliken in Südafrika zu beenden, wurde vom Komitee der 300, das über das britische Außenministerium handelte, in den Nahen Osten entsandt.

Die britische Regierung intrigierte seit 1899 gegen das türkische Osmanische Reich und war 1914 bereit, ihre letzte Aktion zu unternehmen, um die 400 Jahre alte Dynastie zu stürzen. Der Plan des Komitees der 300 bestand darin, die Araber durch falsche Versprechungen zu verwickeln und arabische Kräfte einzusetzen, um die Drecksarbeit für Großbritannien zu erledigen, wie wir in dem Kapitel gesehen haben, in dem gezeigt wurde, wie Oberst Thomas Lawrence zu diesem Zweck eingesetzt wurde.

Der erste Schritt in diese Richtung ist ein Treffen zwischen Hussein, dem Großscherif von Mekka, der Hochburg der Haschemiten, und Lord Kitchener. Hussein wurde im Gegenzug für seine Hilfe gegen die Türken eine Unabhängigkeitsgarantie angeboten. Die vollständigen Verhandlungen begannen im Juli 1915. Bei diesen Treffen versicherte die britische Regierung Sherif Hussein mehrmals, dass die jüdische Einwanderung nach Palästina niemals zugelassen werden würde, was, wie ich in den vorherigen Kapiteln ausführlich dargelegt habe, das einzige war, was Husseins Teilnahme garantieren würde.

Noch bevor die Verhandlungen über die vollständige Unabhängigkeit Mekkas begannen, trafen sich Gesandte der britischen Regierung heimlich mit Mitgliedern der Familien Abdul Aziz und Wahabi, um über die britische Zusammenarbeit zu sprechen, um diesen beiden Familien bei der Unterwerfung der Stadtstaaten in Arabien zu helfen.

Die Strategie bestand darin, Hussein und seine militärischen Kräfte dazu zu bringen, bei der Vertreibung der Türken aus Ägypten, Palästina, Jordanien und Arabien zu helfen, indem sie Hussein und den Führern der arabischen Stadtstaaten versprachen, dass keine jüdische Einwanderung nach Palästina zugelassen würde. Der zweite Teil der Strategie sah vor, dass die Truppen von Abdul Aziz und Wahabi (die von Großbritannien bewaffnet, ausgebildet und finanziert wurden) alle unabhängigen Stadtstaaten Arabiens unter ihre Kontrolle bringen sollten, während die Führer der Stadtstaaten und Hussein damit beschäftigt waren, Großbritanniens Krieg gegen die Türken zu bekämpfen.

Der von Lord Kitchener vorgeschlagene Gesamtplan wurde von der britischen Regierung am 24. Juli 1914 erörtert. Doch erst am 24. Oktober 1914 gab die britische Regierung ihre Antwort. Die arabischen Gebiete, mit einigen Ausnahmen in Syrien, "in denen Großbritannien frei handeln kann, ohne seinem Verbündeten

Frankreich zu schaden", würden respektiert. Am 30. Januar 1916 nahm Großbritannien Husseins Vorschläge an, die im Wesentlichen vorsahen, dass Hussein im Gegenzug für seine Hilfe zum König des Hedschas erklärt werden und das arabische Volk regieren sollte.

Am 27. Juni 1916 verkündete Hussein die Gründung des arabischen Staates und wurde am 29. Oktober zum König des Hedschas ausgerufen. Am 6. November 1916 erkannten Großbritannien, Frankreich und Russland Hussein als Führer der arabischen Völker und als König des Hedschas an. Haben sich die Familien Abdul Aziz und Wahabi an den widersprüchlichen Bedingungen ihres Abkommens mit Großbritannien gestört? Offenbar nicht, aus dem einfachen Grund, dass sie im Voraus über diese Entwicklungen informiert waren und wussten, dass sie nichts weiter als eine notwendige Täuschung Husseins waren.

In den Jahren 1915 und 1917 trifft sich die britische Regierung mit den Führern des Zionistischen Weltkongresses, um zu besprechen, wie die seit langem geplante jüdische Einwanderung nach Palästina am besten umgesetzt werden kann. Es wird vereinbart, Agenten des MI6 nach Arabien zu schicken, um bei der Ausbildung der Armeen von Abdul Aziz und Wahabi zu helfen.

Großbritannien, Frankreich und Russland hielten am 26. April 1916 ein Geheimtreffen ab, bei dem sie sich darauf einigten, dass Palästina unter internationale Verwaltung gestellt werden sollte. Kein Araber wurde informiert, obwohl Dokumente des britischen Außenministeriums darauf hindeuten, dass die Führer des Zionistischen Weltkongresses über das Treffen und seinen Zweck informiert wurden.

Zuvor, im März 1915, hatten Frankreich und Großbritannien den Russen ebenfalls Konstantinopel versprochen. Im Gegenzug erklärte sich Russland bereit, die Unabhängigkeit der arabischen Staaten anzuerkennen. Großbritannien würde Haifa kontrollieren. Frankreich würde Syrien erhalten. Russland würde Armenien und Kurdistan erhalten (Öl war damals noch kein Faktor). Erstaunlich ist, dass die Bewohner dieser Länder nicht ein einziges Mal informiert wurden. Die Art und Weise, wie die Regierungen über Land verhandeln konnten, das ihnen nicht gehörte, zeugt von der enormen Macht, die die Geheimgesellschaften unter der Kontrolle des Komitees der 300 ausübten.

Dieses ewige Abkommen, das als Sykes-Picot-Abkommen bekannt ist, wurde am 9. Mai 1916 zwischen Großbritannien und Frankreich geschlossen. Alle Einflusszonen im Nahen Osten wurden speziell festgelegt, selbst wenn die arabischen Staaten demonstrativ als "unabhängig" anerkannt wurden. Das Mittel der Kontrolle waren hier die Geheimgesellschaften, insbesondere eine Freimaurerloge, die in Thessaloniki präsent war.

In Unkenntnis der Absprachen führte der MI6-Agent Oberst Lawrence ("Lawrence von Arabien") die arabischen Streitkräfte unter Sheriff Hussein zu einer Reihe spektakulärer Siege, um schließlich die wichtige Eisenbahnlinie im Hidschaz zu erobern und die Türken zum Rückzug zu zwingen. Das Schlüsselelement, um die Araber davon zu überzeugen, die Türken anzugreifen (beide waren islamische Nationen), war die britische Erklärung, dass das Osmanische Reich sich mit den von Ferdinand und Isabella 1492 aus Spanien vertriebenen Juden angefreundet und Konstantinopel zu einem Zufluchtsort für die Juden gemacht hatte. Die britischen Unterhändler (Agenten des MI6) sagten Hussein, dies garantiere, dass die Machthaber in Konstantinopel die jüdische Einwanderung nach Palästina, das unter türkischer Kontrolle stand, positiv sehen würden.

Von seinen arabischen Soldaten liebevoll "Orrenz" genannt, bewundert und vergöttert, war es für Oberst Lawrence unmöglich, den groben Verrat von Hussein und seiner Armee zu akzeptieren. Als klar wurde, dass die Juden in großer Zahl nach Palästina einreisen durften, wurde Lawrence ermordet, um ihn daran zu hindern, die Machenschaften der britischen Regierung aufzudecken. Aus den Aufzeichnungen des britischen Kriegsministeriums geht hervor, dass Lawrence von General Edmund Allenby, dem Befehlshaber der britischen Streitkräfte im Nahen Osten, persönliche Garantien erhalten hatte, dass die jüdische Einwanderung nach Palästina unter keinen Umständen gestattet werden würde.

Kommen wir nun zurück zur Balfour-Erklärung, einem insofern bemerkenswerten Dokument, als es nicht vom britischen Premierminister Arthur Balfour verfasst oder unterzeichnet wurde, sondern von Lord Rothschild als Leiter des britischen Zweigs der Zionistischen Weltföderation. Großbritannien versprach den Juden Land in Palästina, das in Wirklichkeit den Arabern gehörte, und verstieß damit gegen das Versprechen an Sherif Hussein und die feierlichen Versprechungen, die General Allenby Oberst Lawrence gegeben hatte.

Noch auffälliger ist, dass Lord Rothschild zwar kein Mitglied der britischen Regierung war, seine Vorschläge für Palästina aber am 25. April 1920 vom Völkerbund als offizielles Dokument der britischen Regierung akzeptiert wurden. Der Völkerbund akzeptierte die Balfour-Erklärung und erteilte Großbritannien ein Mandat zur Verwaltung von Palästina und Transjordanien. Die einzige Änderung bestand darin, dass in Transjordanien keine nationale jüdische Heimstätte errichtet werden sollte, was die Zionisten ohnehin nicht wollten.

Nachdem die Türken von den arabischen Streitkräften unter Lawrence und später die Araber unter Hussein von den von den Briten ausgebildeten und ausgerüsteten Armeen von Abdul Aziz besiegt worden waren, war der Weg frei für den ernsthaften Beginn der jüdischen Einwanderung nach Palästina. Die Bestimmungen wurden auf einer Konferenz der alliierten Premierminister am 18. April 1920 in San Remo, Italien, bestätigt. Es wurden keine arabischen Delegierten eingeladen. Im Mai 1921 kam es in Palästina zu schweren antijüdischen Ausschreitungen aufgrund des plötzlichen Zustroms jüdischer Einwanderer und der großen Zahl jüdischer Kinder in den Einrichtungen, die in der Stadt entstanden.

Sir Herbert Samuel, der britische Hochkommissar für Palästina, war versucht, einen Legislativrat zu ernennen, was die Araber jedoch ablehnten. Die Unruhen setzten sich ab 1921 fort, und 1929 kam es zu einem Streit an der Klagemauer, der schnell in groß angelegte Angriffe auf Juden ausartete, von denen 50 getötet wurden.

Ein im März 1931 veröffentlichter Bericht der britischen Regierung führte die Ursache der Unruhen auf "den arabischen Hass auf Juden und die Enttäuschung der arabischen Hoffnungen auf Unabhängigkeit" zurück. Die britische Regierung erließ daraufhin ein Dekret, das die jüdische Einwanderung einschränkte, was zu einem jüdischen Streik führte, der in Palästina zu weitreichenden Unruhen führte.

Aus den Dokumenten des britischen Außenministeriums geht hervor, dass im Juni 1931 "Beschwerden bei der Männerkommission des Völkerbunds eingereicht wurden, die die Probleme auf unzureichende Sicherheitskräfte zurückführten". Obwohl aus den Dokumenten nicht hervorgeht, wer diese Beschwerden einreichte, weisen die Notierungen an den Rändern dieser Dokumente auf Lord Rothschild hin.

Auf Druck des Völkerbunds ernannte die britische Regierung Sir John Hope-Simpson, um die Unruhen in Palästina zu verfolgen und darüber zu berichten. Sein Bericht, der als Weißbuch Passfield bekannt wurde, wurde 1930 dem Parlament vorgelegt. Das Weißbuch unterstreicht die Notlage der landlosen Araber und ihren wachsenden Wunsch, Land zu besitzen. Es spricht sich nachdrücklich dafür aus, Juden den Erwerb von weiterem Land zu verbieten, wenn Araber landlos sind, und die jüdische Einwanderung zu stoppen, solange Araber arbeitslos sind.

Da das Vertrauen der Juden stark erschüttert war, ging der Zionistische Weltkongress in die Offensive und erzwang eine Debatte im Parlament über das Passfield-Papier. Laut der *Londoner Times* vom November 1930 waren die Debatten im Parlament "hitzig und erbittert". Nach zwei Jahren intensiven Drucks auf die britische Regierung gelang es der Zionistischen Weltföderation, eine Lockerung der Beschränkungen für die Anzahl der Juden, die nach Palästina einreisen durften, zu erreichen.

1933 lehnte der britische Hochkommissar Sir Arthur Wauchope

die arabische Forderung ab, dass der Verkauf von arabischem Land an Juden für illegal erklärt und die jüdische Einwanderung gestoppt werden sollte. Zu diesem Zeitpunkt war in Europa vom Krieg die Rede und täglich wurde über die Verfolgung von Juden in Deutschland berichtet. Diese Situation spielt den Arabern in die Hände. Die Zionisten organisieren groß angelegte Proteste und Unruhen gegen die Beschränkung der Einwanderung, und die Londoner Zeitungen berichten ungünstig über ihre Aktivitäten. Dies bringt die Sache des palästinensischen Volkes jedoch kaum voran.

1935 wurde mit der Eröffnung der Ölpipeline Mossul-Haifa deutlich, warum Großbritannien die Kontrolle über Haifa gefordert hatte. Im April 1936 vereinigte das Arabische Hohe Komitee die arabische Opposition gegen die Juden in Palästina und ein Beinahe-Bürgerkrieg brach aus. Die britische Regierung reagierte mit der Entsendung zusätzlicher Truppen und ernannte eine Kommission, die die Ursachen der Unruhen untersuchen sollte. Die Araber boykottieren die Kommission,

"weil die Briten bereits wissen, was das Problem ist, sich aber hinter Kommissionen verstecken und nichts tun, um die Ursachen einzudämmen".

Die Peel-Kommission sammelte 1936 in Palästina Zeugenaussagen und hörte kurz vor ihrer Abreise nach London im Januar 1937 eine arabische Delegation an, die zuvor die Sitzungen der Kommission boykottiert hatte. Am 8. Juli 1937 wurde der Bericht der Peel-Kommission veröffentlicht. Er versetzte den jüdischen Bestrebungen einen verheerenden Schlag, indem er unmissverständlich feststellte, dass Juden und Araber nicht zusammenleben können, und empfahl, Palästina in drei Staaten aufzuteilen:

(a) Ein jüdischer Staat, der etwa ein Drittel des Landes besetzen würde. In diesem würden 200 000 Araber wohnen, wobei das Land im Besitz der Araber wäre.

(b) Ein britisches Mandatsgebiet, das einen Landstreifen von Jaffa bis Jerusalem entlang der Eisenbahnlinie umfasste. Es würde Bethlehem und Jerusalem einschließen.

(c) Der Rest des Gebiets wird ein mit Transjordanien vereinigter arabischer Staat.

Der Bericht der Peel-Kommission wurde von der Zionistischen Weltföderation angenommen, aber von der arabischen Welt und mehreren europäischen Ländern, insbesondere Frankreich, angeprangert. Die Empfehlungen der Peel-Kommission wurden am 23. August 1937 vom Völkerbund verabschiedet.

Die Ermordung des Hochkommissars Yelland Andrew am 2. August 1937 wird den Zionisten zugeschrieben. Palästinensern und Arabern zufolge war er inszeniert worden, um den Hass des britischen Volkes auf die Araber zu schüren. Im Jahr 1937 nahmen die Reihenkämpfe zwischen Juden und Arabern den Charakter eines totalen Krieges an.

Dies führte dazu, dass die Empfehlungen der Peel-Kommission vertagt wurden und eine neue Kommission unter der Leitung von Sir John Woodhead ernannt wurde. Es ist wichtig zu wissen, dass die Taktiken der britischen Regierung zu einem einzigen Ziel führten, nämlich der völligen Aufgabe der arabischen Sache in Palästina. Die geheimen Dokumente des MI6 aus dieser Zeit wurden nicht einmal dem britischen Parlament zugänglich gemacht. Sie legten nahe, dass das "Palästinenserproblem" nicht zu lösen sei, und gaben Vorschläge zur Verschleierung, um weitere arabische Unruhen zu verhindern. Wenn arabische Führer von dem Problem als "zionistisches Problem" sprachen, wies Lord Rothschild die britische Presse an, das Problem stets als "palästinensisches Problem" auszudrücken.

In Tiberias kam es zu einem schrecklichen Massaker an 20 Juden, und arabische Kräfte eroberten Bethlehem und die Altstadt von Jerusalem; beide Städte wurden nur unter großen Schwierigkeiten von den britischen Truppen zurückerobert. Die Dokumente des britischen Außenministeriums drücken zwar keine klare Meinung aus, scheinen aber dennoch darauf hinzudeuten, dass die Angriffe auf Städte und Dörfer und die Ermordung von Juden das Werk von Agents provocateurs waren, die nicht an einer Einigung interessiert waren, die eine größere jüdische Einwanderung ermöglichte.

Der Bericht der Woodhead-Kommission, in dem die Meinung geäußert wird, dass die Teilung Palästinas keine praktische Lösung darstellt, wird im November 1938 veröffentlicht. Darin wird eine sofortige Konferenz der Araber und Juden gefordert. Die Gespräche begannen im Februar 1939 in London, doch die festgefahrene Situation wurde nicht gelöst und das Treffen wurde einen Monat später ohne Ergebnis aufgelöst.

Dann, am 17. Mai 1939, gab die britische Regierung einen neuen Plan bekannt, der für 1949 einen unabhängigen palästinensischen Staat vorsah. Er würde eine konventionelle Beziehung zu Großbritannien haben; Araber und Juden sollten sich die Regierung teilen, "um sicherzustellen, dass die wesentlichen Interessen jeder Gemeinschaft gewahrt werden", so der Bericht.

Der Plan sah vor, dass die jüdische Einwanderung fünf Jahre lang gestoppt werden sollte, es sei denn, die Araber stimmten einer weiteren Einwanderung zu, aber in jedem Fall sollten bis 1949 75.000 Juden ins Land gelassen werden. Das Ziel der britischen Regierung war es, dass die Juden etwa ein Drittel der Bevölkerung ausmachen würden. Die Übertragung von arabischem Land an Juden sollte verboten werden.

Der Plan wird vom britischen Parlament gebilligt, aber vom Zionistischen Weltkongress und den jüdischen Führern in den USA heftig verurteilt. Auch die Palästinenser lehnen den Plan ab, und im ganzen Land kommt es zu Kämpfen zwischen Juden und Arabern. Palästina rückte jedoch einige Monate später in den Hintergrund, als Großbritannien Deutschland den Krieg erklärte, und erhielt schnell die Unterstützung des Zionistischen Weltkongresses.

Nachdem Großbritannien Deutschland den Krieg erklärt hatte, setzte sich ein Strom jüdischer Flüchtlinge aus Europa in Richtung Palästina in Bewegung, und im Mai 1942 verabschiedete eine Konferenz amerikanischer Zionisten das Biltmore-Programm, das den modifizierten Woodhead-Plan ablehnte, der ein unabhängiges Palästina forderte, und stattdessen einen jüdischen Staat mit einer jüdischen Armee und einer eigenen jüdischen Identität verlangte.

Drei Jahre später forderte der Zionistische Weltkongress, dass eine Million Juden als Flüchtlinge aus dem vom Krieg zerrissenen Europa in Palästina aufgenommen werden sollten. Ägypten und Syrien warnten Präsident Truman im Oktober 1945, dass auf Versuche, einen jüdischen Staat in Palästina zu gründen, ein Krieg folgen würde. Im Juli 1946 erreichte der zionistische Druck seinen Höhepunkt und gipfelte in der Bombardierung des King David Hotels in Jerusalem, bei der 91 Menschen getötet wurden. Laut einem Bericht der Vereinten Nationen wurde der Anschlag von Irgun-Terroristen verübt. Die Araber beschuldigen die USA und Großbritannien, die Irgun und die Haganah bewaffnet und ausgebildet zu haben, um eine israelische Armee aufzubauen.

Die Briten gaben Palästina im Februar 1947 auf und übergaben es den Vereinten Nationen. Dies war ihre Art, zuzugeben, dass sie Lawrence und die Araber verraten hatten, und schließlich ihre Verantwortung für Palästina abzugeben. Damit gaben sie auch ihre eigene Vereinbarung auf, die Linie bis 1949 zu halten. Die Generalversammlung der Vereinten Nationen stimmte am 29. November 1946 für die Teilung Palästinas. Es sollte einen jüdischen und einen arabischen Staat geben, wobei Jerusalem unter der Aufsicht der Vereinten Nationen stehen sollte. Die Abstimmung wurde vom Zionistischen Weltkongress gebilligt, aber von den arabischen Staaten und Palästina abgelehnt.

Der Rat der Arabischen Liga kündigt im Dezember 1947 an, dass er sich einer gewaltsamen Teilung des Landes widersetzen wird, und beginnt mit Angriffen auf jüdische Gemeinden in ganz Palästina. 1948 kommt es zum Aufstieg der Gegenkräfte Irgun und Haganah, die vom MI6 ausgebildet und von den Amerikanern bewaffnet wurden. Es herrscht Terror und Hunderttausende Araber verlassen ihr Land. In einem letzten Akt des Verrats und der Aufgabe seiner Verantwortung gegenüber den Arabern wird der letzte der 30.000 britischen Soldaten abgezogen.

Am 14. Mai 1948 verkündete der Zionistenführer David Ben Gurion unter Missachtung der UN-Resolutionen die Gründung einer provisorischen jüdischen Regierung für den Staat Israel. Da die Vereinten Nationen Ben Gurion nicht aufhalten wollen oder können, lassen sie die Erklärung in Kraft. Am 16. Mai erkennen sowohl die USA als auch Russland die neu gebildete Ben-Gurion-Regierung an und fegen damit die Rufe der Palästinenser, aller arabischen Nationen und von mindestens acht europäischen Regierungen nach Verrat vom Tisch.

Später im selben Monat erklärt die Arabische Liga dem neu gegründeten Staat Israel den Krieg. Die israelischen Streitkräfte, die nicht von den Briten, sondern mit US-Militärlieferungen aus Beständen, die für die US-Streitkräfte in Europa bestimmt waren, illegal ausgerüstet und bewaffnet wurden, gewinnen die Oberhand. Der UN-Vermittler Graf Folke Bernadotte wurde am 17. September von Irgun-Terroristen ermordet, als er versuchte, einen Waffenstillstand zu erreichen. Dies führte schließlich dazu, dass die Vereinten Nationen einen Waffenstillstand und eine vorübergehende Einstellung der Feindseligkeiten aushandelten. Bernadotte wurde beschuldigt, die arabische Sache zu begünstigen, obwohl aus den Akten hervorgeht, dass er versuchte, neutral zu sein.

Israel trat im Mai 1949 den Vereinten Nationen bei und wurde von den USA, Großbritannien, der UdSSR und Frankreich anerkannt. Die arabischen Länder protestierten bei den Vereinten Nationen und warfen Großbritannien, Frankreich und den USA vor, Israel bei der Eröffnung einer Pipeline vom See Genezareth zur Negev-Wüste unterstützt zu haben, die eine umfassende Bewässerung der jüdischen Siedlungen und der Landwirtschaft ermöglichte, allerdings auf Kosten einer einseitigen Wasserentnahme aus dem Jordan auf Kosten der arabischen Bevölkerung. Die Araber wurden zu diesem Großprojekt, mit dem "die Wüste zum Blühen gebracht" werden sollte, nicht konsultiert und betrachteten es als Verstoß gegen das Abkommen vom Mai 1939, das vorsah, das Land "so zu verwalten, dass die Wahrung der Interessen jeder Gemeinschaft gewährleistet ist".

Am 9. Mai 1956 trat Außenminister John Foster Dulles, Mitglied einer der 13 wichtigsten Familien der amerikanischen

Illuminaten, vor den Kongress, um seinen Standpunkt darzulegen und zu erklären, dass die USA Israel keine Waffen liefern würden, weil sie einen Stellvertreterkrieg zwischen den USA und der UdSSR verhindern wollten. Die Tatsache, dass Israel bereits vollständig von den USA bewaffnet und ausgerüstet war, wurde nicht hervorgehoben. Was die Dulles-Erklärung bewirkte, war, der UdSSR einen Grund zu geben, Waffenlieferungen an arabische Nationen auf der Grundlage der amerikanischen Position der "Neutralität" zu stoppen. Zu diesem Zeitpunkt gab es ein eklatantes Ungleichgewicht bei den Waffenlieferungen zugunsten Israels.

Ein weiterer Punkt bei diesem Täuschungsmanöver ist, dass die Sowjetunion trotz ihrer angeblichen Freundschaft mit den arabischen Ländern als Reaktion auf eine amerikanische Initiative im Jahr 1956 ein Geheimabkommen unterzeichnete, das eine Erhöhung der Öllieferungen an Israel vorsah, da sie befürchtete, dass ein arabisches Ölembargo die Verteidigungsfähigkeit Israels beeinträchtigen würde.

In einem weiteren Sinneswandel sagte Dulles den Kongressabgeordneten, sie sollten die Beschränkungen umgehen, indem sie jeder Nation im Nahen Osten, die dies wünsche, Hilfe anböten. Am 9. März 1957 ermächtigte eine gemeinsame Resolution des Kongresses den Präsidenten, bis zu 200 Millionen Dollar zu verwenden, um jedem Land im Nahen Osten, das dies wünscht, wirtschaftliche und militärische Hilfe zukommen zu lassen. Gemäß der Eisenhower-Doktrin sollte diese Maßnahme "das vitale Interesse der Vereinigten Staaten an der Integrität und Unabhängigkeit aller Länder des Nahen Ostens sichern".

Präsident Eisenhower begab sich im Dezember 1959 auf eine sogenannte "Goodwill-Tour", die in mehreren arabischen Ländern, darunter Tunesien und Marokko, stattfand. Diese beiden arabischen Länder versuchten in der Folge, den arabischen Widerstand gegen Israel abzuschwächen - Bemühungen, die jedoch ebenso wie Eisenhowers Tour nur teilweise von Erfolg gekrönt waren. Vor allem Syrien verurteilte die Tour als "einen Versuch, die bedingungslose Unterstützung der USA für Israel zu verschleiern".

In den folgenden zehn Jahren wuchs die Bewaffnung der Araber und Israelis stetig an, bis der Krieg erneut ausbrach. Die israelischen Streitkräfte eroberten Jerusalem und weigerten sich, die Stadt wieder unter die Kontrolle der Vereinten Nationen zu stellen, obwohl der Sicherheitsrat die israelische Regierung in mehreren Resolutionen dazu aufgefordert hatte. In einer transparenten Geste kündigte die Sowjetunion am 10. Juni 1967 an, dass sie ihre diplomatischen Beziehungen zu Israel abbrechen würde, ohne jedoch ein 1956 geschlossenes Abkommen aufzuheben, das die Öllieferungen an Israel erhöht hatte. Wie die beiden größten französischen Zeitungen betonten, hätte die UdSSR, wenn sie ihre Ablehnung Israels ehrlich gemeint hätte, ihr Veto gegen den Beitritt Israels zu den Vereinten Nationen einlegen können, was sie jedoch nicht tat.

Durch den Abbruch der diplomatischen Beziehungen zu Israel ebneten die Sowjets den USA den Weg, Israel mit 50 Düsenjägern vom Typ F-4 Phantom zu beliefern. Präsident Charles de Gaulle war so wütend, dass er ein Dekret unterzeichnete, das jede weitere finanzielle oder militärische Hilfe Frankreichs für Israel untersagte. Dieses Dekret wird etwa zwei Jahre lang strikt durchgesetzt.

Der UN-Sicherheitsrat trat am 3. Juli 1969 zusammen und zensierte in schärfsten Worten die anhaltende Besetzung Jerusalems durch Israel und bedauerte, dass Israel frühere Resolutionen, die seinen Rückzug aus der Stadt forderten, nicht befolgte. Laut einem ehemaligen Mitglied der Generalversammlung aus Pakistan war "die israelische Delegation überhaupt nicht beunruhigt, da sie sich früher am Tag mit dem US-Botschafter bei den Vereinten Nationen getroffen hatte, der den israelischen Delegierten die absolute Zusicherung gab, dass die Resolution "zahnlos" sei und dass "jeder aktive Versuch, Israel zu bestrafen, von den USA und dem Sicherheitsrat blockiert wird". Doch als der Sicherheitsrat zusammentrat, schlossen sich die USA der Verurteilung Israels an. Das ist es, worum es geht.

Um dieses Kapitel abzuschließen, scheint es angebracht, eine Zusammenfassung des diplomatischen Verrats Großbritanniens an seinem arabischen Verbündeten, dem Scherifen Hussein von Mekka, zu geben:

> Im **August 1920** eroberte und annektierte Ibn Saud ben Abdul Aziz Asir.

> Am **2. November 1921** eroberte Ibn Saud Hali und beendete damit die alte Rashid-Dynastie.

> Im **Juli 1922** marschierte Ibn Saud in Jauf ein und beendete die alte Shalan-Dynastie.

> Am **24. August 1924** griffen die Wahabis und Ibn Saud Taif im Hedschas an und eroberten es am 5. September.

> Am **13. Oktober 1924** nimmt Ibn Saud Mekka ein. Der Scherif Hussein und sein Sohn Ali sind gezwungen zu fliehen. So usurpiert Saudi-Arabien die heilige Stadt, ein Akt, der bis heute von Millionen Muslimen im Iran, Irak und anderswo tief empfunden wird. Ohne die Hilfe der Briten wäre Ibn Saud nicht in der Lage gewesen, Mekka zu unterwerfen. Die britische Oligarchenstruktur hatte ihren Hass auf den Propheten Mohammed schon lange zum Ausdruck gebracht und zog zweifellos eine große Genugtuung aus dem Sieg der Saud.

> Zwischen **Januar und Juni 1925** belagerten die Wahhabiten den Stadtstaat Dschidda.

> Am **5. Dezember 1925** ergab sich Medina Ibn Saud und am 19. Dezember wurde Scherif Ali, Husseins Sohn, zur Abdankung gezwungen.

> Am **8. Januar 1926** wurde Ibn Saud zum König des Hedschas und Sultan des Nejd ausgerufen.

> Am **20. Mai 1927** unterzeichneten die Familien Abdul Aziz und Wahabi, vertreten durch Ibn Saud, einen Vertrag mit Großbritannien, in dem die vollständige

Unabhängigkeit aller von den beiden Familien gehaltenen Gebiete anerkannt wurde und sie sich Saudi-Arabien nennen durften.

Ohne die Hilfe der arabischen Nationalstaaten unter Hussein und ohne die Eroberung der arabischen Stadtstaaten durch die Familien Wahabi und Abdul Aziz wären die Türken nicht aus Ägypten und Palästina vertrieben worden, und die jüdische Einwanderung in dieses Land wäre strikt reduziert oder sogar ganz gestoppt worden. Wie der syrische Präsident Hafez el Assad 1973 erklärte,

"die Briten einen zionistischen Dolch in die Herzen der arabischen Nationen stachen".

Freunde des verstorbenen Lawrence sagen, dass sein Geist in den Fluren von Whitehall umhergeht, unfähig, Frieden zu finden, wegen der Art und Weise, wie er es geschafft hat, sein festes Versprechen an die arabischen Armeen von Sherif Hussein zu untergraben, und wegen seiner Schuld an der Annahme der falschen Versprechen von Allenby und Whitehall, dass die jüdische Einwanderung nach Palästina nicht erlaubt sein würde.

VI. Tavistock und die "Operationsforschung": ein unerklärter Krieg

D er Gründer des Tavistock-Instituts für menschliche Beziehungen, John Rawlings Reese, sollte ein System entwickeln, um die Gedanken der Menschen zu unterwandern und zu kontrollieren, damit sie in die Richtung gelenkt werden konnten, die das Komitee der 300, auch bekannt als die Olympier, wollte. Um dieses Ziel zu erreichen, muss der Großteil der Bevölkerung mit einer automatisierten Denkweise ausgestattet werden. Es handelt sich hierbei um ein Ziel mit sehr weitreichenden Auswirkungen auf nationaler und internationaler Ebene.

Das Endergebnis von Reeses Zielen war und ist die Kontrolle über jedes menschliche Leben; seine Vernichtung, wenn sie als wünschenswert erachtet wird, sei es durch Massengenozid oder Massensklaverei. Wir sind heute Zeugen von beidem. Das eine ist der Völkermordplan Global 2000, der bis 2010 den Tod von über 500 Millionen Menschen vorsieht; das andere ist die Versklavung durch wirtschaftliche Mittel. Beide Systeme sind voll funktionsfähig und arbeiten im heutigen Amerika Seite an Seite.

Reese begann 1921 mit seinen Experimenten auf Tavistock; ihm wurde schnell klar, dass sein System sowohl auf nationaler als auch auf militärischer Ebene angewendet werden konnte. Reese behauptete, dass die Lösung der von ihm prognostizierten Probleme einen rücksichtslosen Ansatz erfordere, ohne Rücksicht auf religiöse oder moralische Werte. Später fügte er seiner Liste einen weiteren Bereich hinzu, nämlich den des

Nationalismus.

Reese ist bekannt dafür, die Arbeit der Neun Unbekannten Männer untersucht zu haben, die 1860 von dem französischen Schriftsteller Jacolliot erwähnt wurde. Zu Jacolliots Bemerkungen gehörte, dass die Neun Unbekannten Männer sich mit Energiefreisetzung, Sterilisation durch Strahlung, Propaganda und psychologischer Kriegsführung auskannten - alles Dinge, die in diesem Jahrhundert absolut neu waren. Jacolliot erklärte, dass die Technik der psychologischen Kriegsführung "die" effektivste und gefährlichste aller Wissenschaften sei, um die Meinung der Massen zu formen, denn sie würde es jedem ermöglichen, die ganze Welt zu regieren". Diese Aussage wurde 1860 getroffen.

Als klar wurde, dass die britischen Politiker entschlossen waren, die wirtschaftlichen Probleme des Landes durch einen neuen Krieg zu lösen, erhielt Reese 80 000 Rekruten der britischen Armee, die er als Versuchskaninchen verwenden sollte. Operation Research ist der Name seines Projekts, das im Wesentlichen darauf abzielt, eine (logistische) Methodik des Militärmanagements zu entwickeln, mit der die begrenzten militärischen Ressourcen - See-, Luft- und Landverteidigungssysteme - optimal gegen die ausländischen Feinde Großbritanniens eingesetzt werden können.

So war das ursprüngliche Programm ein militärisches Managementprogramm, aber bis 1946 hatte Reese die Operationsforschung so weit entwickelt, dass sie als ziviles Managementprogramm angewendet werden konnte. Reese war insofern "angekommen", als es um Social Engineering ging, aber seine Arbeit ist in streng geheimen Akten am Tavistock Institute verborgen. Technisch gesehen ist Reeses Tavistock-Handbuch, von dem ich ein Exemplar besitze, eine regelrechte Kriegserklärung gegen die Zivilbevölkerung jedes Ziellandes. Reese sagte, man müsse verstehen, dass "jedes Mal, wenn eine Regierung, Gruppen, Personen in Machtpositionen" seine Methoden ohne die Zustimmung des Volkes anwenden, es von diesen Regierungen oder Personengruppen so verstanden wird, dass Eroberung das Motiv ist und dass zwischen ihnen und der Öffentlichkeit ein Bürgerkrieg von mehr oder weniger geringer Intensität besteht.

Reese fand heraus, dass Social Engineering mit einem erhöhten Bedarf an Informationen einhergeht, die schnell gesammelt und korreliert werden können. Eine der ersten Aussagen, die Reese zugeschrieben wurden, war die Notwendigkeit, der Gesellschaft zuvorzukommen und ihre Bewegungen durch Situations-Engineering vorherzusagen. Die Entdeckung der linearen Programmierung durch George B. Danzig im Jahr 1947 war ein großer Durchbruch für Reese und seine Social Tüftler. Dies geschah zu einer Zeit, als Reese in einen Krieg mit der amerikanischen Nation verwickelt war, der noch immer andauert und durch die Erfindung des Transistors durch Bardeen, Brittain und Shockley im Jahr 1948 erheblich erleichtert wurde.

Dann kamen die Rockefellers ins Spiel, die Tavistock einen enormen Zuschuss gewährten, damit Reese eine Studie der amerikanischen Wirtschaft mit den Methoden des Operations Research fortsetzen konnte. Gleichzeitig gewährte die Rockefeller-Stiftung der Harvard-Universität einen vierjährigen Zuschuss, um ein eigenes amerikanisches Wirtschaftsmodell zu schaffen. Wir schreiben das Jahr 1949, und Harvard geht mit seinem eigenen Wirtschaftsmodell voran, das auf dem Tavistock-Modell basiert.

Die einzige Bedingung, die Reese für seine Zusammenarbeit mit Harvard stellte, war, dass die Methoden von Tavistock während des gesamten Projekts befolgt werden sollten. Sie basierten auf der Prudential Assurance Bombing Survey, die zur Sättigungsbombardierung deutscher Arbeiterwohnungen als Mittel zur Kapitulation der deutschen Kriegsmaschinerie geführt hatte. Diese Methoden waren nun bereit, in einem zivilen Kontext angewendet zu werden.

Reese hat sich eingehend mit dem Eintritt Amerikas in den Ersten Weltkrieg beschäftigt, den er als den Beginn des 20 Jahrhunderts betrachtet. Reese erkannte, dass sich das amerikanische Denken radikal ändern musste, damit sich Amerika vom sogenannten

"Isolationismus" lösen konnte. 1916 hatte Woodrow Wilson Amerika mit einer korrupten und korrumpierenden Politik in die europäischen Angelegenheiten hineingezogen. Wilson schickte amerikanische Streitkräfte auf die europäischen Schlachtfelder, um dort zu kämpfen, obwohl die Gründerväter davor gewarnt hatten, sich nicht in fremde Angelegenheiten einzumischen. Das Komitee der 300 ist entschlossen, die USA für immer in europäischen und globalen Angelegenheiten zu halten.

Wilson hat Europa nicht verändert, aber Europa hat Amerika verändert. Die Politik von der Macht zu verbannen, was Wilson glaubte, tun zu können, war nicht möglich, denn Macht ist politisch und Politik ist wirtschaftliche Macht. Das ist so seit den ersten Aufzeichnungen der Geschichte der Politik: denen der Stadtstaaten Sumer und Akkad vor 5000 Jahren, bis hin zu Hitler und der UdSSR. Die Wirtschaft ist nur eine Erweiterung eines natürlichen Energiesystems, aber die Eliten haben immer gesagt, dass dieses System zu ihrer Kontrolle gehört.

Damit eine Wirtschaft unter der Kontrolle einer Elite steht, muss sie vorhersehbar und vollständig manipulierbar sein. Dies zu erreichen, hat sich das Harvard-Modell vorgenommen, das sich auf die soziale Dynamik von Reeses Operations Research stützt. Reese hatte herausgefunden, dass die Elemente der Gesellschaft, um eine vollständige Berechenbarkeit der Bevölkerungsgruppen zu erreichen, unter dem Joch der Sklaverei kontrolliert und der Mittel beraubt werden mussten, ihre schwierige Lage zu entdecken, sodass sie, da sie nicht wussten, wie sie sich zusammenschließen oder gemeinsam verteidigen sollten, nicht wussten, an wen sie sich um Hilfe wenden sollten.

Es lässt sich feststellen, dass die Tavistock-Methodik überall in den USA zum Einsatz kommt. Da die Menschen nicht wissen, an wen sie sich wenden sollen, um die schwierige Situation, in der sie sich befinden, zu verstehen, wenden sie sich an den schlimmsten Ort von allen, um vermeintliche Hilfe zu erhalten: die Regierung. Das Harvard Economic Research Project, das 1948 begann, verkörperte alle Prinzipien von Reese, die wiederum aus der Prudential Bombing Investigation und der

Operations Research hervorgegangen sind. Mit vereinten Kräften glaubten die Eliten, dass mit dem Beginn des Computerzeitalters nun ein Mittel zur Verfügung stand, um die Wirtschaft und die Bevölkerung einer Nation zu kontrollieren - gleichzeitig ein Segen und ein schrecklicher Fluch für die Menschheit.

Jede Wissenschaft ist nur ein Mittel zum Zweck, und der Mensch ist das Wissen (die Information), das mit der Kontrolle endet. Die Nutznießer dieser Kontrolle wurden vom Komitee der 300 und seinen Vorgängern vor 300 Jahren beschlossen. Der von Tavistock gegen das amerikanische Volk geführte Krieg ist nun 47 Jahre alt und zeigt keine Anzeichen für ein Nachlassen. Da Energie der Schlüssel zu allem Leben auf diesem Planeten ist, hat das Komitee mit den Methoden der Lügendiplomatie und der Gewalt die Kontrolle über die meisten Energieressourcen erlangt.

Durch Täuschung und Verschleierung hat das Komitee auch die Kontrolle über die soziale Energie übernommen, die sich in wirtschaftlichen Begriffen ausdrückt. Wenn der normale Bürger über die tatsächlichen wirtschaftlichen Methoden der Buchführung im Unklaren gelassen werden könnte, dann wären die Bürger dazu verurteilt, ein Leben in wirtschaftlicher Sklaverei zu führen. Genau das ist geschehen. Wir, das Volk, haben den wirtschaftlichen Kontrolleuren unseres Lebens unsere Zustimmung gegeben und sind zu Sklaven der Elite geworden. Wie Reese einmal sagte, haben Menschen, die ihre Intelligenz nicht nutzen, keine besseren Rechte als stumme Tiere, die überhaupt keine Intelligenz haben. Wirtschaftliche Sklaverei ist unerlässlich, wenn man die gute Ordnung aufrechterhalten will und die herrschende Klasse die Früchte genießen kann, die durch die Arbeit der Sklaven produziert werden.

Reese und sein Team aus Sozialwissenschaftlern und Sozialingenieuren arbeiteten an der amerikanischen Öffentlichkeit, indem sie die soziale Energie (die Wirtschaft), das mentale Umfeld und die physischen Schwächen der Nation erst lernten, dann verstanden und schließlich angriffen. Zuvor habe ich gesagt, dass der Computer sowohl ein Segen als auch ein

Fluch für die Menschheit ist. Auf der positiven Seite gibt es viele aufstrebende Wirtschaftswissenschaftler, die dank des Einsatzes von Computern allmählich erkennen, dass das Harvard-Modell ein Plan zur wirtschaftlichen Versklavung ist.

Wenn diese neue Rasse von Wirtschaftsprogrammierern ihre Botschaft dem amerikanischen Volk schnell genug vermitteln kann, kann die Neue Weltordnung (der Sklaverei) noch gestoppt werden. Hier spielt sie eine so große Rolle, indem sie durch die Medien und Bildung unterwandert und unser Denken beeinflusst, indem sie uns mit unwichtigen Fragen ablenkt, während die wirklich entscheidenden Fragen verschwiegen werden. Bei einem wichtigen politischen Studientreffen, das 1954 vom Komitee der 300 angeordnet wurde, wurde den Wirtschaftsexperten, hohen Beamten, Bankern und führenden Vertretern von Handel und Industrie klar gesagt, dass der Krieg gegen das amerikanische Volk intensiviert werden müsse.

Robert McNamara war einer derjenigen, die erklärten, dass, weil Frieden und Ordnung durch eine außer Kontrolle geratene Bevölkerung bedroht seien, der Reichtum der Nation den undisziplinierten Massen entzogen und der Kontrolle einer selbstdisziplinierten Minderheit anvertraut werden müsse. McNamara griff die Überbevölkerung wild an, die seiner Meinung nach die Welt, in der wir leben, zu verändern und unregierbar zu machen drohte:

"Wir können mit den kritischsten Problemen des Bevölkerungswachstums beginnen. Wie ich bereits an anderer Stelle betont habe, ist dies neben dem Atomkrieg selbst das schwerwiegendste Problem, mit dem die Welt in den kommenden Jahrzehnten konfrontiert sein wird. Wenn sich die derzeitigen Trends fortsetzen, wird die Welt als Ganzes das alternative Fertilitätsniveau - tatsächlich ein Durchschnitt von zwei Kindern pro Familie - erst etwa im Jahr 2020 erreichen. Das bedeutet, dass sich die Weltbevölkerung schließlich bei etwa 10 Milliarden Menschen einpendeln würde, im Vergleich zu 4,3 Milliarden heute.

"Wir bezeichnen sie als stabilisiert, aber welche Art von

Stabilität wäre möglich? Können wir davon ausgehen, dass das Ausmaß an Armut, Hunger, Stress, Enge und Frustration, das eine solche Situation in den Entwicklungsländern - in denen dann 9 von 10 Menschen auf der Erde leben würden - hervorrufen könnte, soziale Stabilität gewährleisten würde? Oder, nebenbei bemerkt, militärische Stabilität?

"Dies ist keine Welt, in der keiner von uns leben möchte. Ist eine solche Welt unvermeidlich? Nein, aber es gibt nur zwei Möglichkeiten, eine Welt mit 10 Milliarden Menschen zu verhindern. Entweder muss die derzeitige Geburtenrate schneller sinken oder die derzeitige Sterberate muss steigen. Es gibt keine andere Möglichkeit.

"Es gibt natürlich viele Möglichkeiten, die Sterblichkeitsrate zu erhöhen. In einem thermonuklearen Zeitalter kann der Krieg dies sehr schnell und entscheidend erreichen. Hunger und Krankheit sind die alten Bremsen der Natur gegen das Bevölkerungswachstum, und weder das eine noch das andere ist von der Bildfläche verschwunden."

1979 wiederholte McNamara seine Botschaft vor den wichtigsten Bankern der Welt, und Thomas Enders, ein hoher Beamter des US-Außenministeriums, gab folgende Erklärung ab

"Ein einziges Thema liegt unserer gesamten Arbeit zugrunde. Wir müssen das Bevölkerungswachstum reduzieren. Entweder sie tun es auf unsere Weise, mit netten und sauberen Methoden, oder sie werden die Art von Chaos haben, die wir in El Salvador, Iran oder Beirut haben. Sobald das Bevölkerungswachstum außer Kontrolle gerät, bedarf es einer autoritären oder gar faschistischen Regierung, um es zu reduzieren. Ein Bürgerkrieg kann helfen, müsste aber sehr ausgedehnt sein. Um die Bevölkerung schnell zu reduzieren, muss man alle männlichen Personen im Kampf ausbilden und eine große Anzahl fruchtbarer Frauen im gebärfähigen Alter töten".

Die Lösung für das Problem einer Welt, in der die Elite nicht leben möchte, ist der Massengenozid. Der Club of Rome wurde angewiesen, einen Plan zu erstellen, der 500 Millionen Menschen im Bevölkerungsüberschuss eliminieren würde. Der Plan wurde

Global 2000 genannt und durch die Verbreitung des AIDS-Virus in Afrika und Brasilien aktiviert. Global 2000 wurde von Präsident James Carter offiziell als amerikanische Politik akzeptiert.

Die Mitglieder der Konferenz waren sich einig, dass

"Das unterklassige Element der Gesellschaft muss unter vollständige Kontrolle gebracht, ausgebildet und in einem frühen Alter mit Funktionen betraut werden, was durch die Qualität der Bildung erreicht werden kann, die die Ärmsten der Armen sein muss. Die unteren Klassen müssen dazu erzogen werden, ihre Position zu akzeptieren, lange bevor sie die Gelegenheit haben, sie in Frage zu stellen."

"Technisch gesehen müssen die Kinder als 'Waisen' in von der Regierung kontrollierten Kindertagesstätten untergebracht werden. Mit einem solchen anfänglichen Handicap werden die unteren Klassen wenig Hoffnung haben, sich von den Positionen zu entfernen, die ihnen im Leben zugewiesen wurden. Die Form der Sklaverei, an die wir denken, ist für eine gute soziale Ordnung, Frieden und Ruhe von entscheidender Bedeutung.

"Wir haben die Mittel, um die Vitalität, die Optionen und die Mobilität der Individuen in der Gesellschaft anzugreifen, indem wir mithilfe unserer Sozialwissenschaftler ihre sozialen Energiequellen (Einkommen) kennen, sie verstehen, manipulieren und sie und damit ihre physischen, mentalen und emotionalen Stärken und Schwächen angehen. Die breite Öffentlichkeit weigert sich, ihre eigene Mentalität zu verbessern. Sie ist zu einer wuchernden Herde von Barbaren und zu einer Plage auf der Erdoberfläche geworden.

"Durch die Messung der wirtschaftlichen Gewohnheiten, mit denen die Schafe versuchen, ihren Problemen und der Realität durch Unterhaltung zu entfliehen, ist es unter Anwendung der Methoden der Operationsforschung absolut möglich, die wahrscheinlichen Kombinationen von Schocks (erzeugte Ereignisse) vorherzusagen, die notwendig sind, um die vollständige Kontrolle und Unterwerfung der Bevölkerung durch Unterwanderung der Wirtschaft zu gewährleisten. Die Strategie beinhaltet den Einsatz von Verstärkern (Werbung), und wenn wir im Fernsehen auf eine Weise sprechen, die ein zehnjähriges Kind verstehen kann, dann wird diese Person aufgrund der gemachten Vorschläge das Produkt aus einem Impuls heraus kaufen, wenn sie es das nächste Mal in einem Geschäft sieht.

"Das Gleichgewicht der Kräfte wird für die Stabilität sorgen, die die Welt des 21.^{e} Jahrhunderts wahrscheinlich erreichen wird, die von leidenschaftlichem Tribalismus und scheinbar unlösbaren Problemen wie der Massenmigration vom Süden in den Norden und von den Bauernhöfen in die Städte zerfressen sein wird. Es wird möglicherweise zu massiven Umsiedlungen wie zwischen Griechenland und der Türkei nach dem Ersten Weltkrieg und zu Massenmorden kommen. Es wird eine Zeit der Unruhen sein, die einen Einiger braucht; einen Alexander oder einen Mohammed.

"Eine große Veränderung, die sich aus der Entstehung von Konflikten zwischen Völkern, die nebeneinander leben, ergeben wird - und die aufgrund ihrer Intensität ihre anderen Konflikte überlagern werden - ist, dass die politische Rivalität innerhalb von Regionen statt zwischen ihnen ausgetragen wird. Diese Entwicklung wird zu einer Kehrtwende in der Weltpolitik führen. Nach einem Jahrzehnt, in dem sich die USA und die Sowjetunion über die Ozeane hinweg bekämpften, werden sich die Mächte darauf konzentrieren, sich gegen die Kräfte an ihren Grenzen - oder innerhalb ihrer Grenzen - zu schützen.

"Das amerikanische Volk kennt die Wirtschaftswissenschaft nicht und kümmert sich wenig darum, weshalb es immer reif für den Krieg ist. Sie können den Krieg trotz ihrer religiösen Moral nicht vermeiden, und sie können auch in der Religion nicht die Lösung für ihre irdischen Probleme finden. Sie werden von Wirtschaftsexperten betäubt, die Schockwellen auslösen, die Budgets und Kaufgewohnheiten zerstören. Die amerikanische Öffentlichkeit hat noch nicht begriffen, dass wir ihre Kaufgewohnheiten kontrollieren".

Hier sind wir. Die Nationen in Stammesfraktionen aufteilen, die Bevölkerung dazu bringen, um ihren Lebensunterhalt zu kämpfen und sich mit regionalen Konflikten zu beschäftigen, sodass sie nie die Gelegenheit haben wird, einen klaren Blick auf das Geschehen zu werfen, geschweige denn es in Frage zu stellen, und gleichzeitig eine drastische Reduzierung der Weltbevölkerung herbeiführen. Das passiert im ehemaligen Jugoslawien, wo das Land in kleine Stammeseinheiten aufgeteilt ist, und das passiert in Amerika, wo die Durchschnittsfamilie, bei der beide Elternteile arbeiten, nicht über die Runden kommt. Diese Eltern haben keine Zeit, darauf zu achten, wie sie betrogen und in die wirtschaftliche Sklaverei getrieben werden. Das Ganze ist ein abgekartetes Spiel.

Heute stellen wir fest - wenn wir die Zeit dazu haben -, dass die Vereinigten Staaten an der Schwelle zu einer allmählichen Auflösung stehen, die das Ergebnis von Tavistocks stillem Krieg der "Kontrolle" gegen die amerikanische Nation ist. Die Präsidentschaft von Bush war eine totale Katastrophe, und die Präsidentschaft von Clinton wird ein noch größerer Schock sein. So ist der Plan gezeichnet, und wir, das Volk, verlieren rasch das Vertrauen in unsere Institutionen und in unsere Fähigkeit, Amerika wieder zu dem zu machen, was es einmal sein sollte - eine Situation, die weit entfernt ist von dem, was es jetzt ist - überrannt von Fremden, die die Nation zu verschlingen drohen - eine Süd-Nord-Invasion hier in unserem eigenen Land.

Wir haben unseren realen Reichtum für ein Versprechen auf größeren Reichtum aufgegeben, anstatt einen Ausgleich in realen Begriffen zu erhalten. Wir sind in die Fallen des babylonischen Systems des "Kapitalismus" getappt, das überhaupt kein Kapitalismus ist, sondern nur ein Schein von Kapital, was sich in der Währung zeigt, die in Wirklichkeit in Form von negativem Kapital ausgedrückt wird. Das ist irreführend und zerstörerisch. Der US-Dollar hat den Anschein einer Währung, ist aber in Wirklichkeit ein Schuldschein und eine Anerkennung von Sklaverei.

Die Währung, wie wir sie kennen, wird durch Krieg und Völkermord ausgeglichen - was vor unseren Augen geschieht. Die Summe aller Waren und Dienstleistungen ist das Realkapital, und Geld kann bis zu diesem Niveau gedruckt werden, aber nicht darüber hinaus. Sobald Geld über die Ebene der Waren und Dienstleistungen hinaus gedruckt wird, wird es zu einer zerstörerischen und subtraktiven Kraft. Krieg ist die einzige Möglichkeit, das System "auszugleichen", indem man diese Gläubiger tötet, die das Volk im Austausch für eine künstlich aufgeblähte Währung fügsam auf ihren realen Wert verzichtet hat.

Energie (Wirtschaft) ist der Schlüssel zu allen Aktivitäten auf der Erde. Daher die oft wiederholte Behauptung, dass alle Kriege wirtschaftlichen Ursprungs sind. Das Ziel der einen Weltregierung - der neuen Weltordnung - muss zwangsläufig darin bestehen, das Monopol über alle Waren, Dienstleistungen und Rohstoffe zu erlangen und die Art und Weise zu kontrollieren, wie Wirtschaft gelehrt wird. In den USA helfen wir der einen Weltregierung ständig dabei, die Kontrolle über die natürlichen Ressourcen der Welt zu erlangen, indem wir dazu veranlasst werden, einen Teil unseres Einkommens für diesen Zweck zu spenden. Dies wird als "Auslandshilfe" bezeichnet.

Das Operation Research Project in Tavistock legt Folgendes fest:

"Unsere Untersuchungen haben festgestellt, dass der einfachste Weg, Menschen zu kontrollieren, darin besteht, sie undiszipliniert und in Unkenntnis der grundlegenden Systeme und Prinzipien zu halten, während sie gleichzeitig desorganisiert, verwirrt und von relativ unwichtigen Fragen abgelenkt bleiben...

"Zusätzlich zu unseren weniger direkten Methoden der Langstreckenpenetration kann dies erreicht werden, indem man die geistigen Aktivitäten abbaut und öffentliche Bildungsprogramme von geringer Qualität in Mathematik, Logik, Systemdesign und Wirtschaft bereitstellt und technische Kreativität entmutigt.

"Unsere Mode verlangt nach emotionaler Stimulierung, nach verstärktem Einsatz von Verstärkern, die zur Selbstverlegung anregen, sei es direkt (Fernsehprogramme) oder durch Werbung. Bei Tavistock haben wir festgestellt, dass sich dieses Ziel am besten durch einen unaufhörlichen und unaufhörlichen emotionalen Angriff und Affront (mentale Vergewaltigung) erreichen lässt, und zwar durch ein ständiges Sperrfeuer aus Sex, Gewalt, Kriegen und Rassenkonflikten, sowohl in den elektronischen Medien als auch in den Printmedien. Dieses Dauerregime könnte man als "mentales Junkfood" bezeichnen.

"Von größter Bedeutung ist die Revision der Geschichte und des Gesetzes und die Unterwerfung der Bevölkerung unter die abweichende Schöpfung, wodurch das Denken von persönlichen Bedürfnissen auf konstruierte und hergestellte äußere Prioritäten verlagert wird. Als allgemeine Regel gilt, dass Verwirrung Gewinn bringt - je größer die Verwirrung, desto größer der Gewinn. Eine Möglichkeit, dies zu erreichen, besteht darin, Probleme zu schaffen und dann Lösungen anzubieten.

"Es ist wesentlich, das Volk zu spalten, die Aufmerksamkeit der Erwachsenen von den wirklichen Problemen abzulenken und ihr Denken mit Themen von relativ geringer Bedeutung zu beherrschen. Die Jugend muss in Unwissenheit über Mathematik gehalten werden; angemessener Unterricht in Wirtschaft und Geschichte darf niemals zur Verfügung stehen. Alle Gruppen müssen mit einem endlosen Reigen von Fragen und Problemen beschäftigt werden, so dass sie keine Zeit haben, klar zu denken, und hier verlassen wir uns auf Unterhaltung, die die geistige Kapazität eines Kindes der sechsten Klasse nicht übersteigen sollte.

"Die Energiequellen, die eine primitive Wirtschaft aufrechterhalten, sind eine Versorgung mit Rohstoffen, die Bereitschaft der Menschen zu arbeiten und einen bestimmten Platz, eine bestimmte Position, eine bestimmte Ebene in der Sozialstruktur einzunehmen, d.h. Arbeit auf verschiedenen Ebenen der Struktur zu leisten.

"Jede Klasse garantiert also ihr Einkommensniveau und kontrolliert somit die nächstniedrigere Klasse, wodurch die Klassenstruktur erhalten bleibt. Eines der besten Beispiele für diese Methode ist das Kastensystem in Indien, in dem eine rigide Kontrolle ausgeübt wird, die sicherstellt, dass die Aufwärtsmobilität, die die Elite an der Spitze gefährden könnte, eingeschränkt wird. Mit dieser Methode werden Sicherheit und Stabilität sowie eine Regierung an der Spitze erreicht.

"Die Souveränität der Elite ist bedroht, wenn sich die unteren Klassen durch Kommunikation und Bildung informieren und die Macht und die Besitztümer der Oberschicht beneiden. Da einige von ihnen gebildeter werden, versuchen sie, durch echtes Wissen über die Energiewirtschaft noch höher aufzusteigen. Dies stellt eine echte Bedrohung für die Souveränität der Eliteklasse dar.

"Daraus folgt, dass der Aufstieg der unteren Klassen lange genug hinausgezögert werden muss, damit die Eliteklasse die (wirtschaftliche) Energieherrschaft erreichen kann, wobei die Arbeit durch Zustimmung zu einer geringeren Wirtschaftsquelle wird. Bis diese wirtschaftliche Herrschaft so weit wie möglich erreicht ist, muss die Zustimmung der Menschen zur Arbeit und dazu, dass andere sich um ihre Angelegenheiten kümmern, berücksichtigt werden. Wird dieses Ziel nicht erreicht, kommt es zu einer Einmischung in den endgültigen Transfer der Energiequellen (wirtschaftlicher Reichtum) in die Kontrolle der Elite.

"In der Zwischenzeit ist es entscheidend zu erkennen, dass die Zustimmung der Öffentlichkeit der wesentliche Schlüssel zur Freisetzung von Energie im Prozess der wirtschaftlichen Verstärkung bleibt. Ein System der Zustimmung zur Energiefreisetzung ist daher lebenswichtig. In Abwesenheit des Mutterleibs muss künstliche Sicherheit geboten werden, die in Form von Rückzugsmöglichkeiten, Schutzvorrichtungen und Unterkünften bestehen kann. Solche Schalen werden eine stabile Umgebung für stabile und instabile Aktivitäten bieten und Schutz für evolutionäre Wachstumsprozesse bieten, d. h. das Überleben in einem Schutzraum, der einen defensiven Schutz vor offensiven Aktivitäten bietet.

"Es gilt sowohl für die Elite als auch für die unteren Klassen, aber es gibt einen deutlichen Unterschied in der Art und

Weise, wie diese beiden Klassen an die Lösung des Problems herangehen. Unsere Sozialwissenschaftler haben sehr überzeugend dargelegt, dass der Grund, warum Menschen eine politische Struktur schaffen, darin besteht, dass sie den unterbewussten Wunsch haben, ihr Abhängigkeitsverhältnis aus der Kindheit fortzusetzen.

"Einfach ausgedrückt: Was das unterbewusste Verlangen verlangt, ist ein irdischer Gott, der die Risiken aus ihrem Leben beseitigt, Essen auf den Tisch stellt und ihnen tröstend auf den Rücken klopft, wenn die Dinge nicht gut laufen. Die Nachfrage nach einem irdischen Gott, der Probleme löst und Risiken beseitigt, ist unersättlich, was einen irdischen Ersatzgott hervorgebracht hat: den Politiker. Die unersättliche Nachfrage der Öffentlichkeit nach "Schutz" wird durch Versprechen befriedigt, doch der Politiker hält seine Versprechen nicht oder nur teilweise.

"Der Wunsch, Personen, die ihr tägliches Dasein stören, zu kontrollieren oder zu unterwerfen, ist bei den Menschen allgegenwärtig. Sie sind jedoch nicht in der Lage, sich den moralischen und religiösen Problemen zu stellen, die ein solches Vorgehen aufwerfen würde, und überlassen diese Aufgabe daher professionellen "Auftragskillern", die wir kollektiv als Politiker bezeichnen.

"Die Dienste von Politikern werden aus einer Reihe von Gründen in Anspruch genommen, die im Wesentlichen in folgender Reihenfolge aufgelistet sind:

> ➢ Erhalten Sie die ersehnte Sicherheit, ohne sie zu verwalten.

> ➢ Eine Handlung erhalten, ohne selbst handeln zu müssen und ohne über die gewünschte Handlung nachdenken zu müssen.

> ➢ Um die Verantwortung für ihre Absichten zu vermeiden.

> ➢ Um die Vorteile der Realität zu erlangen, ohne die für das Lernen erforderliche Disziplin auszuüben.

"Wir können eine Nation leicht in zwei Unterkategorien

unterteilen, die politische Unternation und die gefügige Unternation. Politiker besetzen quasi-militärische Posten, deren unterste die Polizei ist, danach kommen Staatsanwälte. Die Präsidentenebene wird von den internationalen Bankiers geleitet. Die gefügige Subnation finanziert die politische Maschinerie durch Zustimmung, d. h. durch Steuern. Die Subnation bleibt an die politische Subnation gebunden, letztere ernährt sich von ihr und wird stärker, bis sie eines Tages stark genug ist, um ihren Schöpfer, das Volk, zu verschlingen".

Wenn man sie in Verbindung mit den Systemen liest, die in meinem Buch Das Komitee der 300 beschrieben werden, ist es relativ leicht zu erkennen, wie erfolgreich das Operation Research Projekt in Tavistock war, und zwar nirgendwo so erfolgreich wie in den Vereinigten Staaten. Jüngste Statistiken zeigen, dass 75% der Sechstklässler nicht in der Lage waren, den sogenannten "Mathematiktest" zu bestehen. Der Mathematiktest bestand aus einfacher, elementarer Arithmetik, was uns aufklären sollte. Mathematik spielte bei diesem Test überhaupt keine Rolle. Sollten wir alarmiert sein? Das müssen Sie selbst beurteilen.

VII. Geheime Operationen

Die verdeckten Operationen - der Stoff, aus dem die Geschichten von "James Bond" gemacht sind. Wie ich schon oft gesagt habe, war James Bond eine fiktive Figur, aber die Organisation, die in der Filmreihe dargestellt wird, ist real, nur dass sie als "C" und nicht als "M" bekannt ist. Der britische Geheim- und Sicherheitsdienst ist der in "James Bond" dargestellte Geheimdienst. Sie sind unter den Namen MI5 (Innere Sicherheit) und MI6 (Äußere Sicherheit) bekannt. Zusammen bilden sie die ältesten geheimen Nachrichtendienste der Welt. Außerdem sind sie führend in der Entwicklung von Spionagetechniken und neuen Technologien. Keiner der beiden Dienste ist dem britischen Volk über das Parlament rechenschaftspflichtig und beide operieren streng geheim hinter einer Vielzahl von Fassaden.

Die Anfänge dieser Agenturen reichen bis in die Zeit von Königin Elisabeth I. zurück, wobei als Gründer Sir Francis Walsingham, Elisabeths Staatssekretär, anerkannt wird, und sie existieren seither unter verschiedenen Namen. Es ist nicht beabsichtigt, eine Geschichte über diese supergeheimen Spionageagenturen zu schreiben, sondern lediglich einen Kontext für den Kerngedanken dieses Kapitels zu schaffen, nämlich verdeckte Aktionen und Attentate aus wirtschaftlichen und/oder politischen Gründen.

Die wichtigste Erkenntnis ist, dass verdeckte Ermittlungen in fast allen Fällen durch das Völkerrecht verboten sind. Abgesehen davon muss ich auch betonen, dass es eine Sache ist, Gesetze gegen verdeckte Aktionen zu haben, aber eine andere, sehr schwierige Sache, sie durchzusetzen, da die Parteien bereit sind, extreme Anstrengungen zu unternehmen, um die Operation geheim zu halten. Der Erlass von Präsident Gerald Ford, der es verbietet, "sich an einem politischen Mord zu beteiligen oder sich dazu zu verschwören", wird von der CIA weitgehend ignoriert.

Die Ausrede, Bush habe nicht gewusst, was bei der Geheimoperation Iran/Contras vor sich ging, kann aufgrund des Hughes-Ryan-Amendment nicht aufrechterhalten werden, das maßgeschneidert wurde, um die Stützen einer solchen Verteidigung zu Fall zu bringen. Der Änderungsantrag war dazu gedacht, die CIA und andere US-Geheimdienste zur Rechenschaft zu ziehen und sie zur Verantwortung zu ziehen:

"... Sofern und solange der Präsident nicht der Ansicht ist, dass jede dieser Operationen für die nationale Sicherheit der Vereinigten Staaten von Bedeutung ist, und er dem entsprechenden Ausschuss des Kongresses, einschließlich des Ausschusses für auswärtige Beziehungen des Senats und des Ausschusses für auswärtige Angelegenheiten des Repräsentantenhauses, rechtzeitig darüber Bericht erstattet,".

würde die verdeckte Operation dann illegal werden. Wenn also Präsident Reagan oder Präsident Bush von der Operation Iran/Contra wussten oder nicht, dann haben diejenigen, die sich darauf eingelassen haben, illegal gehandelt.

Bei der Geheimoperation Iran/Contra war Admiral John Poindexter der "Sündenbock" für die Präsidenten Reagan und Bush, die beide behaupteten, nichts davon gewusst zu haben. Das ist schockierend, denn es impliziert, dass zwei Präsidenten keine Kontrolle über ihre Militär- und Geheimdienstabteilungen hatten. Hätte Poindexter im Zeugenstand nicht ausgesagt, dass er Bush nie über die Einzelheiten der Operation Iran/Contra informiert hatte, wäre ein Amtsenthebungsverfahren gefolgt, das Bush mit all seinem mächtigen Schutz nicht hätte verhindern können. Dabei wurde Bush geschickt von dem Kongressabgeordneten Lee Hamilton unterstützt, dessen Untersuchung der Geheimaktion so schlecht durchgeführt wurde, dass sie zu einer vollständigen Reinwaschung der Schuldigen, einschließlich Reagan und Bush, führte.

Neben "James Bond" sind die bekanntesten MI6-Agenten

vielleicht Sydney Reilly, Bruce Lockhart und Captain George Hill, die nach Russland abkommandiert wurden, um den Bolschewiki zu helfen, ihre Feinde zu besiegen und gleichzeitig dem britischen Schwarzen Adel umfangreiche Wirtschafts- und Rohstoffkonzessionen zu verschaffen, wobei ein Teil des Kuchens an die Finanziers der Wall Street ging. Der vielleicht am wenigsten bekannte Agent des MI6 (aber einer seiner effektivsten) war Somerset Maugham, der bedeutende britische Schriftsteller, der in der literarischen Welt unter diesem "schafischen" Namen bekannt ist.

Wie die meisten MI6-Offiziere wurde auch Maughams wahrer Name während seiner Dienstzeit nicht bekannt gegeben und blieb es bis zu seinem Tod. Sydney Reilly hatte drei geheime Namen und acht weitere (er hatte elf Pässe), sein richtiger Name war Sigmund Georgievich Rosenblum.

Wenn man alle Bezeichnungen wie Bolschewismus, Sozialismus, Marxismus, Kommunismus, Fabianismus und Trotzkismus beiseite lässt, ist es eine Tatsache, dass die bolschewistische Revolution eine fremde Ideologie war, die dem russischen Volk vom Komitee der 300 zum Zweck des wirtschaftlichen Gewinns und der Kontrolle über Russland aufgezwungen wurde.

So einfach ist das, und wenn man das Konzept des "Kommunismus" von all der Rhetorik und Terminologie befreit, ist es leichter zu verstehen. Wir sollten nie und nimmer die Tatsache aus den Augen verlieren, dass Russland, wie Churchill sagte, bevor es unwiderruflich gedreht und verloren wurde, "an den Haaren gepackt" und rückwärts in eine Diktatur gezogen wurde, die direkt aus der Hölle kam und hauptsächlich zur Ausbeutung und Kontrolle seiner riesigen Ressourcen errichtet wurde, die selbst heute noch die der USA bei weitem übersteigen, ganz zu schweigen von Großbritannien, das außer Kohle und etwas Nordseeöl keine erwähnenswerten Ressourcen besitzt.

Genau wie zur Zeit von Königin Elisabeth I., als ihre Kontrolleure, die Cecils, zusammen mit Sir Francis Walsingham ein Spionagesystem aufbauten, um ihren Besitz in England zu schützen und den Handel rund um den Globus zu überwachen, haben die modernen Könige und Königinnen Englands diese Tradition fortgesetzt. Man könnte sagen, dass diese Spionageorganisationen zunächst von der Wirtschaft und später von der nationalen Souveränität getrieben wurden. Daran hat sich in den vergangenen Jahrhunderten nicht viel geändert.

Das war der Zweck von Sydney Reillys mittlerweile legendärer Mission in Russland; es ging darum, das russische Öl und seine anderen immensen Mineralienschätze für den britischen schwarzen Adel unter Führung von Lord Alfred Milner, die Investmentbanker der Londoner City und die amerikanischen Brahmanen aus Boston, die Finanziers und Magnaten der Wall Street, von denen die Rockefellers, J. P. Morgan und Kuhn Loeb die bekanntesten sind, in die Hände zu bekommen. Die Aufteilung der Plünderung Großbritanniens, die durch die militärische Macht erreicht und von ihr unterstützt wurde, wurde während des goldenen Zeitalters des riesigen und unglaublich lukrativen Opiumhandels mit China zur Tradition.

Die ältesten amerikanischen Pendants aus "adligen" Familien waren bis zu den Augenbrauen in diesem unsäglichen Geschäft. Heute würde man das nie erfahren, da sie nach ihrem äußeren Erscheinungsbild beurteilt werden, nämlich ob sie die besten Schulen besuchen.

Dieses Gelege ist mit einer Ölschicht überzogen und in den Gestank und Schmutz des Opiumhandels in China gebadet, der Tod und Elend über Millionen von Menschen brachte, während er die Banken, die sie besaßen, mit obszönen Reichtümern füllte.

Die Galerie der Diebe des chinesischen Opiumhandels liest sich wie eine Seite aus dem amerikanischen Sozialregister: John Perkins, Thomas Nelson Perkins, Delano, Cabot, Lodge, Russell, Morgan, Mellon. Es gibt keine einzige unserer "Elite"-Familien, die nicht durch den Opiumreichtum befleckt ist.

Lord Alfred Milner schickte Sydney Reilly vom MI6, um die Ölfelder in der Gegend von Baku für britische Investitionen und für die Rockefellers zu sichern. Bruce Lockhart war der persönliche Vertreter von Lord Milner, der Lenin und Trotzki kontrollierte. Der damalige "Hansard", der unserem Kongressarchiv entspricht, ist voll von Ausdrücken der Empörung und Frustration, als das Parlament begann, einige Informationen über Reillys Heldentaten zu ergattern. Zwischen Premierminister Lloyd George (Graf von Dwyfor) und seinen Kabinettsmitgliedern kam es privat und in einer öffentlichen Debatte mit Parlamentsmitgliedern auf dem Parkett des Hauses zu einem wütenden Schlagabtausch. Alle fordern, dass Reilly zurückgebracht und gezwungen wird, über seine Aktivitäten in Russland Rechenschaft abzulegen.

Doch vergeblich, Reilly blieb unantastbar und wurde nicht zur Rechenschaft gezogen. Vielleicht zum allerersten Mal wird der britischen Öffentlichkeit vage bewusst, dass eine unsichtbare Macht über dem Parlament steht. Die britische Öffentlichkeit weiß nicht und kann auch nicht wissen, dass Reilly den MI6 repräsentiert, der eine weitaus größere Macht hat als ihre gewählten Vertreter im Parlament. Diejenigen, die versuchen, die Mauer der Geheimhaltung zu durchbrechen, erreichen nichts, also warten sie auf Reillys Rückkehr nach England, die erst eintrifft, wenn alles vorbei ist.

Reilly und sein enger Freund Graf Felix Dzerzinsky (beide aus derselben Region Polens), Chef des gefürchteten Terrorapparats der bolschewistischen Geheimpolizei, inszenierten den Tod Reillys durch Erschießen, als er angeblich versuchte, über die Grenze zu fliehen. Die Tarngeschichte lautete, dass Reillys Name in den Papieren einer Gruppe lettischer Bürger entdeckt worden war, die ein Attentat auf Lenin geplant hatten. Reilly lebt in geheimer Fülle und Pracht in Sowjetrussland, bis er, um den Plan zu vollenden, an Bord eines niederländischen Frachters flieht. Reilly wird 1917 von Sir William Wiseman, dem Leiter des britischen MI6 in Washington, angeworben. Reilly wird von seinem Vorgesetzten Sir Mansfield Smith Cumming als "ein unheimlicher Mann, dem ich nie wirklich trauen konnte" beschrieben.

Somerset Maughams Mission nach Petrograd im Auftrag des

MI6 im Jahr 1917 ist ein klassisches Beispiel für diese Art von Mission. Lockhart wurde nach Petrograd geschickt, um die provisorische Regierung von Alexander Kerenski zu unterstützen, der die "Übergangsregierung" gegen die Bolschewiki anführen sollte (De Klerk, der abtrünnige südafrikanische Führer, wurde zu Recht als "Kerenski der Weißen in Südafrika" bezeichnet, da seine Aufgabe darin bestand, eine "provisorische" Regierung zu bilden, die es Mandela und seiner Mörderbande ermöglichen sollte, das Land zu übernehmen).

Was weder das britische Parlament noch die Öffentlichkeit wussten, war, dass Kerenskis Regierung auf ein Scheitern programmiert war; seine Arbeit bestand darin, den Eindruck zu erwecken, dass die wahre Opposition gegen eine bolschewistische Regierung aus Großbritannien und den Vereinigten Staaten kam, obwohl in Wirklichkeit das Gegenteil der Fall war. In einer ausgeklügelten Inszenierung ging Maugham, der auch von Sir William Wiseman ausgewählt worden war, zu Kerenski und reiste über Japan mit 150.000 Dollar (ja, es war hauptsächlich amerikanisches Geld), die er für Kerenski ausgeben wollte. Maugham reiste am 17. Juni 1917 ab und traf Kerenski am 31. Oktober 1917.

Kerenski wies Maugham an, Premierminister Lloyd George eine Notiz zu übergeben, die einen verzweifelten Aufruf nach Waffen und Munition enthielt. Interessanterweise ignorierte Kerenski den britischen Konsul in Petrograd völlig, der gespürt hatte, dass hinter seinem Rücken etwas vor sich ging, schickte wütende Beschwerden an Lloyd George, erhielt aber weder eine Entschuldigung noch eine Erklärung. Wie Kapitän Hill selbst einmal sagte: "Diejenigen, die glauben, dass die bolschewistische Revolution von den Zionisten inspiriert und angeführt wurde, haben vielleicht ein wenig Wahrheit auf ihrer Seite gehabt". Wiseman, Maugham, Hill und Reilly waren Juden; Lockhart war jedoch ein reiner Angelsachse.

Die Antwort des britischen Premierministers auf Kerenskis Notiz war sehr schroff "Ich kann das nicht tun". Maugham kehrte nie wieder nach Russland zurück und Kerenski wurde am 7. November 1917 von den Bolschewiki gestürzt. Hauptmann Hill wird dem MI5 und später dem MI6 zugeteilt. Er wird nach Petrograd geschickt, um Trotzki beim Aufbau einer Luftwaffe zu beraten, obwohl Russland technisch gesehen immer noch ein Verbündeter der Briten ist.

Ziel dieses Manövers war es, Russland dazu zu bringen, im Krieg gegen Deutschland zu bleiben, das Großbritannien aufgrund seiner großen kommerziellen und finanziellen Erfolge besiegen wollte. Gleichzeitig sollte Russland so weit geschwächt werden, dass es den bolschewistischen Horden nicht mehr lange standhalten konnte. Wie wir wissen, funktionierte die Täuschung perfekt. Captain Hill spielte eine wichtige Rolle beim Aufbau der CHEKA, dem gefürchteten bolschewistischen Geheimpolizei- und Militärgeheimdienstapparat, dem Vorläufer der GRU.

Eine von Hills Heldentaten war der "Transfer" der rumänischen Kronjuwelen. Hill, ein Spezialist für Waffen und Ausbildung, spielte eine sehr aktive Rolle bei dem großen Plan, die Welt glauben zu machen, dass Großbritannien und die Vereinigten Staaten tatsächlich gegen die bolschewistische Machtergreifung kämpften. (Von allen Nationen wurde ausgerechnet nur Frankreich nicht getäuscht.) In Dokumenten, die ich Jahre später las, wurde Allen Dulles, der Chef des OSS, von De Gaulle denunziert, indem er ihn schonungslos an den großen Schlag erinnerte, der gegen Zar Nikolaus II. und das russische Volk gelungen war.

Ein wesentlicher Bestandteil der Täuschung bestand darin, dass eine kombinierte britische, französische und amerikanische Streitmacht unter dem Kommando des amerikanischen Generalmajors Frederick Poole am 23. Juni 1918 in Murmansk landete, scheinbar um den Russen im Kampf gegen die Bolschewiki zu helfen. Die Franzosen glaubten wirklich, sie seien hier, um die Bolschewiken anzugreifen, als die alliierte Streitmacht am 2. August in Archangelsk einmarschierte, wo es zu einigen Kämpfen kam. In Wirklichkeit verfolgte das Expeditionskorps drei Ziele:

(a) den Eindruck erwecken, dass Großbritannien und Amerika gegen die Bolschewiki kämpften; (b) das große Waffen- und Munitionslager der russischen Armee in der Region schützen; und (c) dabei helfen, eine zweifelhafte Bevölkerung zur Unterstützung Lenins zu bekehren, indem sie ihn als Retter des Vaterlandes erscheinen lassen, der gegen eine ausländische Militärmacht kämpft.

In Wirklichkeit war die amerikanisch-britische Streitmacht dazu da, Lenin zu helfen, und nicht, um die Rote Armee zu bekämpfen. Die alliierten Truppen sollten dafür sorgen, dass das Munitionsdepot den Bolschewiki übergeben wurde, und verhindern, dass es von den vorrückenden Deutschen übernommen wurde. Jahre später wiederholte Außenminister George Marshall diesen Trick gegen den chinesischen Marschall Chiang Kai Shek und hinterließ Mao Tse Tung ein riesiges Arsenal, das er in seinem Kampf, China in eine kommunistische Nation zu verwandeln, einsetzen konnte. Das dritte Ziel bestand darin, die in ihrer Unterstützung für Lenin zögernden Russen in vollwertige Partisanen zu verwandeln. Lenin nutzte die Landung in Murmansk, um dem russischen Volk zu sagen:

"Schaut her, die britischen und amerikanischen Imperialisten versuchen, euch Russland zu stehlen. Schließen Sie sich unserem Kampf zur Verteidigung von Mütterchen Russland an! "

Als die weißen russischen Generäle Denekin und Wrangel große Erfolge gegen die Rote Armee erzielten, sie aus der Region Baku drängten und die Arbeit bedrohten, die Sydney Reilly für die britischen und amerikanischen Ölinteressen (insbesondere die von Rockefeller) geleistet hatte, schloss sich demselben Lloyd George, der 1917 mit Kerenski konspiriert hatte, der "amerikanische Privatbürger" William Bullit an, der in Wirklichkeit ein Abgesandter von Rockefeller und den Wall-Street-Bankern war. Gemeinsam begingen sie einen Akt des Verrats an ihren jeweiligen Ländern.

Im Januar 1919 besiegte General Peter Denekin die Bolschewiki in Georgien, Armenien, Aserbaidschan und Turkestan (den

Ölregionen), und später im Monat vertrieb er die Bolschewiki aus dem Kaukasus und drang fast bis vor die Tore Moskaus vor. Bullit und Lloyd George nahmen den Weißrussen daraufhin den Wind aus den Segeln, indem sie die Lieferungen von Waffen, Munition und Geld unterbrachen. Auf ein Signal von Lloyd George, das der MI6 im September geschickt hatte, gab die amerikanisch-britische Streitmacht Archangelsk auf und verließ Murmansk am 12. Oktober 1919.

Bitte beachten Sie das perfekte Timing der Operation. Das Einzige, was das Expeditionskorps neben leichten Kämpfen in Archangelsk und einigen anderen Scharmützeln mit bolschewistischen Kräften getan hatte, war, durch die Straßen von Wladiwostok zu marschieren, um Lenins These zu untermauern, dass sich dort britische und amerikanische imperialistische Soldaten befanden, die entschlossen waren, die Kontrolle über Mütterchen Russland zu übernehmen. Am 14. November 1920 war es vorbei, die letzten Soldaten der weißen russischen Streitkräfte schifften sich nach Konstantinopel ein.

Eines der größten Puzzleteile wurde erfolgreich umgesetzt, ohne dass die Amerikaner und Briten auch nur die geringste Ahnung davon hatten, was vor sich ging. Ein mehr oder weniger ähnliches Verfahren wird heute in Russland angewandt, mit dem "Ex-Kommunisten" Boris Jelzin, der vom Westen als eine Art russischer Volksheld dargestellt wird und versucht, Russland vor einer Wiederbelebung des Kommunismus zu "retten". Wie 1917 ist es auch heute wieder so: Die amerikanische Öffentlichkeit hat keine Ahnung, was in Russland wirklich vor sich geht.

Die Handlung geht noch weiter: der Mordversuch an Lenin, als er begann, ein Hindernis für Bruce Lockharts Manöver zu werden; Lockharfs Verhaftung und späterer Austausch gegen den Bolschewiken Maxim Litwinow mit einem von einem bolschewistischen Gericht in Moskau in Abwesenheit verhängten Todesurteil. Auf diese Weise spielt der MI6 sein Spiel auf die meisterhafteste Art und Weise, wie er es auch heute noch tut. Übrigens starb Lenin an Syphilis und nicht an den Verletzungen, die er durch Dora Kaplans Hände erlitten hatte.

Es wäre vielleicht angebracht, etwas ausführlicher auf die Machenschaften von Hauptmann Hill einzugehen. Die Dokumente, die ich in den Whitehall-Archiven in London einsehen konnte, sagen viel über die Aktivitäten von Hill, einem MI5-Offizier der zweiten Generation, aus. Hills Vater war offenbar in den Kreisen jüdischer Kaufleute mit Verbindungen nach Thessaloniki zur Zeit von Zar Nikolaus II. sehr aktiv.

Hills Sohn George, der in London lebte, war ein Kurier des MI5 für die Wall Street und die Finanziers in der Londoner City, die die Bolschewiki unterstützten; das Geld wurde über Maxim Gorki, den Liebling der Londoner Theater, weitergeleitet. 1916 wurde Hill zum MI6 befördert und vom Chef des MI6, Sir Mansfield Cumming, nach Thessaloniki geschickt. Von Thessaloniki aus übermittelte Hill Cumming Informationen über die Fortschritte der Bolschewiki, die die kommende Revolution vorbereiteten - die bereits zehn Jahre Vorsprung hatte. Am 17. November 1917 schickt Cumming Hill nach Moskau, wo er auf Empfehlung von Parvus (Alexander Helpland) sofort zum persönlichen Assistenten von Leo Trotzki wird. Hill entwirft einen Plan für den militärischen Nachrichtendienst, der angenommen wird und die Grundlage für die GRU bildet, zu deren Gründern Hill und Trotzki gehören.

Die CHEKA bleibt unter der Kontrolle von Dzerzinsky. Später wurde Hill laut Whitehall-Dokumenten aufgrund einer Anfrage aus Jerusalem in den Nahen Osten geschickt, wo er damit begann, die jüdischen Banden Irgun und Stern zu organisieren und auszubilden, deren Offiziere und ranghohes Personal zum weitaus größten Teil aus dem bolschewistischen Russland stammten. Der Geheimdienst, den Hill für die Irgun aufbaute, wurde später vom israelischen Geheimdienst übernommen, der später zum Mossad wurde.

Der britische Geheimdienst ist der größte Experte auf dem Gebiet der verdeckten Operationen. Sir Stewart Menzies, der Chef des MI6 während des Krieges, sagte einmal, Allen Dulles habe nicht den nötigen Scharfsinn gehabt, um verdeckte Operationen wirklich zu verstehen. Wie dem auch sei, der MI6 bildete und trainierte den OSS, den Vorläufer der Central Intelligence Agency (CIA). Die verdeckten Operationen können als der vielleicht sensationellste Teil der Geheimdienstarbeit beschrieben werden, die in der Regel recht routinemäßige Tätigkeiten umfasst, wie die Überwachung von Wirtschaftsaktivitäten auf der ganzen Welt, die Erstellung von Berichten für die nationalen politischen Entscheidungsträger, die angeblich der Teil der Regierung sind, der gegebenenfalls über den Kurs entscheidet.

Dem MI6 und der CIA ist es gesetzlich nicht erlaubt, sich in innere Angelegenheiten einzumischen oder Bürger auszuspionieren, da sich ihre Aufgaben auf auswärtige Angelegenheiten beschränken. In den letzten drei Jahren sind diese Linien jedoch sehr verschwommen geworden, was Anlass zu ernsthafter Besorgnis geben sollte, doch leider werden keine positiven Maßnahmen ergriffen, um dieses Phänomen einzudämmen. Geheimaktionen bewegen sich auf einem schmalen Grat zwischen Diplomatie und Täuschung, und manchmal, wenn der Wanderer ausrutscht, können die Ergebnisse sehr peinlich sein, wenn die Geheimaktion nicht zu leugnen ist, wie es im Fall Iran/Contra der Fall war.

Bei verdeckten Aktionen wird ein Geheimdienst aufgefordert, ein Programm zu entwickeln, um ein bestimmtes ausländisches Ziel zu erreichen. Dies greift oft in die Außenpolitik ein, die nicht in den Bereich der Geheimdienste fällt. Ein gutes Beispiel dafür ist die Paranoia, die Präsident George Bush in seinem Bestreben zum Ausdruck brachte, den irakischen Präsidenten Hussein buchstäblich zu vernichten, wobei die Geheimaktion sowohl wirtschaftliche als auch militärische Wege einschlägt.

Insgesamt 40 Millionen Dollar verschwendete Bush für seinen gescheiterten Versuch, Hussein zu töten, bei dem alle Tricks ausprobiert wurden, einschließlich des Versands der Viren in Fläschchen, die im Hauptquartier des Revolutionskommandos versteckt werden sollten. Schließlich ließ Bush, besiegt von seinem Hass auf Hussein, 40 Marschflugkörper auf Bagdad und Basra los, unter dem fadenscheinigsten Vorwand,

"Atomwaffenfabriken" und Luftabwehranlagen anzugreifen - alles offensichtlich absurde Gründe.

Ein Marschflugkörper war absichtlich so programmiert worden, dass er das Al-Rasheed-Hotel im Zentrum von Bagdad treffen sollte, wo eine Konferenz muslimischer Staatsoberhäupter stattfand. Die Idee hinter dem Angriff auf das Al-Rasheed (die Rakete wurde vom Zeitpunkt ihres Starts bis zum Erreichen des Zielgebiets von russischen Satelliten verfolgt) war, mehrere muslimische Führer zu töten, was ihre Länder gegen den Irak aufgebracht und dazu beigetragen hätte, den irakischen Führer durch eine feindselige Reaktion auf Präsident Hussein zu stürzen.

Zu Bushs Pech fiel die Rakete 20 bis 30 Fuß vor dem Gebäude, zertrümmerte Türen und Fenster bis zu drei Stockwerken und tötete eine Rezeptionistin. Keiner der muslimischen Delegierten wurde verletzt. Die schwache und kindische Ausrede des Pentagon und des Weißen Hauses, die Rakete sei "durch irakische Flugabwehrkanonen von ihrer Flugbahn abgelenkt worden", war so absurd, dass der französische Geheimdienst DGSE sich fragte, ob der Bericht echt oder das Werk eines privaten Geheimdienstes sei.

Das russische Militär, das sich auf die Daten seiner Satelliten verlassen konnte, sagte der US-Regierung, dass ihre Erklärung falsch sei - und dass sie die Beweise hätten, um dies zu beweisen. Bei einem Preis von 1 Million Dollar pro Rakete hat Bushs paranoides Verhalten den amerikanischen Steuerzahler 40 Millionen Dollar gekostet - zusätzlich zu dem versteckten Preis von 40 Millionen Dollar. Es ist offensichtlich, dass dringend ein Mechanismus benötigt wird, um zukünftige Präsidenten zu bremsen, die in den letzten Tagen ihrer Amtszeit versuchen könnten, dem schockierenden Beispiel Bushs zu folgen.

Eine verdeckte Aktion kann oft von einer Regierung gegen das eigene Volk durchgeführt werden. Nehmen Sie den Fall von Alger Hiss und den Rockefellers. Wie die Ölgesellschaften sagten, "schuldeten sie Amerika keine besonderen Verpflichtungen". Das trifft im Zusammenhang mit den Absprachen zu, die David Rockefeller und die britischen

Ölgesellschaften mit den Bolschewiki getroffen hatten. Die USA förderten schließlich Sozialismus und Kommunismus, um die Bolschewiki dafür zu belohnen, dass sie die Ölkonzessionen an Rockefeller und Armand Hammer vergeben hatten. Dies war sicherlich ein Beweis für ihre Behauptung, dass die Ölindustrie nicht unbedingt loyal gegenüber den USA sei.

1936 wurde Alger Hiss von Francis B. Sayre, dem Schwiegersohn von Woodrow Wilson, ins Außenministerium eingeladen. Der RIIA und das CFR entschieden, dass Hiss ein zuverlässiger Mann war, der tun würde, was man ihm sagte, egal ob es gut für Amerika war oder nicht. Tatsächlich war Hiss Rockefellers erste Wahl, nicht die von Sayre, aber Rockefeller blieb im Hintergrund. Zu diesem Zeitpunkt im Jahr 1936, als Sayre seinen Ansatz machte, war Hiss bereits tief in die Spionage für die UdSSR verstrickt, und diese Tatsache war seinem Rechtsprofessor in Harvard wohlbekannt.

Als Hiss zum stellvertretenden Supervisor für politische Beziehungen im Außenministerium befördert wurde, ließen Chambers und ein Mann namens Levine die Tarnung von Hiss auffliegen, indem sie behaupteten, er arbeite aktiv für die Sowjetunion. Der Mann, an den sich Chambers mit seinen Behauptungen wandte, war Marvin McIntyre, der die Informationen nicht an Roosevelt, der sein Chef war, weitergab. Stattdessen leitete er Chambers an Adolph A. Berle weiter, der zu dieser Zeit als stellvertretender Staatssekretär für Sicherheit im Außenministerium zuständig war. Berle ging mit der Geschichte zu Roosevelt, nur um vom Präsidenten abrupt entlassen zu werden.

Unbeirrt gab Berle seine Informationen an Dean Acheson weiter, doch Hiss passierte absolut nichts. Er wurde nicht aufgefordert, sich zu erklären; stattdessen wurde er von Roosevelt, einer Marionette der Rockefeller-CFR, wie alle anderen Mitarbeiter Roosevelts befördert. 1944 erhielt Hiss einen weiteren Schub mit einer Beförderung zum Sonderassistent des Direktors für Fernostangelegenheiten, wo er in einer guten Position war, um den sowjetischen Expansionsplänen in Asien zu dienen.

Um Rockefellers Arroganz zu demonstrieren: Während der gesamten Zeit, in der Hiss ein aufsteigender Stern im State war, hatte das FBI eine Akte über ihn. Er wurde von dem sowjetischen Überläufer Igor Gusenskij denunziert, der im Büro des GRU (sowjetischer Militärgeheimdienst) in Ottawa, Kanada, arbeitete. Die Beamten im State Department wussten ebenso wie Präsident Roosevelt alles über Hiss und seine sowjetischen Beziehungen, unternahmen aber nichts, um ihn aus dem Amt zu drängen.

Während Rockefeller die Vereinten Nationen plante, vereinbarten er und Stalin, dass sich die Vereinten Nationen nicht in russische Angelegenheiten einmischen würden, wenn sie im Gegenzug sowjetisches Öl für die Rockefeller-Ölfirmen erhielten. Die Bolschewiki würden sich auch nicht in Saudi-Arabien einmischen und nicht mehr versuchen, in den Iran einzudringen. Der Mann, der dazu ernannt wurde, Rockefeller bei den Vereinten Nationen zu vertreten, war Alger Hiss. Sein unmittelbarer Vorgesetzter war Nelson Rockefeller, der John Foster Dulles Befehle erteilte. Roosevelt, Dulles, das FBI und Rockefeller wussten alle, dass Hiss mit der Sowjetunion zusammenarbeitete.

Nach der Intervention von Standard Oil wurde der Kontrollmechanismus der Vereinten Nationen aus den Händen der Amerikaner genommen. Der Generalsekretär erhielt die Macht, jeden zu ernennen, den er wollte. Für seinen Verrat erhielt Hiss einen Sonderposten beim Carnegie Endowment Fund for International Peace mit einem Gehalt von 20.000 Dollar pro Jahr, was für die damalige Zeit ein sehr gutes Einkommen war. Die Idee dahinter war, Hiss über das Gesetz zu stellen.

Tatsächlich stand Hiss über dem Gesetz, da er sich mit Verrat und Heimtücke durchschlug. Hiss wurde nicht wegen Verrats, sondern wegen Meineids angeklagt. Dennoch eilten sofort mächtige Personen herbei, um ihn zu verteidigen. Der Richter am Obersten Gerichtshof Felix Frankfurter stellte Hiss eine Ehrenurkunde aus und Rockefeller zahlte 100.000 Dollar für seine Prozesskosten.

Zu der Zeit, als er mit Chambers konfrontiert wurde, arbeitete

Hiss als Mitglied des Exekutivausschusses der Vereinigung der Vereinten Nationen, als Generaldirektor des Pacific Relations Institute und war ein führendes Mitglied des CFR sowie Vorsitzender der Carnegie Foundation. Das Haus von Hiss war auf der Ölindustrie aufgebaut, und niemals wurde ein Fall von Machtmissbrauch durch die Ölindustrie so registriert wie der von Hiss. Die Ölindustrie zeigte keine Angst vor der Regierung, als Hiss vor Gericht gestellt wurde; tatsächlich zog die Ölindustrie ihren Geschäftsmann fast aus dem Verkehr und hätte es auch getan, wenn Hiss nicht gestolpert wäre. Der Fall Hiss ist ein gutes Beispiel dafür, wie eine Regierung gegen ihr eigenes Volk vorgeht.

Im Iran beteiligen sich die USA derzeit an einer verdeckten Aktion gegen die rechtmäßige Regierung, indem sie lokale Gruppen innerhalb des Landes einsetzen und mit anderen im Exil zusammenarbeiten. Die USA sind über die zunehmende Anhäufung von Waffen durch die iranische Regierung alarmiert und haben die für das Land bestimmten Waffenlieferungen unter besondere Beobachtung gestellt.

Darüber hinaus gibt es aufgrund der Aktivitäten der Hisbollah und der Bereitschaft des Iran, Gruppen, die als israelfeindlich gelten, Unterschlupf zu gewähren, nach wie vor ein großes Reservoir an Unwillen zwischen den beiden Ländern. Infolgedessen entstand eine Gefahr für die Stabilität des Nahen Ostens. Der Iran wird den USA und seinen Verbündeten im Nahen Osten, Saudi-Arabien, Ägypten und Israel, zunehmend feindselig gegenüberstehen. Es ist offensichtlich, dass sich für diese Länder Probleme anbahnen, was erklären könnte, warum der israelische Geheimdienst behauptet, dass der Iran viel früher eine Atommacht sein wird, als die CIA vorhergesagt hatte. Die Iraner behaupten ihrerseits, dass dies nur eine weitere Masche Israels sei, um den, wie sie es nennen, "großen Bruder dazu zu bringen, uns anzugreifen, wie sie es mit Hussein getan haben".

Die iranische Regierung verfügt mittlerweile über ein Netz von Agenten in ganz Westeuropa und ist besonders stark in Deutschland. Diese Agenten sind auch in Saudi-Arabien aktiv, wo die Königsfamilie von Teheran mit äußerster Verachtung betrachtet wird. Die iranische Regierung ist der wichtigste Geldgeber und logistische Unterstützer von zehn fundamentalistisch-islamischen Lagern im Sudan, über die sich der ägyptische Präsident Hosni Mubarak im Dezember 1992 beim US-Außenministerium beschwerte. Die Beschwerde wurde nicht veröffentlicht.

Die zehn Trainingslager im Sudan sind folgende:

> **Iklim-al-Aswat**. Es ist das größte der zehn Lager und wird von Oberst Suleiman Mahomet Suleiman, einem Mitglied des Kommandorats der Revolution, geleitet. Fundamentalisten aus Kenia, Marokko, Mali und Afghanistan werden dort ausgebildet.

> **Bilal**. Das in Port Sudan am Roten Meer gelegene Lager ist eine wichtige Ausbildungsstätte für ägyptische Fundamentalisten, die gegen das Mubarak-Regime opponieren. Nach der letzten Zählung befanden sich dort 108 Männer in der Ausbildung, darunter 16 ägyptische Ärzte, unter dem Kommando von Emir Jihad von Tendah.

> **Sowaya**. Sie befindet sich in der Nähe von Khartum, wurde 1990 reorganisiert und bildet nun unter dem Namen Volksverteidigungsmiliz Fundamentalisten aus Algerien und Tunesien aus.

> **Wad Medani**. In diesem Lager sind afrikanische Fundamentalisten aus Kenia, Mali, Sudan und Somalia unter dem Kommando von Oberst Abdul Munuim Chakka untergebracht.

> **Donkola**. Es befindet sich im Nordsudan und ist das Hauptlager der ägyptischen Fundamentalisten von Al Najunmin, einer Gruppe, die vom verstorbenen Majdt As Safti gegründet wurde, der 1988 aus Ägypten fliehen musste. Im Lager leben auch Mitglieder der ägyptischen Gruppe Shawkiun und 40 Algerier der Gruppe Al Afghani.

> **Jehid al Hak.** Hier trainieren die PLO, die Hamas und der Dschihad unter dem Kommando von Oberstleutnant Sadiq al-Fadl.

> **Omdurman.** In diesem Lager trainieren 100-200 ägyptische Fundamentalisten, die der Islambuly-Gruppe angehören, und gelten als militanter als andere Gruppen, die entschlossen sind, dem Mubarak-Regime ein Ende zu setzen.

> **Aburakam.** Das Lager ist eine Ausbildungsbasis für bis zu 100 Afghanen, Pakistaner und Iraner.

> **Khartoum Bahri.** Es ist wahrscheinlich das größte der zehn Lager und beherbergt 300 tunesische, algerische und ägyptische Fundamentalisten der Gruppe "Sühne und Einwanderung", die unter dem Kommando von Hauptmann Mohammed Abdul Hafiz von der Volksverteidigungsmiliz trainieren.

> **Urn Barbaita.** Es liegt im Südsudan und ist der Stützpunkt, an dem die militärische Elite von iranischen und sudanesischen Experten im Umgang mit Sprengstoff und Waffen geschult wird.

Die Lager werden in den Büros des Arabischen Islamischen Volkskongresses koordiniert, die sich ganz in der Nähe der ägyptischen Botschaft in Khartum befinden. Es handelt sich um eine sehr moderne Einrichtung mit den neuesten Kommunikationsgeräten, die es dem Kongress ermöglichen, mit den Führern der fundamentalistischen islamischen Bewegung in anderen Ländern in Kontakt zu stehen. Es ist bekannt, dass das GCHQ die Kommunikation dieses wichtigen Büros von Zypern aus überwacht, darunter auch Mitteilungen an den Mufti des ägyptischen Dschihad, Scheich Omar Abdul Rahman.

Scheich Rahman wurde der Verschwörung zur Ermordung des verstorbenen ägyptischen Präsidenten Anwar Sadat für nicht schuldig befunden. Nach seiner Freilassung ließ er sich in den USA nieder, wo er von einer Moschee in New Jersey aus fundamentalistische Aktivitäten koordiniert. Scheich Rahman soll mehrere hundert Araber finanziert haben, die von den USA gezwungen wurden, Pakistan zu verlassen. Die USA übten in offenen und geheimen Aktivitäten Druck auf die pakistanische Regierung aus, damit diese islamische Fundamentalisten im Land unterdrückt. Die verdeckten Aktionen gegen Pakistan nahmen viele Formen an, doch Korruption war das Schlüsselelement.

Eine der verrücktesten Geheimaktionen, die derzeit im Gange sind, konzentriert sich auf das Westjordanland, Gaza und Israel. Daran sind die CIA, die Hamas, Syrien und der Iran beteiligt. Die Hamas ist die fundamentalistische Gruppe, die Israel das Leben schwer macht. Teheran hat dort weitergemacht, wo Riad aufgehört hatte. Im Rahmen einer bewährten Geheimaktion unter Einsatz von Diplomatie überzeugten die USA Saudi-Arabien davon, dass islamisch-fundamentalistische Fanatiker das Land bedrohen könnten und höchstwahrscheinlich auch in Zukunft bedrohen würden.

Unter Anwendung der Techniken, die dem verstorbenen Ayatollah Khomeini vom MI6 beigebracht wurden, hat die iranische Regierung diese Techniken an die Hamas angepasst, was sich als sehr effektiv erwiesen hat. Der israelische Geheimdienst, der es gewohnt war, ohne große Schwierigkeiten in die PLO eindringen zu können, musste feststellen, dass er es bei der Hamas mit etwas anderem zu tun hatte. Der Fall des israelischen Grenzbeamten Nissim Toledano ist ein gutes Beispiel für diese Situation. Toledano wurde am 14. Dezember 1992 ermordet und der Shin Beth, Israels Behörde für innere Sicherheit, hat bis heute keine Hinweise auf den Täter.

Es gibt noch einen weiteren ungeklärten Mord, den an Haim Naham, einem Agenten des Shin Beth, der am 3. Januar 1993 in seiner Wohnung in Jerusalem erschossen wurde. Quellen aus Beirut zufolge ist der israelische Geheimdienst ratlos und gibt hinter vorgehaltener Hand zu, dass die Ausweisung von 415 Palästinensern, die der Hamas-Führung verdächtigt werden, die Hamas nicht daran gehindert hat, auf demselben Niveau wie vor den Ausweisungen zu operieren. Die Israelis haben herausgefunden, dass die Hamas nach dem Modell des iranischen MI6 aufgebaut ist, mit kleinen, weit verstreuten Gruppen innerhalb der Zellen ohne organisierte Verbindungen untereinander, die eine schwer zu durchbrechende Front darstellen.

Die wahrscheinlichste Person im Herzen der Hamas ist Azzedine al Kassam. Geheimdienstquellen zufolge gibt es etwa 100 Zellen, die jeweils fünf Mitglieder haben. Diese Zellen sind alle autonom, aber eine Gruppe von sieben Männern, von denen einer Tarek Dalkamuni ist, kann bei der Koordinierung der Aktivitäten helfen. Es wird angenommen, dass Dalkamuni Scheich Ahmed Jassin ersetzt hat, der sich seit 1989 in einem israelischen Gefängnis befindet.

Die Entstehung der Hamas war das Ergebnis einer geheimen Aktion, die von der iranischen Regierung sanktioniert wurde und unter diplomatischer Deckung in Damaskus, Syrien, operierte. Im März 1987 fand im Gazastreifen ein Treffen mit iranischem und syrischem Personal statt, bei dem der Aufstand der Intifada entstand. Der islamische Maijlis as-Shura (Beratungsrat) schickte Mohammed Nazzal und Ibrahim Gosche zu einem Treffen mit dem iranischen Botschafter in Syrien, Ali Akharti.

Der Chef des syrischen Geheimdienstes, General Ali Duba, war ebenfalls anwesend. Dies ist ein ziemlich gutes Beispiel dafür, wie verdeckte Operationen durchgeführt werden, bei denen diplomatische Kanäle und Privatpartys genutzt werden.

Nach einem erfolgreichen Treffen am 21. Oktober 1992 reiste die Majlis-Delegation in Begleitung von Abu Marzuk, einem führenden Fundamentalisten, nach Teheran, wo sie mit anderen fundamentalistischen Führern von Ahmed Jabrils PLFP, der libanesischen Hisbollah, Al Fatah und der Hamas zusammentraf. Es fanden Gespräche mit Vertretern der iranischen Regierung statt, die zu einer Vereinbarung führten, der zufolge der Iran finanzielles, logistisches und militärisches Personal zur Ausbildung von Fundamentalisten in Lagern im Sudan bereitstellen würde.

Es wurde ein zwölfköpfiger Vorstand gegründet, zu dem Mahomet Siam (Khartum), Musa Abu Marzuk (Damaskus), Abdul Nimr Darwich, Imad-al-Alami, Abdul Raziz al-Runtissi (Gaza) (einer der 415 von Israel vertriebenen Palästinenser), Ibrahim Gosche und Mohamed Nizzam (Amman), Abu Mohamed Mustafa (Beirut) gehörten. Diese Gruppe wurde in den Methoden des MI6 ausgebildet, mit denen der Schah von Iran gestürzt wurde, und bis heute erweist es sich als schwierig, zu versuchen, in die Hamas einzudringen.

Der Iran intensivierte eine aktive Phase der Opposition gegen das, was die Regierung in Teheran als pro-israelische Politik der USA wahrnimmt, wenn das zum Zeitpunkt der Geiselkrise geschlossene Abkommen von Washington gebrochen worden wäre. Der Einsatz der Hisbollah bei verdeckten Aktionen gegen die USA sollte die öffentliche Meinung in den USA unter Druck setzen und sie gegen Israel aufbringen. Der Iran nutzte hier die Tavistock-Methode der menschlichen Beziehungen, die an diejenigen weitergegeben wurde, die den Schah von Iran stürzten.

Der Gründer von Tavistock und brillante Techniker John Rawlings Reese passte später die militärischen Managementtechniken des "Operations Research" so an, dass sie auf die "Steuerung einer Gesellschaft, von einer einzelnen Einheit bis hin zu Millionen solcher Einheiten, d. h. Personen und die Gesellschaft und Nation, die sie kollektiv bilden", angewendet werden konnten. Um dies zu erreichen, war eine schnelle Datenverarbeitung erforderlich, die mit der Entwicklung der linearen Programmierung im Jahr 1946 nach ihrer Erfindung durch George B. Dantzig. Bezeichnenderweise war 1946 das Jahr, in dem Tavistock der amerikanischen Nation den Krieg erklärte. Dies ebnete den Weg für die totale Kontrolle der Bevölkerung.

Die Regierung in Teheran unter Ayatollah Khomeini ermöglichte die Gründung einer geheimen Aktionsorganisation, die unter dem Namen Hisbollah bekannt ist. Später wurden dank der Hisbollah eine Reihe von Amerikanern und anderen ausländischen Staatsbürgern in Beirut und anderen Teilen des Nahen Ostens entführt und an geheimen Orten festgehalten. Das System der Fünf-Mann-Zellen funktionierte perfekt. Weder dem MI6 noch der CIA gelang es, die Codes der Hisbollah zu knacken, und die Geiseln schmachteten jahrelang, bis die USA gezwungen waren, ihre Niederlage einzugestehen und Verhandlungen mit der Hisbollah aufzunehmen.

Es wurde vereinbart, dass die USA kurz nach der Freilassung der letzten von der Hisbollah festgehaltenen Geisel die iranischen Bankkonten und Finanzinstrumente im Wert von schätzungsweise 12 Milliarden US-Dollar freigeben würden. Die USA würden auch die vom Schah bestellte und bezahlte, von ihnen aber nicht gelieferte Militärausrüstung im Wert von schätzungsweise 300 Millionen US-Dollar freigeben. Darüber hinaus würde dem Iran der Beitritt zum Golfkooperationsrat gestattet, damit er an den Beratungen über Israel teilnehmen kann. Darüber hinaus würden sich die USA verpflichten, keine verdeckten Aktivitäten gegen den Iran innerhalb ihrer Staatsgrenzen durchzuführen und nicht zu versuchen, die Hisbollah-Entführer, die in Teheran Zuflucht gefunden haben, zu bestrafen.

Teheran erklärte jedoch, Washington habe böswillig gehandelt, indem es nicht ein einziges seiner Versprechen gehalten habe. Bankkonten wurden nicht freigegeben, die vom Schah bezahlte Militärausrüstung wurde nicht an den Iran zurückgegeben, die CIA hat ihre geheimen Aktivitäten im Land tatsächlich intensiviert und der Iran bleibt weiterhin aus dem Golfkooperationsrat ausgeschlossen. Teheran verweist verärgert auf die Zunahme von Terroranschlägen in Teheran, die 1992 nach der Übergabe der letzten Geisel begannen.

Der Pasdaran-Kommandeur beschuldigte die CIA, ein Netzwerk von Royalisten um den Mudschahid-Führer Massoud Rajavi und Babak Khoramdine aufgebaut und Angriffe auf Pasdaran-Kasernen, öffentliche Gebäude - darunter eine Bibliothek -, einen Angriff auf den Leichenzug des verstorbenen Hashemi Rafsandschani und die Schändung des Grabes von Ayatollah

Khoemini inszeniert zu haben. Über diese Angriffe wurde in den US-Medien nicht berichtet. Offiziell werden die diplomatischen Beziehungen zwischen den USA und dem Iran als gut beschrieben.

Um auf die Hamas zurückzukommen. Über diplomatische Kanäle versuchten der Iran und Syrien, Frankreich zu beeinflussen, damit es heimlich die Hamas unterstützte. Der libanesische Millionär Roger Edde, der als Vermittler zwischen Frankreich und Syrien fungierte, trat an Außenminister Roland Dumas heran. Syrien setzte Dumas wegen des Kaufs einer neuen Radaranlage unter Druck, die laut Damaskus an Thomson, den riesigen französischen Mischkonzern, gehen sollte. Es wurde angedeutet, dass sich die Zahlung der Schulden Syriens bei Frankreich verzögern könnte, falls die Ursachen der islamischen Fundamentalisten vom Élysée-Palast nicht wohlwollend gesehen würden. Die französische Regierung blieb jedoch offiziell unnachgiebig in ihrer Weigerung, die Hamas zu unterstützen. Der Radarkontakt wurde dem US-amerikanischen Unternehmen Raytheon anvertraut. Die Zahlung der Schulden verzögerte sich, was für Frankreich mit großen Nachteilen verbunden war. Außenpolitisch bleiben die diplomatischen Beziehungen zwischen Syrien und Frankreich herzlich.

Der Iran hat eine alte Rechnung mit den britischen und amerikanischen Geheimdiensten offen, die bis in die Jahre 1941 und 1951 zurückreicht, als grobe Geheimaktionen des MI6 und der CIA gegen den Irak durchgeführt wurden, um den Sturz von Dr. Mohamed Mossadegh herbeizuführen. Obwohl sie in dieses Kapitel gehört, findet sich die Erzählung, wie Acheson, Rockefeller, Roosevelt und Truman den Iran unterwanderten, in dem Kapitel über Rockefellers Ölgeschäfte im Nahen Osten.

Die CIA und der MI6 bekamen eine zweite Chance im Iran, als der Schah begann, sich gegen den bewaffneten Raubüberfall auf amerikanische und britische Ölfirmen mit Konzessionen im Iran zu wehren. Die Ölfirmen schlossen daraufhin einen Deal mit Präsident Carter und eine exakte Kopie der Operation Mossadegh wurde gestartet. Sechzig CIA-Agenten und zehn MI6-Agenten wurden nach Teheran geschickt, um den Schah zu untergraben und seinen Sturz und schließlich seine Ermordung herbeizuführen.

Verdeckte Aktionen bedeuten nicht immer Geheimdienstoperationen und Terrorgruppen mit Unterstützung ihrer Regierungen. Sie kann auch die Form einer technologischen Zusammenarbeit annehmen und tut dies auch tatsächlich, insbesondere in den Bereichen Kommunikationsüberwachung und -kontrolle. Weil sie in der Regel wenig spektakulär ist, stößt diese Art der "Spionage" nicht auf großes Interesse, doch sie ist eines der deutlichsten Beispiele für Diplomatie durch Lügen.

Zwei der größten und umfassendsten Abhörstationen der Welt befinden sich in England und auf Kuba. Das Government Communications Headquarters (GCHQ) in Cheltenhanm, England, ist wahrscheinlich einer der schlimmsten Spionageverbrecher. Obwohl die Verfassung der Vereinigten Staaten das Ausspionieren ihrer Bürger verbietet, täuscht die National Security Agency (NSA) in enger Zusammenarbeit mit dem GCHQ die Bevölkerung beider Länder bei ihren laufenden globalen Überwachungsoperationen. Der US-Kongress ist sich entweder nicht bewusst, was vor sich geht (undenkbar), oder höchstwahrscheinlich zu eingeschüchtert, um diesen illegalen Handlungen, die bei der NSA täglich vorkommen, ein Ende zu setzen.

Zusätzlich zu ihrer Anlage in Cheltenham hört die britische Regierung die Telefongespräche ihrer Bürger auch von ihrer Telefonabhöranlage in der Edbury Bridge Road in London aus ab. Einige Abkommen wurden auf diplomatischer Ebene geschlossen, was sie nicht weniger zur Täuschung der Bürger der Unterzeichnerstaaten macht. Die UKUSA ist ein solches typisches Abkommen, bei dem Diplomatie durch Lügen betrieben wird. Die UKUSA soll angeblich nur auf der Ebene der militärischen Aufklärung tätig sein, doch meine Quelle behauptet, dass dies nicht der Wahrheit entspricht. Ursprünglich handelte es sich um ein diplomatisches Abkommen zwischen dem Vereinigten Königreich und den USA, doch der Pakt wurde auf die NATO-Staaten, Kanada und Australien ausgeweitet.

In den letzten Jahren hat er jedoch auch die Schweiz und Österreich einbezogen, und es gibt inzwischen Beweise dafür, dass der Verkehr zu und von Wirtschaftsunternehmen überwacht wird, sogar die britischen Partner in der EWG, Japan, Südafrika und Iran. Der MI6 verfügt über eine eigene Abteilung für die Sammlung von Wirtschaftsinformationen, das sogenannte Overseas Economic Intelligence Committee (OEIC). Tatsächlich war es die Expansion dieser Abteilung, die den Umzug des MI6 vom Broadway Building mit Blick auf Queen Anne's Gate in das Century Building in der Nähe der Londoner U-Bahn-Station North Lambeth notwendig machte.

Die USA verfügen nun über eine neue Behörde zur Sammlung von Informationen namens Information Security Oversight Office (ISOO), die mit ihrem britischen Pendant in den Bereichen Industrie, Handel und auch industrielle Sicherheit zusammenarbeitet. Das ISOO arbeitet mit der International Computer Aided Acquisitions and Logistic Support Industry Steering Group der USA zusammen. Ihre Tätigkeit betrifft die Regulierung der kommerziellen Technologie.

Das Komitee der 300 kontrolliert diese Organisationen und ist die mächtige unsichtbare Kraft hinter der Entscheidung, britische und schweizerische zelluläre Mobiltelefone der nächsten Generation mit 256-Byte-Algorithmus zu verpflichten, die "Spionageanforderungen" der britischen und amerikanischen Sicherheitsdienste zu erfüllen. Es ist fast sicher, dass nur die ASX5-Version mit einem 56-Byte-Algorithmus, der leichter auf dem Telefon abgehört werden kann, zugelassen wird. Dies ist eine der Methoden, die von Regierungen zur heimlichen Kontrolle ihrer Bevölkerung eingesetzt wird.

Im Januar 1993 hielten Vertreter der NSA und des GCHQ eine Konferenz ab, auf der sie mitteilten, dass nur die weniger komplexe Version AS5X zugelassen werden sollte. Es gab keine Diskussionen mit dem US-Kongress, keine offenen Foren, wie es die US-Verfassung vorschreibt. Wenn es bereits schwer zu durchdringende A5-Telefone gibt, werden sie für "technische

Anpassungen" zurückgerufen. Die technischen Anpassungen bestehen darin, dass der A5-Chip mit 256 Byte durch einen A5Z-Chip mit 509 Byte ersetzt wird. Auf diese Weise wird illegale Spionage immer einfacher, da das amerikanische Volk durch Lügendiplomatie auf vielen verschiedenen, aber miteinander verbundenen Ebenen getäuscht wird.

Selbst öffentliche Telefone wurden von den Sicherheitsbehörden genauestens untersucht. In New York wurde beispielsweise unter dem Deckmantel der angeblichen "Kriminalitätsbekämpfung" das System der öffentlichen Telefone so manipuliert, dass die Telefone keine eingehenden Anrufe entgegennehmen konnten. Die New Yorker Polizei glaubte, damit verhindern zu können, dass öffentliche Telefone z. B. für Drogengeschäfte genutzt werden, oder dass sich die Figuren des organisierten Verbrechens privat miteinander unterhalten. Das hat nicht so gut funktioniert, aber es gab auch Erfolge.

Die neueste Technologie besteht darin, allen öffentlichen Telefonen eine spezielle Nummer zu geben. In einigen europäischen Ländern enden die öffentlichen Telefone auf 98 oder 99. Dadurch können öffentliche Telefone schnell "geortet" werden, wenn sie für "sichere" Gespräche verwendet werden; nur der Anruf von einem öffentlichen Telefon ist nicht mehr "sicher". In realen Fällen, z. B. wenn ein Verbrechen im Gange ist oder Entführer anrufen, um Lösegeld zu fordern, ist dies tatsächlich ein sehr nützliches Werkzeug, aber was passiert mit der Privatsphäre des Einzelnen in Fällen, in denen kein Verbrechen im Spiel ist? Werden die Telefongespräche unschuldiger Bürger ausspioniert? Die Antwort ist ein klares "Ja".

Die Öffentlichkeit ist sich nicht darüber im Klaren, was in Amerika vor sich geht, und der Kongress scheint bei seiner Aufgabe versagt zu haben. Keine der potenziell schädlichen Überwachungen, die in dieser Nation in großem Umfang stattfinden, ist legal, sodass die Täuschung unkontrolliert weitergeht. Der Kongress scheint langsam zu handeln, wenn es um die Überwachung von Spionageaktivitäten im Ausland geht, und ist überhaupt nicht gewillt, etwas gegen die ausufernde

Ausspähung von Bürgern im Land zu unternehmen.

Diese Apathie des Kongresses gegenüber dem von der US-Verfassung garantierten Recht auf Privatsphäre steht in einem seltsamen Kontrast zu den Bedenken, die immer dann geäußert werden, wenn externe Probleme angesprochen werden. Der Direktor der CIA, James Woolsey Jr., übergab dem Kongress eine "Bedrohungsanalyseliste", die aus einer Bewertung der CIA von Nationen besteht, die über Dinge wie fortschrittliche Boden-Luft-Raketen verfügen. Woolsey erklärte dem Kongress, dass Syrien, Libyen und der Iran über einsatzbereite Marschflugkörper verfügen, die "Tarnkappen"-Flugzeuge aufspüren und die US-Marine im Golf bedrohen können.

Pakistan ist ebenfalls dafür bekannt, solche Marschflugkörper zu besitzen, und würde sie am ehesten gegen Indien einsetzen, falls es zu einem Krieg kommen sollte. Die US-Regierung hat lange nach einer diplomatischen List gesucht, mit der Indien und Pakistan gegeneinander ausgespielt werden. Die USA befürchten, dass Pakistan seine Raketen einsetzen könnte, um Syrien und den Iran gegen Israel zu unterstützen, was sehr wahrscheinlich geschehen würde, wenn ein "Dschihad" ausbrechen sollte. Die USA setzen alle diplomatischen Tricks und verdeckten Aktionen ein, um Pakistan davon zu überzeugen, nicht zu erwägen, seine Kräfte mit denen des Iran in einem "Dschihad" zu vereinen, in dem Pakistan seine Atomwaffen einsetzen würde.

Bei der verdeckten Aktion wechselt der Nachrichtendienst von einer passiven in eine aktive Rolle, die naturgemäß eng mit der Anwendung von Gewalt verbunden ist, oft unter dem Deckmantel der Diplomatie. In beiden Fällen handelt es sich um eine Aktion mit Mitteln gegen eine ausländische Regierung oder eine Gruppe innerhalb ihrer Grenzen. Die in der Executive Order 12333 enthaltene Definition von geheimen oder besonderen Aktivitäten ist aus zwei Gründen bedeutungs- und wertlos:

"Unter besonderen Aktivitäten sind Aktivitäten zur Unterstützung der Ziele der nationalen Außenpolitik im Ausland zu verstehen, die so geplant und durchgeführt werden, dass die Rolle der Vereinigten Staaten nicht offensichtlich ist oder öffentlich anerkannt wird, sowie Funktionen zur Unterstützung dieser Aktivitäten, die jedoch nicht darauf abzielen, die politischen Prozesse, die öffentliche Meinung, die Politik oder die Medien der Vereinigten Staaten zu beeinflussen, und die keine diplomatischen Aktivitäten oder das Sammeln und Erstellen von Informationen oder damit verbundene Unterstützungsmaßnahmen umfassen."

Zunächst einmal sind Exekutivbefehle eindeutig illegal, da es sich um Proklamationen handelt und Proklamationen nur von Königen gemacht werden können. Es gibt nichts in der amerikanischen Verfassung, was exekutive Befehle erlaubt. Zweitens ist es unmöglich, die oben aufgeführten Richtlinien zu befolgen, selbst wenn sie legal wären. Nur sehr schlecht informierte Menschen würden beispielsweise glauben, dass die USA nicht hinter dem Sturz des Schahs von Iran stehen oder dass die CIA im Iran keine Rolle gespielt hat, um die politischen Prozesse in den USA zu beeinflussen. In der heutigen Welt wäre die CIA bankrott, wenn sie sich an die Executive Order 12333 halten würde.

Doch der CIA und dem MI6 stehen noch weitere Geheimwaffen zur Verfügung, auf die wir bereits hingewiesen haben und die alle geschriebenen Beschränkungen umgehen können, egal auf welcher Ebene sie angeboten werden. Das in Tavistock entwickelte System wird am häufigsten eingesetzt und ist, wie bereits erwähnt, die beste Waffe für die soziale Massenkontrolle und den Massengenozid, das ultimative Ziel der Kontrolle von Menschen.

Attentate sind Teil der geheimen Aktivitäten, auch wenn keine Regierung jemals zugeben wird, dass sie Mord als Mittel zur Lösung außen- und innenpolitischer Probleme gutheißt, die als auf andere Weise nicht lösbar gelten. Ich habe nicht die Absicht, alle Morde aufzulisten, die als direkte Folge der geheimen Aktivitäten stattgefunden haben, was ein eigenes Buch erfordern würde. Daher beschränke ich mich in meiner Darstellung auf die bekannten Morde, die in jüngster Zeit in einem diplomatischen oder politischen Kontext stattgefunden haben.

Die Schüsse, die Erzherzog Ferdinand und seine Frau in Sarajevo töteten, hallten in der ganzen Welt wider und werden allgemein als Ursache des Ersten Weltkriegs akzeptiert, obwohl dies nicht der Fall war, sondern eine vorbereitete Wahrnehmung für die breite Öffentlichkeit. Tavistock macht die "vorbereitete Wahrnehmung" nun gut. Sowohl der britische als auch der russische Geheimdienst waren stark in die Schießereien involviert. Im Falle Großbritanniens war der Wunsch, einen Krieg mit Deutschland anzuzetteln, die Motivation, und soweit es Russland betraf, war das Ziel, Russland in einen solchen Krieg hineinzuziehen und es so für die bevorstehende bolschewistische Revolution zu schwächen.

Die Ermordung von Martin Luther King Jr., dem Führer der schwarzen Bürgerrechtsbewegung, ist ein Fall, der genauer untersucht werden sollte, denn er stinkt zum Himmel nach geheimen Aktivitäten und Korruption. Die amerikanische Nation, insbesondere die Bevölkerung, ist davon überzeugt, dass James Earl Ray den Schuss abgegeben hat, durch den King getötet wurde. Das ist die "vorbereitete Wahrnehmung". Das Problem ist, dass bisher noch niemand Ray in dem Motelzimmer am Fenster mit dem Gewehr in der Hand um 18.01 Uhr am 5. April 1968 lokalisieren konnte.

Ray beharrt auf seiner Unschuld, da er, wie er sagt, von Raoul, einer mysteriösen Person, die Ray in Memphis getroffen hatte, um Waffen zu verkaufen, hereingelegt worden sei. Am 5. April gegen 17.50 Uhr sagt Ray, Raoul habe ihm 200 Dollar gegeben und ihm gesagt, er solle sich einen Film ansehen, damit er, Raoul und der Waffenhändler bei seiner Ankunft freier reden könnten, als wenn er (Ray) anwesend wäre. Bei der Betrachtung von Rays Behauptung, er sei der "Sündenbock", ist Folgendes zu beachten, das zusammengenommen Ray zu stützen und Kings Fall von "vorbereiteter Wahrnehmung" zu schwächen scheint.

1) Die Polizeibeamten aus Memphis, die King überwachten, standen unter dem Balkon des Lorraine Motels, auf dem King erschienen war. Einer von ihnen, Solomon Jones, sagte aus, er

habe einen Mann mit einem von einem weißen Tuch bedeckten Gesicht in einem Büschel von Büschen beobachtet, das sich gegenüber und direkt vor dem Balkon befand. Der Mann wurde auch von EarlCaldwell, einem Reporter der *New York Times*, gesehen. Caldwell erklärte: "Er war in geduckter Haltung. Ich habe keine Waffe in den Händen des Mannes gesehen...". Weder Jones noch Caldwell wurden jemals von einer Polizeibehörde zu dem befragt, was sie miterlebt hatten.

2) Willy Green, ein Mechaniker, den Ray gebeten hatte, einen platten Reifen an seinem Mustang zu reparieren, erinnert sich deutlich daran, dass er wenige Minuten vor Kings Erschießung mit Ray gesprochen hatte. Die Tankstelle, an der sich der Vorfall ereignete, lag vier Häuserblocks von dem Wohnhaus am South Main in Memphis entfernt, in dem Ray wohnte. Es ist unmöglich, dass Ray sich zur gleichen Zeit an zwei verschiedenen Orten aufgehalten hat.

3) Der Eintrittswinkel des Schusses passt zu einem Schuss aus dem von Jordan und Caldwell erwähnten Gebüsch. Er passt nicht zu einem Schuss aus Rays Fenster.

4) Das Gewehr, mit dem King angeblich getötet wurde, hätte in der Wand des Badezimmers stecken bleiben müssen, wenn es vom Fenster aus abgefeuert worden wäre. Das Badezimmer war sonst nicht breit genug und dennoch gab es, als das FBI das Badezimmer untersuchte, keine Spuren an der Wand, ganz zu schweigen von den Schäden, die der Gewehrkolben verursacht haben soll.

5) Als die Deputys des Sheriffs zu der Wohnung eilten, von der sie annahmen, dass der Schuss abgefeuert worden war, befand sich nichts vor der Haustür. Deputy Vernon Dollohite war weniger als zwei Minuten, nachdem der Schuss gefallen war, an der Tür. Er sagte den Ermittlern, dass sich nichts in der Nähe der Tür befunden habe. Doch in den wenigen Sekunden, in denen Dollohite Jim's Grill direkt neben der Wohnung betrat, ließ jemand ein Paket mit einer Unterhose - die falsche Größe für Ray -, einem Fernglas und der von Fingerabdrücken gesäuberten Schrotflinte auf dem Bürgersteig neben der Tür liegen.

Ray soll in der Lage gewesen sein, aus der Badewanne zu springen, in der er gestanden haben soll, um den Schuss abzugeben, das Fernglas und die Pistole von Fingerabdrücken und Handflächenabdrücken zu reinigen, sie in eine Tasche mit einigen (ebenfalls gereinigten) Bierdosen zu legen, 85 Fuß in den Flur zu rennen, eine Treppe hinunterzugehen, in seinen Mustang zu steigen, der in einiger Entfernung geparkt war - all dies innerhalb von weniger als 20 Sekunden, in denen Deputy Dollohite die Wohnungstür verlassen hatte.

6) Ray konnte irgendwie nur dank der 200 Dollar, die er angeblich von Raoul erhalten hatte, nach Kanada und England reisen, aber als er festgenommen wurde, hatte Ray 10.000 Dollar in bar bei sich. Einer der von Ray geliehenen Namen war Eric Starvo Galt, ein kanadischer Staatsbürger, der eine erstaunliche Ähnlichkeit mit Ray aufwies, dessen Name in einer streng geheimen Akte aufgetaucht war. Ray sagte aus, dass er Galt in Kanada auf eigene Faust gefunden habe; niemand habe ihm Anweisungen oder Geld gegeben. Die anderen von Ray verwendeten Namen waren die von Personen, die ebenfalls in Kanada lebten: George Raymond Sneyd und Paul Bridgman.

7) Das Register des Schlafzimmerhauses in Memphis ist verschwunden und wurde nie gefunden. Der einzige Zeuge, der Ray mit dem Mord an King in Verbindung bringen kann, ist der Trunkenbold Charles Q. Stephens, dessen Frau aussagte, dass ihr Mann zum Zeitpunkt der Schießerei betrunken gewesen sei und nichts gesehen habe. Zunächst sagte Stephens, er habe nichts gesehen, doch später am Abend ging er zu einer zweiten Version über:

"Ich habe gesehen, wer es getan hat, es war ein Nigger, ich habe gesehen, wie er aus der Toilette gerannt ist ..." Der Taxifahrer James McGraw sagte, Stephens sei am Nachmittag des 5. April betrunken gewesen. Bessie Brewer hörte, wie Stephens seine Meinung änderte, und sagte: "Er war so betrunken, dass er nichts gesehen hat." Ein Pressefotograf, Ernest Withers, sagte aus, Stephens habe ihm gesagt, dass er nichts gesehen habe.

Keine der Ermittlungsbehörden interessierte sich für Stephens, bis die Polizei seinem Gedächtnis plötzlich auf die Sprünge half, indem sie ihm ein Foto von Ray zeigte. Zu diesem Zeitpunkt sagte Stephens aus, dass Ray der Mann sei, den er aus dem Schlafzimmerhaus hatte weglaufen sehen. Das FBI brachte Stephens in einem 31.000 US-Dollar teuren Hotel unter, um ihn zu "schützen", sagte aber nicht, vor wem. Grace Walden, Stephens' Konkubine, wurde jedoch auf mysteriöse Weise von einem nicht identifizierten Mitarbeiter der Stadtverwaltung von Memphis gewaltsam in eine psychiatrische Einrichtung in Memphis gebracht. Könnte es sein, dass Walden die Aussage des einzigen Zeugen der Regierung gegen Ray vereitelt hat?

Walden wurde in der Einrichtung festgehalten und ihr Anwalt verklagte das FBI, die Polizei von Memphis und den Bezirksstaatsanwalt und beschuldigte sie, sich verschworen zu haben, um Walden ihre Bürgerrechte zu entziehen. Sie behauptet, Stephens sei nach einem Drink kurz davor gewesen, ohnmächtig zu werden, als der Schuss fiel. Sie sagt, sie habe einen weißen Mann ohne Waffe in der Hand gesehen, der kurz nachdem sie den Schuss gehört hatte, das Badezimmer des Schlafzimmerhauses verlassen habe.

8) Dass Rays Prozess eine Farce war, kann nicht bestritten werden. Sein Anwalt, Percy Foreman, verwandelte sich nach Ansicht vieler Expertenanwälte und auch meiner Meinung nach in einen Judas und erreichte, dass Ray sich schuldig bekannte. Foreman hatte 1500 Personen verteidigt, die des Mordes angeklagt waren, und hatte fast alle diese Fälle gewonnen. Experten sagen, dass Ray aufgrund mangelnder Beweise für nicht schuldig befunden worden wäre, wenn Percy Ray nicht gezwungen hätte, sich schuldig zu bekennen. Indem Forman Ray dazu brachte, sich schuldig zu bekennen, erreichte er das Undenkbare: Ray verzichtete auf sein Berufungsrecht für einen Antrag auf ein neues Verfahren, auf Berufungen vor dem Berufungsgericht von Tennessee, auf Berufungen vor dem Obersten Gerichtshof von Tennessee und schließlich auf eine erneute Prüfung des Falles durch den Obersten Gerichtshof.

Die ganze Wahrheit über die Identität von Kings Mörder wird

wahrscheinlich nie ans Licht kommen, und in dieser Hinsicht weist sie starke Parallelen zum Mord an John F. Kennedy auf. Es gibt zu viele Zweifel um Kings Tod, und sogar der verstorbene Jim Garrison, ehemaliger Staatsanwalt von New Orleans, erklärte, er glaube, dass es eine Verbindung zwischen den Morden an King und Kennedy gebe, und zwar aufgrund dessen, was er von Rocco Kimball erfahren habe, der zahlreiche Telefongespräche mit David Ferrie geführt habe. Kimball behauptet, er habe Ray von den USA nach Montreal fliegen lassen. Ray bestreitet dies. Eine weitere Ähnlichkeit zwischen den Morden an Kennedy und King besteht darin, dass es sich in beiden Fällen um verdeckte Operationen handelte, die höchstwahrscheinlich von sehr hochrangigen Regierungsbeamten abgesegnet wurden.

Ray sagt, er habe Raoul in Montreal, Kanada, kennengelernt, nachdem er aus dem Staatsgefängnis von Missouri geflohen war (wie die Flucht vollzogen wurde, ist ebenfalls ein Rätsel). Offenbar brachte Raoul Ray dazu, in einer Reihe von Bereichen für ihn zu arbeiten, und drängte ihn dann, nach Alabama zurückzukehren. Während seines Aufenthalts in Montreal suchte Ray nach gefälschten Ausweispapieren und wurde Raoul vorgestellt, der behauptete, seine Bedürfnisse erfüllen zu können, wenn Ray bestimmte Aufträge für ihn erledigte. Rays erklärt, dass er nach einer Reihe von Treffen eingewilligt habe, für Raoul zu arbeiten.

Nach mehreren grenzüberschreitenden Reisen (darunter eine nach Mexiko) sagte Ray, dass Raoul wollte, dass er nach Alabama geht. Nach einer langen Diskussion, bei der Ray nach eigenen Angaben große Bedenken hatte, in diesen Staat zu gehen, ging Ray schließlich nach Birmingham. Ray hatte mehrere Jobs; er lieferte Pakete mit unbekanntem Inhalt aus und telefonierte von Birmingham aus recht häufig mit Raoul, um neue Aufträge zu erhalten.

Laut Ray erzählte Raoul ihm dann, dass sein letzter Job bevorstehe, für den er 12 000 Dollar erhalten würde. Ebenfalls laut Ray wurde er aufgefordert, ein sehr starkes Rehgewehr mit

Teleskopvisier zu kaufen.

9) Ray sagt, dass Raoul ihn begleitet hat, um bei Aeromarine Supply ein Jagdgewehr zu kaufen, und Ray sagt, dass Raoul danach allein zum Laden zurückging, um das Gewehr gegen eine Remington 30.06 einzutauschen.

10) Die Polizei von Memphis zog auf mysteriöse Weise den Schutz von King zurück. Etwa 24 Stunden, bevor er erschossen wurde, zog sich die siebenköpfige Einheit zurück. Der Direktor der Polizei von Memphis, Frank Holloman, bestritt, dass er den Befehl dazu gegeben hatte, und behauptete, er habe nicht einmal gewusst, dass ein solcher Befehl erteilt worden war. Am Morgen des 5. April 1968 erhielten vier der Spezialeinheiten der Polizei von Memphis den Befehl, sich zurückzuziehen. Niemand bei der Polizei von Memphis wusste, woher dieser Befehl kam.

In einer der mystifizierendsten Episoden dieses ungelösten Rätsels wurde Edward Redditt, der als Detektiv bei der Polizei von Memphis arbeitete, durch eine Reihe von Funksprüchen, die sich später als falsch herausstellten, von seinem Posten weggelockt. Laut Redditt beobachtete er das Lorraine Motel von einem Aussichtspunkt gegenüber dem Motel, in dem King übernachtete, als er von E. H. Arkin, einem Leutnant der Polizei von Memphis, über Funk kontaktiert wurde. Arkin forderte Redditt auf, seine Überwachung zu beenden und zum Hauptquartier zurückzukehren.

Bei der Ankunft befahlen die Geheimdienstbeamten Reditt, sich im Holiday Inn Hotel in Rivermont zu melden, da ein Vertrag auf sein Leben ausgestellt worden sei. Redditt weigerte sich und behauptete, er sei der einzige Polizist, der alle örtlichen Klansmen[7] und die Mitglieder von Kings Umfeld aus erster Hand kenne.

Der Polizeichef von Memphis, Frank Holloman, setzte sich jedoch darüber hinweg und in Begleitung von zwei Polizeibeamten wurde Redditt zu seinem Haus gefahren, um seine Kleidung und Toilettenartikel abzuholen. In einer

[7] Mann des Clans, NDT.

ungewöhnlichen Abweichung von der polizeilichen Vorgehensweise setzten sich die beiden Beamten in den Vorraum von Redditts Haus und nicht in das Auto vor dem Haus. Redditt war nicht länger als zehn Minuten zu Hause, als eine Sondersendung des Notfallradios den Mord an King bekannt gab.

11) In Galts Fahndungsaufruf hieß es, er (Galt) habe 1964 und 1965 in New Orleans Tanzunterricht genommen, während Ray zu dieser Zeit tatsächlich im Staatsgefängnis von Missouri saß. Generalstaatsanwalt Ramsey Clark, der am Tatort eintraf, nachdem das FBI alle anderen Strafverfolgungsbehörden von dem Fall abgezogen hatte, erklärte, dass "alle Beweise, die wir haben, darauf hindeuten, dass dies das Werk eines einzelnen Mannes ist". Warum diese ungebührliche Eile, eine so folgenschwere Schlussfolgerung zu verkünden, obwohl die Ermittlungen noch in den Kinderschuhen steckten? Die Leser werden mir zustimmen, dass es zu viele Hinweise gibt, die gegen die Annahme sprechen, dass Ray Martin Luther King getötet hat.

Auch Präsident George Bush verdient eine besondere Erwähnung. Bush ist wahrscheinlich der erfolgreichste Präsident aller Zeiten, und viele konkrete Fälle belegen diese Behauptung. Das Problem der Amerikaner ist, dass wir glauben, dass die Regierung der Vereinigten Staaten ehrlicher, moralischer und offener in ihren Beziehungen ist als ausländische Regierungen. Das wird uns von Kindheit an beigebracht. George Bush hat bewiesen, dass diese Wahrnehmung zu hundert Prozent falsch ist.

Das Szenario für den Golfkrieg wurde tatsächlich in den 1970er Jahren entwickelt. Es wurde beinahe durch mehrere Zeitungsartikel enthüllt, in denen James McCartney über "Ein geheimes Programm der Vereinigten Staaten" berichtete. Laut McCartney beschloss die geheime Regierung der Vereinigten Staaten Anfang 1970, ihre Nahostpolitik darauf zu gründen, dass den Arabern die Kontrolle über das Öl in der Region entrissen werden sollte. Es musste ein Vorwand gefunden werden, um eine substanzielle US-Militärpräsenz in dieser Region zu errichten - allerdings nicht in Israel.

Robert Tucker, der im Januar 1975 im jüdischen Magazin *Commentary* schrieb, erklärte, die USA müssten alle Vorbehalte gegen eine bewaffnete Intervention in anderen Ländern überwinden, und er erwähnte in diesem Zusammenhang speziell die Region des Persischen Golfs. Tucker sagte, was nötig sei, sei ein Präventivschlag, um die Kontrolle über das Öl im Nahen Osten herzustellen, und man dürfe nicht warten, bis eine Krise eintrete, um zu handeln.

Offenbar war einer der Architekten dieser unverschämten Vorstellung Bush, der den Überzeugungen von James Akins folgte, der von Oktober 1973 bis Dezember 1975 US-Botschafter in Saudi-Arabien war. Akins' Ansichten bildeten die Grundlage für die Politik der Reagan-Bush-Regierung, und interessanterweise wurde das von Akins demonstrativ verfasste Drehbuch von George Bush exakt befolgt, als er Amerika in einen illegalen Krieg gegen den Irak verwickelte.

Spätere Untersuchungen ergaben, dass Akins lediglich ein Skript von Henry Kissinger gelesen hatte, das dieser unter dem Titel "Energiesicherheit" verfasst hatte. Kissinger hatte zunächst einen direkten Angriff auf Saudi-Arabien befürwortet, doch der Plan wurde geändert und anstelle von Saudi-Arabien eine kleinere Nation eingesetzt.

Kissinger argumentierte, dass die Beschlagnahme des Öls aus dem Nahen Osten als Präventivmaßnahme für das Volk der Vereinigten Staaten akzeptabel wäre und eine Idee, die sich leicht im Kongress verkaufen ließe. Laut meiner Quelle in Washington wurde die Idee von Bush bereitwillig angenommen, der viel Erfahrung mit Täuschungen hatte und dessen Zeit bei der CIA seinen Appetit auf das, was manche als seine natürliche Neigung bezeichnen, geschärft hatte. Kissingers Plan der "Energiesicherheit" wurde von Bush aufgegriffen und auf den Irak angewendet. Man ist der festen Überzeugung, dass der Streit zwischen dem Irak und Kuwait über den Diebstahl von Öl aus den Rumaila-Ölfeldern durch Al Sabah und die Sabotage der irakischen Wirtschaft durch den Verkauf des gestohlenen Öls unter dem OPEC-Preis von der CIA in Zusammenarbeit mit

Kissinger Associates ausgearbeitet wurden.

Indem er den Irak durch April Glaspies verräterisches Verhalten in einen offenen Konflikt trieb, sah Bush seine Pläne verwirklicht. April Glaspie hätte vor Gericht gestellt werden müssen, weil sie den Kongress belogen hatte, aber es war unwahrscheinlich, dass dies geschehen würde. Gerade als Bush glaubte, das Spiel in der Hand zu haben, warf König Hussein von Jordanien beinahe einen Stein ins Wasser. Laut meiner Geheimdienstquelle, die später von Pierre Salinger vom Sender ABC bestätigt wurde, glaubte König Hussein, die USA seien in gutem Glauben und würden eine Beilegung der Krise zwischen dem Irak und Kuwait mit friedlichen Mitteln statt mit einem bewaffneten Konflikt begrüßen.

Gestützt auf seinen Glauben an die Integrität der Bush-Regierung ruft Saddam Hussein in Bagdad an und bittet Präsident Hussein, den Streit den arabischen Nationen zur Schlichtung vorzulegen. König Hussein versichert Saddam Hussein, dass er für einen solchen Schritt den Segen Washingtons habe. Am 3. August wurde der irakische militärische Vormarsch auf die Grenze zu Kuwait gestoppt, um dem vorgeschlagenen Schiedsverfahren eine Chance zu geben. Saddam Hussein hatte jedoch noch eine weitere Bedingung: Der ägyptische Diktator Hosni Mubarak musste dem vorgeschlagenen Schiedsverfahren zustimmen.

König Hussein rief Mubarak an, der bereitwillig seine Zustimmung zu dem Plan gab. Anschließend rief König Hussein Präsident Bush an, der den Anruf in der Air Force I entgegennahm, als er auf dem Weg nach Aspen war, um Margaret Thatcher zu treffen, die geschickt worden war, um das Ultimatum des Royal Institute of International Affairs zu überbringen, in dem die US-Streitkräfte aufgefordert wurden, den Irak anzugreifen. Laut Geheimdienstquellen, die von Salinger teilweise bestätigt wurden, war Bush von König Husseins Initiative begeistert und versprach dem jordanischen Herrscher, dass die USA nicht eingreifen würden.

Nachdem König Hussein das Gespräch jedoch beendet hatte, rief Bush Mubarak an und sagte ihm, er solle sich nicht an interarabischen Schiedsgesprächen beteiligen. Bush soll Thatcher angerufen haben, um sie über sein Gespräch mit König Hussein zu informieren. Wie Chamberlain zur Zeit von München würde König Hussein herausfinden, dass eine friedliche Lösung des Irak-Kuwait-Konflikts das Letzte war, was die Regierungen der USA und Großbritanniens wollten.

Nachdem er Thatchers Zustimmung erhalten hatte, soll Bush erneut Mubarak angerufen und ihm befohlen haben, alles zu tun, um die arabischen Vermittlungsbemühungen zum Scheitern zu bringen. Die Belohnung kam, wie wir heute wissen, später, als Bush unrechtmäßig die Schulden Ägyptens bei den USA in Höhe von 7 Milliarden Dollar "erließ". Bush hatte nicht die verfassungsmäßige Autorität, die ägyptischen Schulden zu erlassen. Mubarak verurteilte die Vermittlungsvorschläge vehement. Bush begann, Drohungen gegen den Irak auszusprechen. Erst einige Stunden, nachdem König Hussein Präsident Hussein mitgeteilt hatte, dass sie beide enttäuscht seien, überschritt die irakische Armee die Grenze zu Kuwait.

Die Rolle der USA und Großbritanniens bei der Auslösung des Krieges gegen den Irak ist ein klassischer Fall von Diplomatie durch Lügen. Während unsere Regierung, der wir so unvorsichtigerweise vertrauen, vom Frieden im Nahen Osten sprach, bereitete sie seit den 1970er Jahren den Krieg gegen den Irak vor. Der Golfkrieg wurde im Einklang mit Kissingers Politik absichtlich herbeigeführt. Obwohl Kissinger also kein Regierungsbeamter war, übte er einen großen Einfluss auf die Außenpolitik der USA im Nahen Osten aus.

Der Bombenanschlag auf den Pan-Am-Flug 103 ist ein weiteres schreckliches Beispiel für geheime Aktivitäten. Noch sind nicht alle Fakten bekannt und werden es vielleicht auch nie sein, aber was wir bisher wissen, ist, dass die CIA involviert war und dass sich mindestens fünf hochrangige CIA-Agenten an Bord befanden, die 500.000 US-Dollar in Reiseschecks mit sich führten. Berichten zufolge soll die CIA die Beladung der Tasche mit der Bombe gefilmt haben, doch diese Informationen wurden noch nicht von anderen Quellen bestätigt.

VIII. Die Wahrheit über Panama

Eines der jüngsten Beispiele ist vielleicht auch der krasseste Fall, der jemals aufgezeichnet wurde: der Carter-Torrijos-Vertrag über den Panamakanal. Dieser Vertrag verdient es, genauer untersucht zu werden, als dies zu der Zeit der Fall war, als er verfasst und angeblich ausgehandelt wurde. Ich hoffe, dass ich einige wichtige Implikationen herausstellen kann, die nie vollständig oder angemessen untersucht oder angegangen wurden und die heute mehr denn je verstärkt werden müssen. Eine davon ist die Gefahr, dass wir als souveränes Volk in naher Zukunft gezwungen sein könnten, unter die Gerichtsbarkeit der Vereinten Nationen zu fallen. Ein schlüpfriges Abkommen, wie das von Carter über den Panamakanal, könnte uns wieder aufgetischt werden, wenn wir nicht wissen, was uns erwartet.

Weniger bekannt ist, dass Anglo-Persian, ein Ölkonzern im Besitz der britischen Regierung, versuchte, von der kolumbianischen Regierung eine Konzession für die Kanalrechte, die das US-Territorium flankieren, zu erwerben, als die USA mit Kolumbien über diese Rechte verhandelten. Irving Frederick Yates, ein britischer Diplomat, hätte es beinahe geschafft, ein Abkommen mit Kolumbien zu schließen, das die Pläne der USA, das Land für die Kanalzone zu kaufen, durchkreuzt hätte. Yates wurde in letzter Minute durch einen diplomatischen Zwischenfall gestoppt, bei dem er sich auf die Monroe-Doktrin berief.

Ein kurzer Rückblick auf die Geschichte, wie die USA das Land erwarben, durch das der Panamakanal gebaut wurde, könnte uns helfen, die späteren Ereignisse zu verstehen:

Zwischen 1845 und 1849 schloss die kolumbianische Regierung

einen Vertrag mit den USA, der den USA ein Transitrecht durch den Isthmus von Panama einräumte. Im Jahr 1855 erhielt Panama durch eine Verfassungsänderung einen föderalen Status. Vor der Revolution von 1903 war Panama Teil von Kolumbien. Am 19. April 1850 unterzeichneten Großbritannien und die USA den Clayton-Bulwer-Vertrag, in dem sich beide Seiten verpflichteten, keine exklusive Kontrolle über einen vorgeschlagenen Kanal zu erlangen oder aufrechtzuerhalten, und dessen Neutralität garantierten. Damals ging es vor allem um kolumbianisches Öl. Am 5. Februar 1900 wurde der erste Hay-Pauncefote-Vertrag zwischen Großbritannien und den Vereinigten Staaten unterzeichnet. Der Vertrag verzichtete auf die britischen Eigentumsrechte an einem gemeinsamen Bau eines Kanals und wurde abgelehnt, als er das britische Parlament erreichte.

Im November 1901 wurde der zweite Hay-Pauncefote-Vertrag unterzeichnet, der den USA das ausschließliche Recht zum Bau, zur Instandhaltung und zur Kontrolle eines Kanals einräumte. Am 23. Januar 1903 unterzeichneten Kolumbien und die USA den Hay-Heran-Vertrag, der den USA den Erwerb einer Kanalzone zusicherte. Der kolumbianische Senat ratifizierte den Vertrag nicht.

Der Hay-Bunua-Varilla-Vertrag zwischen den USA und der neuen Regierung Panamas wurde am 18. November 1903 unterzeichnet: Panama überträgt den USA auf ewig eine fünf Meilen breite Zone beiderseits des künftigen Kanals mit voller Gerichtsbarkeit. Die USA erhielten auch das Recht, die Kanalzone zu befestigen, und zahlten 10 Millionen US-Dollar für diese Rechte und erklärten sich später bereit, eine jährliche Gebühr von 250.000 US-Dollar zu zahlen. Nachdem die USA und Kolumbien im Januar 1903 aus dem Clayton-Bulwer-Vertrag entlassen wurden, handelten sie den Hay-Herran-Vertrag aus, der den USA die Souveränität über ein fünf Meilen breites Gebiet auf beiden Seiten des vorgeschlagenen Kanals einräumte und am 26. Februar 1904 unterzeichnet wurde. Es ist von größter Bedeutung, zur Kenntnis zu nehmen, dass das fünf Meilen breite Land auf beiden Seiten des vorgeschlagenen Kanals nunmehr souveränes Territorium der Vereinigten Staaten war, das nicht abgetreten oder anderweitig veräußert werden konnte, es sei denn durch eine von allen Staaten ratifizierte Verfassungsänderung.

Die Ratifizierung des Vertrags wurde von Kolumbien verzögert, und erst elf Jahre später, am 6. April 1914, wurde der Thompson-Urrutia-Vertrag unterzeichnet. Die USA drückten ihr Bedauern über die mit Kolumbien entstandenen Streitigkeiten aus und erklärten sich bereit, Kolumbien eine Summe von 25 Millionen US-Dollar zu zahlen, sodass Kolumbien den Vertrag ratifizieren konnte. Am 2. September 1914 wurden die Grenzen der Kanalzone festgelegt und den USA weitere souveräne Schutzrechte eingeräumt. Die Panamakanalzone wurde daraufhin zu einem souveränen Territorium der Vereinigten Staaten.

Der Thompson-Urrutia-Vertrag wurde am 20. April 1921 unterzeichnet. Die Bedingungen des Vertrags waren, dass Kolumbien die Unabhängigkeit Panamas anerkannte. Die zuvor umstrittenen Grenzen wurden festgelegt, und durch die Unterzeichnung verschiedener Abkommen zwischen Panama und Kolumbien wurden diplomatische Beziehungen aufgenommen. Der US-Senat verzögerte die Ratifizierung weitere sieben Jahre lang, doch am 20. April 1928 ratifizierte er schließlich den Thompson-Urrutia-Vertrag mit einigen Änderungen. Der kolumbianische Kongress ratifizierte den Vertrag ebenfalls am 22. Dezember 1928.

Zuvor, im Jahr 1927, hatte die panamaische Regierung erklärt, dass sie den USA bei der Unterzeichnung der Verträge keine Souveränität eingeräumt habe. Der Völkerbund weigerte sich jedoch, diesen offensichtlich absurden Streit anzuhören, und die unbestreitbare Souveränität der USA über das Gebiet der Panamakanalzone wurde erneut bestätigt, als Präsident Florencio Harmodio Arosemena den Appell der panamaischen Regierung an den Völkerbund desavouierte.

Es ist für jeden Amerikaner von größter Wichtigkeit, besonders in diesen Tagen, in denen die Verfassung von Politikern mit Füßen getreten wird, zur Kenntnis zu nehmen, wie die

Verfassung der Vereinigten Staaten während der gesamten Verhandlungen mit Kolumbien und Panama strikt eingehalten wurde. Die Verträge wurden sowohl vom Senat als auch vom Präsidenten ausgearbeitet und unterzeichnet. Vor der Ratifizierung wurde ein angemessener Zeitraum für die Prüfung des Abkommens eingeräumt.

Später werden wir die verfassungsgemäße Behandlung des Vertrags zwischen den USA und Kolumbien über Panama mit dem schlampigen, irreführenden, verdrehten, in Unehrlichkeit gehüllten, nicht verfassungsgemäßen, an Betrug grenzenden Verhalten der Carter-Regierung vergleichen, die das Eigentum des souveränen Volkes der USA an den panamaischen Diktator Omar Torrijos übergab und ihn sogar dafür bezahlte, es anzunehmen.

Der einzige große Fehler, den die USA 1921 begingen, war, dass sie den Kanal und das Land nicht sofort zum souveränen Besitz des souveränen Volkes der Vereinigten Staaten erklärten und es zu einem Staat der Vereinigten Staaten machten, gemäß der Verfassung, die vorsieht, dass ein Gebiet zu einem Staat wird, sobald es ein Gebiet der Vereinigten Staaten ist. Die Panamakanalzone nicht zu einem Staat zu machen, bedeutete, die internationalen Rockefeller-Bankiers einzuladen, die Panamakanalzone aus den Händen ihrer rechtmäßigen Besitzer, des souveränen amerikanischen Volkes, zu übernehmen - ein Vorgehen, das von Präsident Carter in jeder Phase unter dem Deckmantel der Lügendiplomatie unterstützt wurde.

Es heißt, dass wir, wenn wir nicht aus unseren Fehlern lernen, dazu verdammt sind, sie zu wiederholen. Diese Maxime gilt für die Vereinigten Staaten heute mehr denn je, wenn man die Rolle der USA in der bolschewistischen Revolution, im Ersten Weltkrieg, in Palästina, im Zweiten Weltkrieg, in Korea und in Vietnam betrachtet. Wir dürfen nicht zulassen, dass die von der Carter-Regierung und dem Senatsausschuss für Auswärtige Beziehungen geschaffenen illegalen Präzedenzfälle bei allen künftigen Vertragsverhandlungen gegen uns verwendet werden, wie sie in naher Zukunft wahrscheinlich mit den Vereinten

Nationen zustande kommen werden. Diese Versuche, die Verfassung zu unterwandern, könnten die Form annehmen, dass unsere Streitkräfte dem Kommando der Vereinten Nationen unterstellt werden.

Der Präzedenzfall, der durch den erfolgreichen Diebstahl des Panamakanals von seinen souveränen Eigentümern, uns, dem Volk, geschaffen wurde, führte zu Kriegen, die sehr viel Menschenleben und Geld kosteten, zur Übernahme von Befugnissen, die dem Präsidenten nicht durch die Verfassung übertragen wurden, und zu einer Ausweitung von Handlungen, die zur Missachtung der Verfassung durch die geheime hochrangige Parallelregierung führten, wie sie in Somalia, Bosnien und Südafrika vorkommt.

Deshalb halte ich es für notwendig, dafür zu sorgen, dass keine weiteren Geschenke für den Panamakanal gewährt werden, und die einzige Möglichkeit, eine Wiederholung dieses massiven, undercover durchgeführten Betrugs zu verhindern, besteht darin, zu untersuchen, was zwischen 1965 und 1973 geschehen ist.

Wenn wir wissen, was passiert ist, haben wir bessere Chancen zu verhindern, dass so etwas noch einmal passiert.

Um zu verstehen, wie die Carter-Regierung das souveräne Volk der Vereinigten Staaten betrügen konnte, müssen wir zumindest praktische Kenntnisse der Verfassung der Vereinigten Staaten haben. Um die Verfassung zu interpretieren, müssen wir auch unsere Regierungsform kennen und verstehen, dass ihre Außenpolitik fest in Vattels "Recht des Volkes" verankert ist, das die Gründerväter zur Gestaltung unserer Verfassung herangezogen haben. Wir müssen auch die Verträge und ihre Beziehung zu unserer Verfassung verstehen. Es gibt nur eine Handvoll Senatoren und Mitglieder des Repräsentantenhauses, die ein klares Verständnis dieser lebenswichtigen Fragen haben.

Wir hören ständig, wie schlecht informierte Menschen die Vereinigten Staaten als "Demokratie" bezeichnen. Besonders abscheulich sind die Printmedien und das Fernsehen, wenn sie diese Lüge als Teil einer bewussten Irreführung der Menschen aufrechterhalten. Die Vereinigten Staaten sind keine Demokratie; wir sind eine konstitutionelle Republik oder eine konföderierte Republik oder eine Bundesrepublik oder ein Amalgam aus allen dreien. Dies nicht zu verstehen, ist der erste Schritt zur Verwirrung.

Madison betonte, dass wir keine Demokratie sind. Es war die Kontroverse über die Form unserer Regierung, die zum Bürgerkrieg geführt hat. Hätte es keine Abspaltung von der Union gegeben, hätte es vielleicht, und höchstwahrscheinlich, keinen Krieg gegeben. Präsident Abraham Lincoln glaubte, dass es eine aus England stammende Verschwörung gab, die darauf abzielte, die Vereinigten Staaten von Amerika zu zerstückeln und aus ihnen zwei Nationen zu machen, die dann immer von den internationalen Bankiers gegeneinander ausgespielt werden konnten. Der Bürgerkrieg wurde geführt, um zu argumentieren, dass man, wenn man einmal souverän ist, immer souverän ist und dass der Süden sich nicht von der Union trennen konnte. Die Frage der Souveränität und des souveränen Territoriums wurde durch den Bürgerkrieg ein für alle Mal entschieden.

In einer konstitutionellen Republik sind die Menschen, die in den Staaten wohnen, die Souveräne. Das Repräsentantenhaus und der Senat sind ihre Vertreter oder Agenten - wenn das eine bessere Beschreibung für die Art und Weise ist, wie sie funktionieren sollen. Dies wird in der 10 Änderung der Bill of Rights erläutert, in der es heißt:

"Die Befugnisse, die die Verfassung weder den Vereinigten Staaten überträgt noch den Bundesstaaten verbietet, sind den jeweiligen Bundesstaaten bzw. dem Volk vorbehalten."

Der Präsident ist kein König und auch nicht der Oberbefehlshaber der Armee, außer in erklärten Kriegen (andere kann es nicht geben). Viele unserer Beamten, einschließlich des Präsidenten, haben in eklatanter Weise gegen die Verfassung verstoßen. Der eklatanteste davon ereignete sich, als Präsident Carter und 57 Senatoren unter dem Deckmantel der Lügendiplomatie die Souveränität des Volkes über den Panamakanal abtraten, denn tatsächlich versuchten sie, über ein souveränes Territorium zu verfügen, das den Vereinigten Staaten gehörte.

Das Territorium der Vereinigten Staaten kann gemäß der Verfassung der Vereinigten Staaten nicht veräußert werden. Die Autorität dieser Erklärung findet sich im Congressional Record Senate, S1524-S7992, vom 16. April 1926. Die Gründerväter verabschiedeten eine Resolution, der zufolge das Territorium der Vereinigten Staaten nicht veräußert werden darf, indem es einer anderen Partei geschenkt oder abgetreten wird, es sei denn durch eine von allen Staaten ratifizierte Verfassungsänderung.

In der Verfassung gibt es nichts, was sich mit der Frage der politischen Parteien befasst. Wie ich in der Vergangenheit schon so oft gesagt habe, sind die Politiker entstanden, weil wir, das souveräne Volk, zu weich und zu faul waren, die Arbeit selbst zu erledigen, und so haben wir Agenten gewählt und sie dafür bezahlt, die Arbeit für uns zu erledigen, wobei wir sie größtenteils unbeaufsichtigt ließen. Das ist es, was das Repräsentantenhaus und der Senat heute sind; Agenten, die nicht von uns, dem Volk, beaufsichtigt werden, die herumrennen und die Verfassung der Vereinigten Staaten mit Füßen treten.

Der von Präsident Carter verkündete Panamakanalvertrag war ein weitaus größerer Skandal als die Iran/Contra-Affäre und der Tea Pot Dome-Skandal, die in den Kapiteln über die Ölpolitik der Rockefellers und die Ölindustrie besprochen werden. Wer macht die Gesetze? Der Senat und das Repräsentantenhaus verabschieden Gesetze, die zu Gesetzen werden, wenn sie vom Präsidenten unterzeichnet werden. Sind Verträge Teil des Gesetzes? Zunächst einmal sollten wir verstehen, dass ein Vertrag in der Verfassung (gemäß Artikel 6 Abschnitt 2 und Artikel III Abschnitt 2) als Gesetz definiert wird, nachdem der Senat den Vertrag ausgearbeitet hat, er vom Repräsentantenhaus verabschiedet und vom Präsidenten unterzeichnet wurde.

Das Repräsentantenhaus spielt eine entscheidende Rolle bei der Ausarbeitung von Verträgen, da es die Macht hat, einen Vertrag zu annullieren, weil er unter den vom Repräsentantenhaus geregelten internationalen und zwischenstaatlichen Handel fällt

(Artikel 1, Abschnitt 8, Klausel 3 - "den Handel mit fremden Nationen und zwischen den einzelnen Staaten regeln"). Die Verfassung sagt in den 13 , 14 und 15 Amendments, dass die Legislative die Verträge macht, NICHT die Privatpersonen, die Linowitz und Bunker waren, obwohl sie vorgaben, die Vereinigten Staaten zu vertreten. Artikel 1, Abschnitt 7:

"Jede Gesetzesvorlage, die vom Repräsentantenhaus und vom Senat verabschiedet wurde, wird dem Präsidenten der Vereinigten Staaten vorgelegt...".

Carter, Bush und jetzt Clinton haben sich so verhalten, als wären sie allmächtige Könige, obwohl sie es nicht sind. Wir hatten Carter, der sich um das Völkerrecht kümmerte und das Eigentum des souveränen Volkes an Torrijos abtrat, und wir hatten Bush, der ohne Kriegserklärung in den Krieg zog, und jetzt haben wir Clinton, der versucht, Proklamationen (exekutive Befehle) zur Gesetzgebung zu nutzen. Die Verfassung ist in diesen Fragen eindeutig; es gibt nur eine Stelle in der Verfassung, an der die Macht gegeben wird, sich mit dem Völkerrecht zu befassen, und das ist der Kongress. Es handelt sich also nicht um eine ausdrückliche Befugnis des Präsidenten, unabhängig von den Umständen. (Teil 10, Artikel 1, Abschnitt 8).

Was Carter und Bush getan haben und was Clinton jetzt versucht, ist, die Verfassung zu reduzieren und zu schwächen, um sie den Wünschen und Zielen des 300er Ausschusses anzupassen. Zwei Beispiele, die einem in den Sinn kommen: Abtreibung und Waffenkontrolle. Carter vollzog diese Reduzierung und Schwächung bei der Veräußerung des Panamakanals. Carter machte sich des Meineids schuldig, indem er sich anmaßte und behauptete, er habe das Recht, über souveränen amerikanischen Besitz in Panama zu verfügen.

Carters Macht, als Stellvertreter von David Rockefeller und den Drogenbanken zu agieren, angeblich unter dem Deckmantel der Verhandlungen über den Panamakanal, ist in der Verfassung weder explizit noch implizit oder akzessorisch zu einer anderen Macht. Doch Carter kam damit durch, dass er die Verfassung verletzte und mit Füßen trat, ebenso wie seine Nachfolger Bush und Clinton.

Wenn wir das Völkerrecht von Vattel, auf das unsere Außenpolitik von den Gründervätern gegründet wurde, richtig lesen, sehen wir, dass es niemals eine Bundes- oder Kongressmacht gegeben hat, um ein souveränes Territorium, das dem souveränen Volk der Vereinigten Staaten gehört, zu verschenken, zu verkaufen oder anderweitig darüber zu verfügen. Die Macht der Verträge kann niemals über die Macht hinausgehen, die in Vattels Völkerrecht steht.

Artikel 9 der Bill of Rights und eine sorgfältige Lektüre der Verfassung machen deutlich, dass weder der Präsident noch das Haus, das Parlament oder der Senat befugt sind, irgendein souveränes Territorium der Vereinigten Staaten zu verschenken, zu verkaufen oder anderweitig darüber zu verfügen, es sei denn durch eine von allen Staaten ratifizierte Verfassungsänderung. Dies ist im Fall des Carter-Torrijos-Vertrags über den Panamakanal nicht geschehen: Folglich hat jeder der 57 Senatoren, die das Abkommen unterzeichnet haben, seinen Eid gebrochen, und das schließt auch Präsident Carter ein. Aufgrund ihres verräterischen Verhaltens haben die Vereinigten Staaten die Kontrolle über ein Schlüsselelement ihrer Verteidigung, unseren Panamakanal, verloren.

Wie lauten die Fakten über den angeblichen Panamakanal-Vertrag, der in betrügerischer Absicht von Präsident Carter verkündet wurde? Lassen Sie uns untersuchen, was es bedeutet, einen Vertrag auszuhandeln. Verhandeln setzt voraus, dass es ein Ziel für Zugeständnisse seitens der Verhandelnden gibt. Zweitens müssen diejenigen, die verhandeln, Eigentümer des Eigentums, des Geldes oder von etwas anderem sein, das Gegenstand der Verhandlungen ist, oder sie müssen von den Eigentümern ordnungsgemäß bevollmächtigt sein, in ihrem Namen zu verhandeln. Außerdem muss es, wenn eine Person etwas gibt, eine rechtliche "Gegenleistung" für das Gegebene geben. Wenn es nur auf einer Seite eine Gegenleistung gibt, dann ist es rechtlich klar, dass es keinen Vertrag geben kann und dass es keine Vereinbarung über einen Vertrag gibt.

Wie ich bereits sagte, ist es bei der Aushandlung eines Vertrags von größter Bedeutung, dass die verhandelnden Parteien rechtlich dazu befugt sind. Beim Panamakanal-Vertrag waren die Unterhändler laut Verfassung nicht befugt, zu verhandeln. Weder Ellsworth Bunker noch Sol Linowitz (angeblich US-Botschafter) waren qualifiziert, zu verhandeln; zum einen, weil das Vertragsdokument nicht vom Senat erstellt wurde, und zum anderen, weil es den angeblich von Bunker und Linowitz geführten Verhandlungen völlig an Objektivität mangelte.

Weder Linowitz noch Bunker hätten ein direktes Interesse am Panamakanal-Vertrag haben dürfen, aber beide hatten ein sehr großes finanzielles Interesse an dem Projekt; es lag in ihrem persönlichen finanziellen Interesse, dass der Vertrag zustande kommt. Das war Grund genug, den Vertrag für null und nichtig zu erklären. Die Verfassung wurde durch die Nominierungen von Bunker/Linowitz mit Füßen getreten. Artikel 11, Teil 2, Abschnitt 2 besagt, dass Linowitz und Bunker "die Meinung und Zustimmung des Senats" haben müssen, die keiner von ihnen jemals erhalten hat.

Linowitz war ein Direktor der Marine and Midland Bank, der über zahlreiche Bankverbindungen in Panama verfügte und bereits für die Regierung von Panama gearbeitet hatte. Die Marine and Midland Bank wurde von der Hong Kong and Shanghai Bank aufgekauft, der weltweit führenden Bank für die Wäsche von Drogengeldern. Die Übernahme der Midland Bank erfolgte mit ausdrücklicher Genehmigung von Paul Volcker, dem ehemaligen Vorsitzenden der Federal Reserve Bank, obwohl Volcker genau wusste, dass der Zweck der Übernahme darin bestand, den Banken, die den Rockefellers in Panama gehören, die Möglichkeit zu geben, im lukrativen Kokainhandel in Panama Fuß zu fassen. Die Übernahme von Midland durch die Hongkong and Shanghai Bank war äußerst irregulär und grenzte nach den US-Bankgesetzen an eine kriminelle Handlung.

Die Bunker-Familie machte Geschäfte mit Torrijos und hatte zuvor Geschäfte mit Arnulfo Arias und dem ehemaligen Präsidenten von Panama, Marco O. Robles, gemacht. Es spielt keine Rolle, dass die beiden amerikanischen Unterhändler diese Beziehungen angeblich abgebrochen haben; es spielt keine Rolle, dass eine zerbrechliche und durchsichtige Täuschung durchgeführt wurde (die sechsmonatige Wartezeit), die Verfassung sagt in Artikel 11, Abschnitt 2, Teil 2, dass der Präsident einen Botschafter oder Minister "mit der Meinung und Zustimmung des Senats" ernennt. Von einer Wartezeit - die genutzt wurde, um den Interessenkonflikt um Linowitz und Bunker zu umgehen - ist nicht die Rede. All dies war eine grobe Täuschung des amerikanischen Volkes.

Die Ernennung von Linowitz und Bunker war mit Täuschung und Unehrlichkeit behaftet und hat das heilige treuhänderische Vertrauen gebrochen, das der Präsident zu uns, dem souveränen Volk, haben soll. Die Ernennung von Linowitz und Bunker zu "Unterhändlern" eines Vertrags, den der Senat nie entworfen hat, unter Missachtung der Verfassung durch den Senatsausschuss für auswärtige Beziehungen war so geschickt wie nie zuvor. Die Mitglieder des Ausschusses hätten alle angeklagt und vielleicht sogar wegen Hochverrats angeklagt werden müssen, als sie der Auswahl von Ellsworth und Linowitz als "Unterhändler" durch den Drogenbanker zustimmten.

Wir kommen nun zu dem, was Bunker und Linowitz verhandelten. Der Panamakanal und das Panamagebiet konnten nicht verhandelt werden; es handelte sich um souveränes Territorium der Vereinigten Staaten, über das nicht verfügt werden konnte, außer durch eine vom Kongress beschlossene und von allen Staaten ratifizierte Verfassungsänderung. Außerdem waren die Beglaubigungsschreiben der beiden Botschafter, sofern sie welche hatten, nicht vom Senat ausgestellt worden. Carter und seine zwielichtigen Wall-Street-Komplizen haben das amerikanische Volk getäuscht, indem sie es glauben ließen, dass Bunker und Linowitz legal im Namen der Vereinigten Staaten handelten, während sie in Wirklichkeit gegen das amerikanische Recht verstießen.

Die von den Wall-Street-Bankern ausgearbeitete Strategie bestand darin, das amerikanische Volk im Zweifel und im

Dunkeln zu lassen und die Dinge so unklar zu machen, dass sie sich sagen würden: "Ich nehme an, wir können Präsident Carter in diesem Punkt vertrauen". Dabei wurden die Wall-Street-Banker und David Rockefeller geschickt von einer Armee bezahlter, unterhaltener und gelenkter politischer Journalisten, Zeitungsredakteuren, großen Fernsehnetzwerken und nicht zuletzt zwei US-Senatoren unterstützt.

Senator Dennis de Concini fügte dem Vertrag Vorbehalte hinzu, die nichts anderes als Augenwischerei waren und dazu dienten, die Weigerung des Senators, die Verfassung einzuhalten, zu rechtfertigen. Die "Vorbehalte" waren nicht von Omar Torrijos unterzeichnet und hatten keinerlei Wirkung, aber durch diese Aktion entstand bei den Wählern in Arizona der falsche Eindruck, dass de Concini den Vertrag nicht uneingeschränkt befürwortete. Es handelte sich um eine politische Schikane auf niedrigem Niveau. Die Wähler in Arizona hatten de Concini mitgeteilt, dass sie massiv gegen den Vertrag waren.

Was wurde also "ausgehandelt"? Was waren der Austausch, die Überlegungen, die laut Gesetz Bestandteil einer Vertragsverhandlung sein müssen? Die überraschende Wahrheit ist, dass es keine gab. Wir, das souveräne Volk, besaßen bereits das souveräne Territorium der Panamakanalzone; Torrijos und die panamaische Regierung hatten keine Gegenleistung zu bieten und gaben auch den USA keine. Somit waren die Verhandlungen eindeutig einseitig, was den Torrijos-Carter-Vertrag null und nichtig macht.

Wenn es auf beiden Seiten keine Gegenleistung gibt, kann es auch keinen Vertrag geben. Verträge enthalten oft eine symbolische Zahlung als Gegenleistung, um den Vertrag legal zu machen, was er sonst nicht wäre. Manchmal wird ein so geringer Betrag wie 10 Dollar als Gegenleistung gezahlt, nur um den Vertrag legal zu machen. So einfach war das. Torrijos hat den USA keine Gegenleistung erbracht.

Als der Ausschuss für Auswärtige Beziehungen des Senats erklärte, dass Rockefellers Söldner tun könnten, was sie getan haben, haben alle seine Mitglieder ihre Pflicht gegenüber uns, dem Volk, verletzt und hätten daher aus ihren Ämtern entfernt werden müssen.

Bevor der Senat den unglückseligen Vertrag über den Panamakanal ratifizierte, hätte dieser mindestens zwei bis drei Jahre lang geprüft werden müssen. Man bedenke, wie lange die USA und Kolumbien brauchten, um den Vertrag von 1903 zu ratifizieren. Das war angemessen; die überstürzte Prüfung des Carter-Torrijos-Vertrags durch den Senatsausschuss für auswärtige Beziehungen war völlig unangebracht. Tatsächlich hätte der Vertrag nie zur Prüfung vorgelegt werden dürfen, da der Senat selbst den Vertrag nicht entworfen hatte und ihn erst sah, nachdem er ausgehandelt worden war. Dies steht in direktem Widerspruch zur Verfassung.

So war die Unterzeichnung eines von Carter annullierten Vertrags eine Parodie und Täuschung des Präsidenten, um seinem eigenen Volk und dem Profit der Drogenbanken und ihrer Gegenstücke an der Wall Street zu schaden. Unabhängig von der Dauer seiner Existenz bleibt der Carter-Torrijos-Vertrag bis zum heutigen Tag null und nichtig. Das Dokument enthält nicht weniger als 15 eklatante Verstöße gegen die Vertragsgestaltung im Hinblick auf die US-Verfassung und möglicherweise fünf weitere.

Nur ein Verfassungszusatz, der vom Kongress verabschiedet und von allen Staaten ratifiziert wurde, hätte den Carter-Torrijos-Vertrag für gültig erklärt. Der Vertrag war jedoch so fehlerhaft, dass er vom Obersten Gerichtshof hätte aufgehoben werden können, wenn dieser die Absicht gehabt hätte, seine Pflicht gegenüber uns, dem Volk, zu erfüllen.

Alle Definitionen eines Vertrags weisen darauf hin, dass ein Vertrag beiden Seiten etwas geben muss. Der Panamakanal gehörte bereits den Vereinigten Staaten. Daran besteht kein Zweifel, aber lassen Sie uns noch einmal zurückgehen und diese Position bestätigen. Der Vertrag von 1903 wurde von beiden Seiten unterzeichnet, die eine gab Land, die andere erhielt eine Gegenleistung in Form von Geld. Die Vereinigten Staaten lassen verlauten, dass das von ihnen bezahlte Gebiet von nun an souverän ist. In keiner einzigen Debatte während der Carter-Torrijos-Anhörungen zum Panamakanal wurde bestritten, dass der Kanal souveränes Territorium der USA ist, und zwar seit 1903.

Es ist sehr wichtig, an dieser Stelle die Formulierung des Vertrags von 1903 einzuführen:

> "Artikel 111 "unter völligem Ausschluss der Ausübung jeglicher souveräner Rechte, Macht oder Befugnisse durch die Republik Panama ... befinden sich unter völligem Ausschluss der Ausübung jeglicher souveräner Rechte, Macht oder Befugnisse durch die Republik Panama ... und üben diese aus, als ob es sich um US-amerikanisches Hoheitsgebiet handelte".

Dies ließ keinen Zweifel daran, dass es sich um einen Vertrag handelte, der die Panamakanalzone ab dem 18. November 1903 und auf ewig als souveränes US-amerikanisches Territorium einrichtete.

Ich habe die Souveränität in diesem Dokument mehrfach erwähnt. Eine gute Definition von Souveränität findet sich in George Randolph Tuckers Buch über das Völkerrecht. Eine weitere gute Erklärung der Souveränität findet sich in Dr. Mulfords Buch "Sovereignty of Nations":

> "Die Existenz der Souveränität der Nation oder der politischen Souveränität wird durch bestimmte Zeichen oder Noten angezeigt, die universell sind. Diese sind Unabhängigkeit, Autorität, Suprematie, Einheit und Majestät [...]. Eine geteilte Souveränität ist ein Widerspruch zur Suprematie, die in ihrer gesamten notwendigen Konzeption impliziert und mit ihrer Substanz im organischen Willen unvereinbar ist. Sie ist unaufhebbar. Sie kann nicht durch juristische Formen und legalistische Kunstgriffe aufgehoben und vermieden werden, noch kann sie freiwillig abgetreten oder zurückgenommen werden, sondern impliziert eine Kontinuität der Macht und des Handelns... Sie wirkt durch alle Mitglieder und in allen Organen und Ämtern des Staates...".

Was Carter im Namen Rockefellers und der Pharma-Banken zu tun versuchte, war, den Panama-Vertrag von 1903 "durch juristische Formen und legalistische Kunstgriffe" zu verändern. Der Panama-Vertrag von 1903 konnte jedoch nicht durch solche juristischen Kunstgriffe "aufgehoben und verhindert" werden. Carter blieb also ein null und nichtiges betrügerisches Dokument, das er als echten Vertrag ausgab, einen neuen rechtsverbindlichen Vertrag, was damals nicht der Fall war und auch nie sein wird.

Als die Rockefeller-Drogenbanken in den 1960er Jahren darüber nachzudenken begannen, wie sie ihre Investitionen in Panama schützen könnten, boomte der Kokainhandel in Kolumbien. Da sich in Hongkong Unruhen anbahnten - die chinesische Regierung forderte die Kontrolle über die Insel und einen größeren Anteil am Heroinhandel, der seit Jahrhunderten von den Briten betrieben wurde -, boomte das Kokaingeschäft - und die internationalen Wall Street Banker begannen, Panama als neuen sicheren Hafen für Drogengeldwäschegeschäfte zu betrachten. Außerdem mussten die enormen Geldsummen, die durch den Kokainhandel generiert wurden und in die panamaischen Banken flossen, geschützt werden.

Dazu musste Panama jedoch von einem Vertreter der Wall Street-Banken kontrolliert werden, und das wäre nicht einfach. Die Geschichte zeigt, dass Präsident Roosevelt der erste war, der versuchte, die Verträge von 1903 über den Panamakanal zu schwächen, indem er die Region Colon abtrat, die später zu einer Drehscheibe des Handels und einem Zentrum des Drogenhandels wurde. Präsident Dwight Eisenhower war der zweite Vertreter der USA, der versuchte, die Souveränität des Panamakanals zu schwächen, als er am 17. September 1960 anordnete, dass die panamaische Flagge neben der amerikanischen Flagge in der Kanalzone wehen sollte. Eisenhower hatte diese verräterische Handlung im Namen des CFR und David Rockefellers durchgeführt. Doch selbst Eisenhowers verräterische Handlung konnte den Vertrag von 1903 nicht "aufheben und umgehen". Eisenhower hatte kein Recht, anzuordnen, dass die Flagge einer ausländischen Regierung auf dem souveränen Territorium der

Vereinigten Staaten wehen sollte; dies war ein eklatanter Verstoß gegen seinen Eid, die Verfassung zu verteidigen.

Ermutigt durch das verräterische Verhalten von Roosevelt und Eisenhower, forderte der Präsident von Panama, Roberto F. Chiari, die USA offiziell auf, den Panamakanalvertrag zu revidieren. Das war einen Monat nach Eisenhowers Vorfall mit der Flagge. Wenn unsere Verfassung etwas bedeutet, dann, dass in den Vereinigten Staaten keine derartige Aktion möglich ist, wenn sie nicht vom Repräsentantenhaus und vom Senat verabschiedet und von allen Bundesstaaten ratifiziert wird. Im Januar 1964 zettelten bezahlte Agitatoren Unruhen an und Panama brach die Beziehungen zu den USA ab. Es war eine klassische Inszenierung der Wall-Street-Banker.

Dann, im April 1964, erklärte Präsident Lyndon Johnson (ohne Zustimmung des Repräsentantenhauses und des Senats) vor der Organisation Amerikanischer Staaten (OAS), dass die Vereinigten Staaten "bereit sind, jede Frage, die in den Kanalstreit mit Panama verwickelt ist, zu überprüfen", und die diplomatischen Beziehungen wurden wieder aufgenommen. Präsident Johnson war nicht befugt, sich mit dem Völkerrecht zu befassen oder irgendetwas zu tun, um den Vertrag von 1903 "durch ein legalistisches Verfahren" oder durch andere Tricks zu ändern.

Johnson suchte aktiv nach Maßnahmen, mit denen neue Verhandlungen über den Vertrag von 1903 aufgenommen werden konnten. Johnson war nicht befugt, Verträge auszuhandeln, und seine Handlungen griffen die Souveränität des Kanalgebiets weiter an und ermutigten die von Rockefeller angeführten Wall Street Banker, noch dreister zu werden. Es ist klar, dass Johnsons Handlungen verfassungswidrig waren, da er versuchte, einen Vertrag auszuhandeln, der das souveräne Territorium des Panamakanals umfasste, wozu kein Präsident befugt ist.

Der Carter-Torrijos-Vertrag über den Panamakanal wurde abgeschlossen, weil Panama den Wall-Street-Banken rund 8 Milliarden Dollar schuldete. Diese ganze elende Täuschung hatte den Zweck, das souveräne amerikanische Volk zu zwingen, das zurückzuzahlen, was Panama den Wall-Street-Bankern schuldete. Es war nicht das erste Mal, dass wir, das Volk, von den Wall-Street-Bankern betrogen wurden. Wir erinnern uns: Es waren die amerikanischen Steuerzahler, die gezwungen wurden, 100 Millionen Dollar für Reparationsanleihen zu zahlen, die von Deutschland zwischen 1921 und 1924 gehandelt wurden. Wie im Fall des Carter-Torrijos-Vertrags waren die Wall Street Banker tief in die deutschen Anleihen verstrickt, wobei J.P. Morgan und Kuhn and Loeb and Company die prominentesten waren.

Nach einem von Rockefeller sorgfältig ausgearbeiteten Szenario wurde Arnulfo Arias im Oktober 1968 von der Panama Defence Force unter der Führung von Oberst Omar Torrijos aus dem Amt gedrängt. Torrijos schaffte sofort alle politischen Parteien in Panama ab. Am 1er September 1970 lehnte Torrijos den Johnson-Entwurf von 1967 (angeblich zur Überarbeitung des Vertrags von 1903) mit der Begründung ab, dass er nicht bis zur vollständigen Abtretung und Kontrolle des Kanals an Panama reichte.

Die Bühne war bereitet, damit die Wall-Street-Verschwörer unter dem Deckmantel von voranschreiten konnten, und sie begannen, Maßnahmen zu ergreifen, um den Panamakanal in die Hände von Torrijos zu bringen, von dem Rockefeller wusste, dass er vertrauenswürdig war, weil er nicht den Deckel von den Drogengeldwäschebanken in Panama abriss, wie Arnulfo gedroht hatte. Im Gegenzug wurde Torrijos versprochen, dass die Panamakanalzone an Panama zurückgegeben würde.

Der neue Vertrag überträgt der Regierung Torrijos die Kontrolle über Panama und wurde von Präsident Carter unterzeichnet, der in die Geschichte eingehen wird, weil er wahrscheinlich die schlimmste Bilanz an Verfassungsbrüchen aller Präsidenten dieses Jahrhunderts, mit Ausnahme von George Bush, vorzuweisen hat. Wenn man sich den betrügerischen Carter-Torrijos-Vertrag ansieht, erinnert man sich an die Worte des verstorbenen großen Kongressabgeordneten Louis T. McFadden. Am 10. Juni 1932 prangerte McFadden den Federal Reserve

Board als "eine der korruptesten Institutionen, die die Welt je gesehen hat..." an. Der Carter-Torrijos-Vertrag ist einer der korruptesten Verträge, die die Welt je gesehen hat.

Da der Kokainhandel der USA den Heroinhandel im Fernen Osten bei weitem überholt hat, ist Panama zu einem der weltweit am besten geschützten Bankparadiese für die Geldwäsche von Drogen geworden. Die Alkoholbarone von einst sind zu den Drogenbaronen von heute geworden. Es hat sich nicht viel geändert, außer dass die Mechanismen zur Verschleierung heute viel ausgefeilter sind als damals. Heute entspricht sie dem Bild der Gentlemen im Ratssaal und in den exklusiven Clubs in London, Nizza, Monte Carlo und Acapulco. Die Oligarchen halten eine diskrete Distanz zu ihren Hofdienern; unantastbar und gelassen in ihren Palästen und ihrer Macht.

Wird der Drogenhandel auf die gleiche Weise betrieben wie der Schwarzhandel mit Alkohol?[8] Sind finster aussehende Männer unterwegs, die Koffer mit 100-Dollar-Scheinen tragen? Sie tun es, aber nur in sehr seltenen Fällen. Finanztransaktionen im Zusammenhang mit dem Drogenhandel werden hauptsächlich mit der aktiven Mitarbeit internationaler Banken und ihrer Finanzinstitute abgewickelt. Schließen Sie die Banken, die Drogengeld waschen, und der Drogenhandel wird allmählich austrocknen. Schließen Sie die Rattenlöcher, und es wird leichter, die Nager loszuwerden.

Das ist in Panama geschehen. Die Rattenlöcher wurden von General Manuel Noriega gestopft. Die internationalen Bankiers konnten nichts dagegen tun. Wenn man die Banken trifft, die Drogengelder waschen, lassen die Auswirkungen nicht lange auf sich warten. Um eine Vorstellung davon zu vermitteln, was auf dem Spiel steht, schätzte die Drug Enforcement Agency (DEA), dass täglich 250 Millionen Dollar durch Überweisungen per Fernschreiber den Besitzer wechselten, wobei 50 % davon Interbankengelder aus dem Drogenhandel waren. Die Cayman-Inseln, Panama, die Bahamas, Andorra, Hongkong und die USA

---

[8] "Bootlegging", im Original NDT.

waren die Hauptakteure in diesem Handel.

Der größte Teil wird von Schweizer Banken abgewickelt, aber seit den 1970er Jahren wird ein immer größeres Volumen über panamaische Banken abgewickelt.

Den Bankern, die in den USA für das Waschen von Drogengeldern zuständig waren, wurde immer klarer, dass sie einen Gewinner in Panama hatten. Mit diesem Verständnis machten sich die Geldwäscher Sorgen, dass sie einen Vermögenswert in Panama haben mussten, den sie kontrollieren konnten. Arnulfo Arias erschütterte sie, als er begann, ihre Banken in Panama City zu durchsuchen. Die DEA schätzt, dass jährlich 6 Milliarden Dollar von den USA nach Panama fließen. Die Coudert-Brüder, Anwälte des Komitees 300 der "Mafia" für das liberale Establishment der Ostküste, begannen Maßnahmen zu ergreifen, um sicherzustellen, dass ein weiterer Arnulfo Arias den immer lukrativeren Kokainhandel, der ihre panamaischen Banken mit Bargeld füllt, nicht gefährden würde.

Der Mann, den Coudert Brothers auswählte, um die Panama-Verhandlungen mit Torrijos zu beaufsichtigen, war einer der ihren, Sol Linowitz, den wir bereits erwähnt haben. Als Partner von Coudert Brothers, Direktor von Xerox, Pan American Airlines und der Marine Midland Bank verfügte Linowitz über alle notwendigen Referenzen, um das zu erreichen, was Rockefeller vorschwebte: die Übernahme der gesamten Panamakanalzone. Der Bote der "Olympier" (das Komitee der 300) fand in Omar Torrijos den Stoff, aus dem die Ziele der internationalen Bankiers gemacht waren.

Wie bereits beschrieben, war Panama destabilisiert genug, dass Torrijos die Macht übernahm und alle politischen Parteien abschaffte. Die Schakale der US-Nachrichtenmedien zeichneten ein anerkennendes Bild von Torrijos als glühendem panamaischen Nationalisten, der das tiefe Gefühl hatte, dass das panamaische Volk durch den Vertrag von 1903, der die Panamakanalzone an die USA abgetreten hatte, geschädigt worden war. Die Marke "hergestellt von David Rockefeller", die Torrijos trug, wurde vor dem amerikanischen Volk sorgfältig verborgen.

Dank des Verrats des Senatsausschusses für Auswärtige Beziehungen und insbesondere der Senatoren Dennis de Concini und Richard Lugar gelangte Panama in die Hände von General Torrijos und dem Komitee der 300, was die amerikanischen Steuerzahler Milliarden von Dollar kostete. Doch Torrijos schien, wie so viele andere Sterbliche, seine Schöpfer, die "Olympier", aus den Augen zu verlieren.

Ursprünglich von Kissinger und Linowitz für diesen Posten ausgewählt, wie alle, die der geheimen Parallelregierung der USA dienen, sei es als Außen- oder Verteidigungsminister, machte sich Torrijos gut, als der Panamakanal vom souveränen Volk der USA an die Banker der Wall Street, die Drogenbarone und ihre Führungskräfte übergeben wurde. Dann begann Torrijos zum Entsetzen seiner Mentoren, seine Rolle als Nationalist ernst zu nehmen, anstatt weiterhin die Marionette der Bauchredner der Wall Street zu sein.

Panama muss durch die Augen des Trojanischen Pferdes Kissinger gesehen werden, d.h. wir müssen es als Dreh- und Angelpunkt Mittelamerikas als Kissingers zukünftiges Hinrichtungsgelände für Tausende von US-Soldaten betrachten. Kissingers Befehl lautete, einen weiteren "Vietnamkrieg" in Mittelamerika zu entfachen. Doch Torrijos begann, andere Ideen zu haben. Er entschied sich dafür, sich der Gruppe Contadora anzuschließen. Obwohl sie nicht perfekt waren, waren die Contadoras bereit, gegen die Drogenbarone zu kämpfen. Torrijos wurde daher zu einem Ärgernis für seine Meister, was ihm eine "dauerhafte Ruhigstellung" einbrachte.

Torrijos wurde im August 1981 ermordet. Das Flugzeug, das er flog, war auf die gleiche Weise manipuliert worden wie das Flugzeug, das den Sohn von Aristoteles Onassis in den Tod trieb. Die Steuerung wurde so manipuliert, dass die Höhenruder des Flugzeugs (die den Steig- und Sinkflug steuern) genau das Gegenteil von dem bewirkten, was der Pilot wollte. Anstatt nach dem Start zu steigen, stürzte das Flugzeug mit Torrijos an Bord buchstäblich auf den Boden.

Die Banken in Panama gerieten unter die Kontrolle einer Reihe von Wall Street-Banken im Besitz von David Rockefeller, die darin ein bequemes Depot für schmutziges Drogengeld sahen, und wurden bald zum weltweiten Bankenzentrum für Kokain ernannt, während Hongkong das Bankenzentrum für Heroin blieb. Rockefeller beauftragte Nicolas Ardito Barletta, den ehemaligen Direktor der Weltbank und der Marine and Midland Bank (dieselbe Bank, in deren Vorstand Linowitz saß), damit, die Bankenlage unter Kontrolle zu bringen.

Barletta sollte den Bankensektor in Panama umstrukturieren und die Bankgesetze ändern, um ihn für die Geldwäscher von Drogengeldern sicherer zu machen. Barletta war angesehen genug, um über jeden Verdacht erhaben zu sein, und hatte durch seine Verbindungen zur Hongkong and Shanghai Bank - der weltweit führenden Drogengeldwäschebank -, die später die Midland Marine Bank in den USA aufkaufen sollte, die nötige Erfahrung im Umgang mit großen Mengen an Drogenbargeld.

Laut Dokumenten der US-amerikanischen Drug Enforcement Agency (DEA) hatte die Banco Nacional de Panama 1982 den Fluss von US-Dollar im Vergleich zu 1980 um 500% erhöht. Zwischen 1980 und 1984 wurden fast 6 Milliarden US-Dollar an nicht überwiesenem Geld von den USA nach Panama transferiert. In Kolumbien schätzte die DEA das durch Kokain generierte Bargeld für den Zeitraum von 1980 bis 1983 auf 25 Milliarden US-Dollar, wobei fast die gesamte Summe in den Banken von Panama City deponiert wurde. Sechs Monate nach der Absetzung von Torrijos wurde der starke Mann, General Rueben Parades von der Panama Defence Force, von den Drogenbankern befördert.

Aber wie sein Vorgänger zeigte auch Parades alle Anzeichen dafür, dass er nicht wusste, wer seine Bosse waren. Er begann, über Panamas Mitgliedschaft in der Contadoras-Gruppe zu sprechen. Kissinger muss Parades im Februar 1983 eine Nachricht übermittelt haben, und der General war klug genug, dies zu bemerken und eine Kehrtwende zu vollziehen, die Contadoras aus Panama zu werfen und sich zu verpflichten,

Kissinger und die internationalen Wall-Street-Banker voll zu unterstützen.

Parades bemüht sich sehr, die Freundschaft des von Torrijos verdrängten Arnulfo Arias zu pflegen und seiner Führung so einen respektablen Anstrich zu verleihen. In Washington wird Parades von Kissinger als "überzeugter antikommunistischer Freund der Vereinigten Staaten" vorgestellt. Selbst die erbarmungslose Hinrichtung seines 25-jährigen Sohnes durch Mitglieder des Ochoa-Escobar-Kokainclans schreckte Parades nicht ab; er hielt Panama für den Kokainhandel offen und schützte seine Banken.

Manuel Noriega, der Parades' Nachfolger in der FDP war, war zunehmend besorgt über die Korruption in der Panama Defence Force, die er aus dem Drogenhandel herauszuhalten versucht hatte. Noriega plante einen Putsch gegen Parades, der daraufhin von den Panama Defence Forces gestürzt wurde, und Noriega übernahm die Führung Panamas und wurde Kommandant der FDP. Zunächst gab es kaum Reaktionen; Noriega arbeitete seit mehreren Jahren für die CIA und die DEA und wurde von Kissinger und Rockefeller als ?

Wann begannen an der Wall Street und in Washington die Zweifel an Noriega aufzutauchen? Ich denke, es war unmittelbar nach dem verblüffenden Erfolg einer gemeinsamen PDF-DEA-Drogenbekämpfungsaktion mit dem Codenamen "Operation Fisch", die von der DEA im Mai 1987 öffentlich bekannt gegeben wurde. Die DEA bezeichnete die Operation Fisch als "die größte und erfolgreichste Undercover-Ermittlung in der Geschichte der bundesstaatlichen Drogenbekämpfung".

Die Drogenbanker waren der Ansicht, dass sie guten Grund hatten, Noriega zu fürchten, wie ein Brief des DEA-Chefs John Lawn vom 27. Mai 1987 an Noriega belegt:

> "Wie Sie wissen, war die Operation Fisch, die gerade abgeschlossen wurde, sehr erfolgreich. Mehrere Millionen Dollar und Tausende Pfund Drogen wurden den internationalen Drogenhändlern und Geldwäschern entrissen. Ihr persönlicher Einsatz bei der "Operation Fisch" und die

kompetenten, professionellen und unermüdlichen Bemühungen anderer Beamter der Republik Panama waren für das positive Endergebnis dieser Ermittlungen von entscheidender Bedeutung. Drogenhändler aus aller Welt wissen, dass die Erträge und Gewinne aus ihren illegalen Aktivitäten in Panama nicht willkommen sind".

In einem zweiten Brief an Noriega schreibt Lawn:

"Ich möchte diese Gelegenheit nutzen, um meine tiefe Wertschätzung für Ihre energische Politik zur Bekämpfung des Drogenhandels zu bekräftigen, die sich in den zahlreichen Ausweisungen angeklagter Drogenhändler aus Panama, den umfangreichen Beschlagnahmungen von Kokain und chemischen Grundstoffen in Panama und der Ausrottung von Marihuana auf panamaischem Staatsgebiet widerspiegelt."

General Paul Gorman, Kommandeur der amerikanischen Southern Command Forces, sagte bei den Anhörungen des Unterausschusses für auswärtige Beziehungen des Senats, er habe nie Beweise für Untaten Noriegas gesehen, und es gebe keine stichhaltigen Beweise dafür, dass Noriega mit den Drogenbaronen in Verbindung stehe. Die Kommission selbst war nicht in der Lage, auch nur einen einzigen glaubwürdigen Beweis für das Gegenteil zu erbringen. Der Ausschuss ließ das amerikanische Volk im Stich, indem er es versäumte, die von Noriega erhobenen Vorwürfe zu untersuchen, wonach zu seinen mächtigsten Feinden die First Bank of Boston, Credit Suisse, American Express und Bank of America gehörten.

Adam Murphy, der die Arbeitsgruppe in Florida im Rahmen des National Narcotics Border Interception System (NNBIS) leitete, erklärte unmissverständlich Folgendes:

"Während meiner gesamten Amtszeit beim NNBIS und der South Florida Task Force habe ich nie Informationen erhalten, die darauf hindeuteten, dass General Noriega in den Drogenhandel verwickelt war. Tatsächlich haben wir Panama immer als Vorbild für die Zusammenarbeit mit den USA im Krieg gegen Drogen dargestellt. Denken Sie daran, dass eine Anklageschrift der Grand Jury noch keine Verurteilung ist.

Und wenn der Fall Noriega eines Tages verhandelt wird, werde ich die Beweise für die Schlussfolgerungen dieser Jury prüfen, aber bis es soweit ist, habe ich keine direkten Beweise für die Beteiligung des Generals. Meine Erfahrungen gehen in die entgegengesetzte Richtung".

Es wurde nie berichtet, dass die "Operation Fisch" nur durch die Verabschiedung des von Noriega geförderten panamaischen Gesetzes 29 möglich wurde. Dies wurde von der größten Zeitung Panamas, *La Prensa,* berichtet, die sich bitter darüber beschwerte, dass die Panama Defence Force eine Werbekampagne gegen Drogen durchführe, "die das panamaische Bankenzentrum verwüsten wird".

Das ist nicht überraschend. Im Rahmen der "Operation Fisch" wurden 54 Konten in 18 panamaischen Banken geschlossen und 10 Millionen Dollar in bar und große Mengen Kokain beschlagnahmt. Im Anschluss an diese Operation wurden weitere 85 Konten bei Banken eingefroren, deren Einlagen aus Bargeld aus dem Kokainhandel bestanden. Achtundfünfzig große Dealer aus den USA, Kolumbien und einige Kuba-Amerikaner wurden festgenommen und wegen Drogenhandels angeklagt.

Doch als Noriega entführt und anschließend vor ein Bundesgericht in Miami gezerrt wurde, in einer atemberaubenden Verletzung von Noriegas Bürgerrechten, verweigerte Richter William Hoevler die Zulassung dieser Briefe und Hunderter anderer Dokumente, die Noriegas Anti-Drogen-Rolle zeigten, zu den Akten. Und wir wagen es, in Amerika von "Gerechtigkeit" zu sprechen, und unser Präsident spricht vom "Krieg gegen die Drogen". Der Krieg gegen die Drogen hörte auf, als General Noriega entführt und in den USA inhaftiert wurde.

Im Zuge der "Operation Fisch" wurde in Panama und Washington eine konzertierte Kampagne gestartet, um General Noriega zu diskreditieren. Der Internationale Währungsfonds (IWF) drohte sogar, seine Kredite an Panama zu streichen, wenn Noriega sein "diktatorisches Verhalten" nicht beende, d. h. wenn Noriega nicht aufhöre, gegen die Drogenbanken und

Kokainhändler vorzugehen. Am 22. März 1986 informierte Noriega das panamaische Volk in einer Fernsehansprache darüber, dass Panama vom IWF stranguliert werde. Der IWF versuchte, die Gewerkschaften unter Druck zu setzen, damit sie Noriega zum Rücktritt von der Macht zwingen, und warnte sie, dass Panama eine schreckliche Austerität bevorstehe, wenn Noriega nicht verdrängt werde.

Die Haltung des IWF gegenüber Panama, Kolumbien und der Karibik wurde von John Holdson, einem hohen Beamten der Weltbank, klar zum Ausdruck gebracht, als er erklärte, dass die Kokain-"Industrie" für die Erzeugerländer sehr vorteilhaft sei: "Aus ihrer Sicht konnten sie einfach kein besseres Produkt finden." Das kolumbianische Büro des IWF erklärte offen, dass Marihuana und Kokain aus Sicht des IWF Kulturen wie jede andere seien, die der lateinamerikanischen Wirtschaft dringend benötigte Devisen brächten.

Die Wall-Street-Banker und ihre Verbündeten in Washington lenkten daraufhin die öffentliche Aufmerksamkeit auf Dr. Norman Bailey, um die Civic Group in Panama und den USA zu unterstützen. Die Civic Group wurde gebildet, um die Versuche der Wall Street Banker, Noriega loszuwerden, zu unterstützen und gleichzeitig den Eindruck zu erwecken, dass es sich um eine Angelegenheit von öffentlichem Interesse in Panama handelte. Die folgenden Personen haben die Civic Group unterstützt:

In Panama	In den Vereinigten Staaten
Alvin Weedon Gamboa	Sol Linowitz
Cesar und Ricardo Tribaldos	Elliott Richardson
Roberto Eisenmann	James Baker III
Carlos Rodrigues Mailand	Präsident Ronald Reagan
Oberstleutnant Julian Melo Borbura	Senator Alfonse D'Amato

Die Brüder Robles	Henry Kissinger
Jose Blandon	David Rockefeller
Lewis Galindo	James Reston
Steven Samos	John R. Petty
General Ruben Darios Paraden	General Cisneros
Guillermo Endara	Billy Ford

Nachdem die IWF-Kampagne gescheitert war, starteten die Coudert-Brüder vom Außenministerium, die *New York Times*, Kissinger Associates und die *Washington Post* eine umfassende Verleumdungskampagne in der amerikanischen und weltweiten Presse, um die öffentliche Meinung gegen Noriega zu wenden. Dabei suchten und erhielten die Verschwörer die Unterstützung von Drogenhändlern, Drogenbankern, Dealern und verschiedenen Kriminellen. Jeder, der Noriega Untaten oder Drogenhandel vorwerfen konnte, war willkommen, selbst wenn es keine Beweise gab. Der Bargeldfluss zu den panamaischen Drogenbanken, der sich auf 6 Milliarden Dollar pro Jahr belief, musste geschützt werden.

Der Civic Crusade, das wichtigste Koordinationsvehikel der Kampagne zu seiner Diskreditierung, wurde im Juni 1987 in Washington D.C. organisiert. Seine wichtigsten Geldgeber und finanziellen Unterstützer waren die Coudert-Brüder, Linowitz, die Trilaterale Kommission, William Colby (hauptsächlich von der CIA), Kissinger Associates und William G. Walker, stellvertretender Assistent für internationale Angelegenheiten im US-Außenministerium. Jose Blandon, der sich selbst als "internationaler Vertreter der Opposition Panamas gegen Noriega" bezeichnete, wurde zur Verwaltung der Organisation angestellt.

Die Werbung lag in den Händen von Dr. Norman Bailey, einem ehemaligen hochrangigen Beamten aus Panama. Dr. Bailey war beim Nationalen Sicherheitsrat angestellt, zu dessen Aufgaben es gehörte, die Bewegungen von Drogengeldern zu untersuchen, was ihm natürlich Erfahrungen aus erster Hand darüber verschaffte, wie Drogengelder in Panamas Banken ein- und ausfließen. Bailey war ein enger Freund von Nicholas Ardito Barletta. Dr. Bailey geriet mit Noriega hart aneinander, als dieser versuchte, die "Konditionalitäten" des IWF durchzusetzen, die dem panamaischen Volk größere Sparmaßnahmen auferlegt hätten. Baileys Partner war William Colby von der Anwaltskanzlei Colby, Bailey, Werner und Partner. An diese Kanzlei wandten sich die in Panik geratenen Banker und Drogenbarone, als klar wurde, dass Noriega es ernst meinte.

Bei seiner Amtsübernahme im Civic Crusade sagte Bailey: "Ich begann meinen Krieg gegen Panama, als mein Freund Nicky Barletta von seinem Amt als Präsident Panamas zurücktrat." Bailey war in der einzigartigen Position gewesen, Panamas Gesetze zum Bankgeheimnis von Barletta, dem Mann, der sie eingeführt hatte, zu erfahren. Warum war Bailey wütend, dass Barletta seinen Posten verlor? Weil dadurch den Drogenbaronen und ihren Bankverbündeten die Möglichkeit genommen wurde, ihren eigenen "Mann in Panama" zu haben, was dem reibungslosen Fluss von Geld und Kokain in und aus Panama einen schweren Schlag versetzte. Barletta war auch der Sprecher des IWF und ein großer Favorit des östlichen liberalen Establishments, insbesondere unter den Mitgliedern des Bohemian's Club. Es ist nicht verwunderlich, dass Noriega mit Barletta und dem Establishment in Washington D.C. hart ins Gericht ging.

unter Baileys Führung schloss der Civic Crusade den Kreis von den Kokainbaronen Kolumbiens bis zu den Eliten des Drogenhandels in Washington und London. Bailey ist es zu verdanken, dass die mörderische Kokainmafia auf niedrigem Niveau sowie die respektablen und unantastbaren Namen in den gesellschaftlichen und politischen Registern von Washington, London, Boston und New York entstanden sind.

Bailey behauptete, er wolle die PDFs verdrängen, "weil es das am stärksten militarisierte Land der westlichen Hemisphäre ist".

Bailey erklärte, dass eine zivile Junta an die Stelle Noriegas treten würde, sobald dieser verdrängt worden sei. Wir kommen nun zu denjenigen, die Bailey vorschlägt, um das Panama nach Noriega zu regieren. Zur Unterstützung des Civic Crusade reisten sechs Mitarbeiter des Senats im November 1987 nach Panama und blieben dort vier Tage. Nach ihrer Rückkehr erklärten die Mitarbeiter, dass Noriega unbedingt zurücktreten müsse, erwähnten aber mit keinem Wort die atemberaubenden Mengen an Bargeld und Kokain, die durch Panama geschleust wurden, oder Noriegas Bemühungen, den Drogenhandel zu verbieten. Obwohl er es nicht explizit machte, deutete der Senat in einer Erklärung zu Panama an, dass bei "anhaltenden Unruhen" das US-Militär zum Eingreifen aufgefordert werden könnte.

Welcher Art waren die Unruhen? Waren sie spontane Ausdrucksformen der Unzufriedenheit der panamaischen Bevölkerung mit Noriega, oder handelte es sich um erfundene Situationen, die künstlich geschaffen wurden, um den Plänen der Wall-Street-Banker zu entsprechen? Um diese Frage zu beantworten, müssen wir die Rolle untersuchen, die John Maisto bei den "Unruhen" in Panama spielte. Maisto war die Nummer zwei der US-Botschaft in Panama. Er hatte zuvor in Südkorea, auf den Philippinen und in Haiti gedient. Maisto hatte eine Vorgeschichte als "Unruhestifter". Nach seiner Ankunft in diesen Ländern kam es schnell zu Unruhen und "Unordnung". Laut einer unabhängigen Geheimdienstquelle ist Maistos Einfluss für 90% der Straßenproteste in Panama verantwortlich.

Bailey versuchte nicht, seine Unterstützung für Maisto zu verbergen. In einer Rede vor einem Forum der George Washington University sagte Bailey, dass Noriega nur nachgeben würde, wenn das panamaische Volk auf die Straße ginge, sich verprügeln und erschießen ließe. Bailey fügte hinzu, dass, solange keine Fernsehkameras für solche Ereignisse zur Verfügung stünden, "es eine vergebliche Anstrengung wäre".

Der Tropfen, der Noriegas Fass zwei Jahre später, im Februar 1988, zum Überlaufen brachte, war eine Anklage, die von einer Grand Jury in Miami ausgesprochen wurde. Diese Fehde des

Justizministeriums besiegelte Noriegas Schicksal und unterstrich die Notwendigkeit, das archaische System der Grand Jurys, ein Überbleibsel aus der Zeit der Sternkammern, loszuwerden. Sternenkammerverfahren (Grand Jury) sind für den Angeklagten niemals fair. Die Drogenbarone und ihre Banker in Kombination mit dem politischen Establishment in Washington D.C. entledigten sich Noriegas, der zu Recht als Bedrohung für ihre jährlichen Milliardeneinnahmen angesehen wurde.

Die Alarmglocken begannen ernsthaft zu läuten und der Ruf nach Maßnahmen zur Absetzung Noriegas wurde 1986 schrill, nachdem die First Interamerica Bank zwangsweise geschlossen und die Banco de Iberiamerica, die dem Cali-Kartell gehörte, von PDF überfallen worden war. Gekoppelt mit der Zerstörung eines Kokainverarbeitungslabors und eines riesigen Ethyläthervorrats in einem abgelegenen Dschungel in Panama, gab das Komitee der 300 den Befehl, so schnell wie möglich vorzugehen, damit Noriega entweder getötet oder entführt und in die Vereinigten Staaten gebracht werden konnte.

Der Unterausschuss für auswärtige Angelegenheiten des Senats für Terrorismus, Drogen und internationale Operationen unter dem Vorsitz von Senator John Kerry schaffte es nicht, Noriega ausreichend zu verleumden, obwohl in einem Verfahren, das einem Prozess gegen Noriega in Abwesenheit gleichkam, eine Flut unwahrer Behauptungen gegen ihn erhoben wurde. Die Wächter des 300 Milliarden US-Dollar schweren Offshore-Drogenhandels forderten schnellere und härtere Methoden, um Noriega zu stürzen. Senator Alfonse D'Amato befürwortet eine direkte Aktion: Er will, dass Killerkommandos losziehen und Noriega ermorden. D'Amato schlägt auch eine Entführung vor, und Bush hat die Idee vielleicht von ihm.

Dann änderte Präsident Bush als Reaktion auf den Druck der Wall Street die Regeln für den Einsatz der US-Streitkräfte in Panama; von nun an sollten sie die Konfrontation mit den PDFs suchen. Am 8. Juli 1989 gab General Cisneros, Kommandeur der US-Südstaatenarmee in Panama, eine außerordentliche Erklärung ab, für die er eigentlich zur Rechenschaft hätte gezogen werden müssen:

"Die OAS hat nicht energisch genug gehandelt, um Noriega aus dem Amt zu entfernen. Was mich betrifft, so glaube ich, dass es an der Zeit für eine militärische Intervention in Panama ist".

Seit wann ist es dem Militär erlaubt, eine politische Agenda aufzustellen? Den ganzen Oktober und November 1989 über schikanierten die US-amerikanischen Streitkräfte in Panama die panamaischen Streitkräfte, was schließlich zum tragischen Tod eines US-Soldaten an einer Straßensperre führte. Die Soldaten hatten den Befehl erhalten, an einer von den PDFs errichteten Straßensperre anzuhalten. Es kam zu einem Streit und die Soldaten flüchteten. Es wurden Schüsse abgefeuert und einer der US-Soldaten wurde getötet.

Dies war das Signal für Präsident Bush, seinen von langer Hand geplanten Angriff auf Panama zu starten. Während sich Panama auf Weihnachten vorbereitete, wurde am Abend des 20. Dezember 1989 ein gewaltsamer Akt der Aggression gegen Panama eingeleitet, ohne zuvor die in der Verfassung vorgesehene Kriegserklärung eingeholt zu haben. Zwischen 28.000 und 29.000 US-Soldaten waren an dem Angriff beteiligt, bei dem 7000 panamaische Bürger starben und die gesamte Region Chorrillo zerstört wurde. Mindestens 50 US-Soldaten starben unnötigerweise in diesem unerklärten Krieg. Noriega wurde entführt und in einem schamlosen Akt internationaler Räuberei, dem Vorläufer vieler zukünftiger Taten, in die USA geflogen.

Warum hat die Bush-Regierung Panama so viel Aufmerksamkeit geschenkt? Warum wurde so viel Druck ausgeübt, um Noriega zu stürzen? Die Tatsache, dass die USA so außergewöhnliche Anstrengungen unternommen haben, um einen angeblichen Diktator eines kleinen Landes loszuwerden, sollte uns etwas sagen. Es sollte uns sehr neugierig darauf machen, was hinter dieser Saga steckte. Es sollte uns dazu veranlassen, auf der Hut zu sein, der Regierung noch weniger zu vertrauen und uns nicht in so großem Umfang davon überzeugen zu lassen, dass das, was die US-Regierung tut, unbedingt richtig ist.

Noriega traf die Drogenoligarchen dort, wo es wehtut: in ihren Taschen. Er hat dafür gesorgt, dass die Banken, die Drogengelder waschen, einen Großteil ihrer Gewinne verloren haben. Er hat die Banker in Verruf gebracht. Er brachte den Status quo ins Wanken, indem er den Bankgesetzen Panamas Biss verlieh. Noriega stellte sich Kissingers Anden-Plan in den Weg und störte die Waffenverkäufe in Mittelamerika. Er trat sehr mächtigen Leuten auf die Füße. Dafür wurde General Manuel Noriega dazu verurteilt, den Rest seines Lebens in einem amerikanischen Gefängnis zu verbringen.

In den Köpfen der meisten Amerikaner ist Panama in den Hintergrund gerückt, wenn es überhaupt in ihren Gedanken vorkommt. Noriega ist fest in einem Gefängnis eingemauert, er ist keine Gefahr mehr für die gesetzlose Bush-Regierung und die Wall-Street-Banker bzw. deren Kunden in den Drogenkartellen. Dies scheint bei Carter, Reagan und Bush funktioniert zu haben. Die Tatsache, dass die offensichtlich illegale Invasion Panamas 50 Amerikanern und 7000 Panamaern das Leben kostete, ist schnell vergessen. Vergessen ist der Mann, den der Chef der DEA, Agent John Lawn, einmal als den besten Spieler des Anti-Drogen-Teams bezeichnete, das er je in Panama hatte. Wie viel es den amerikanischen Steuerzahler kostet, Panama für den Drogenhandel offen zu halten, wurde nie enthüllt.

Noriegas Verbrechen bestand darin, dass er zu viel über den Drogenhandel und die Banken, die ihm dienen, wusste, und 1989 stellte er eine ernsthafte Bedrohung für die Rockefeller-Banken dar, die das Geld aus diesem angeblich illegalen Handel wuschen. Daher musste man sich um ihn kümmern. Das von den US-Truppen zerstörte Viertel liegt noch immer in Trümmern. In Panama ist die Pressezensur auch drei Jahre nach dem Abzug der amerikanischen Invasionstruppen noch immer in Kraft. Im August 1992 griff der Bürgermeister von Panama-Stadt, Mayin Correa, den Chefredakteur der Zeitschrift *Momento an*, weil dieser einen Artikel veröffentlicht hatte, in dem die Machenschaften des Bürgermeisters und "Sonderkonten" bei einer panamaischen Bank aufgedeckt wurden. Widerstand gegen die Marionettenregierung in Washington wird nicht toleriert. Jeder, der in Panama an Protestkundgebungen teilnimmt, muss damit rechnen, festgenommen und inhaftiert zu werden. Selbst die "Organisation" einer Demonstration ist ein Verbrechen, und die Organisatoren können ohne Gerichtsverfahren ins Gefängnis geworfen werden. Dies ist das Erbe, das Bush und diejenigen im Repräsentantenhaus und im Senat hinterlassen haben, die es ihm ermöglicht haben, mit der Verhöhnung der Verfassung der Vereinigten Staaten davonzukommen.

Bestechung und Korruption sind in Panama an der Tagesordnung, wobei drogenbezogene Anschuldigungen in Windeseile bis in die höchsten Ebenen der Regierung von "Porky" Endara, Washingtons Stellvertreter, einschließlich Carlos Lopez, dem obersten Richter des Obersten Gerichtshofs Panamas, durchsickern. Das von der Bush-Regierung hinterlassene Chaos erfordert eine Untersuchung, aber leider ist in Washington niemand daran interessiert, etwas dagegen zu unternehmen. Der Bürgerkreuzzug ist verschwunden. Es scheint, dass der einzige bürgerliche Kreuzzug die Bedrohung betraf, die Noriega für die Wall-Street-Banker und ihre Partner im Kokainhandel darstellte.

Wird Bush eines Tages für die in Panama begangenen Kriegsverbrechen vor Gericht gestellt werden? Das ist unwahrscheinlich, da der Oberste Gerichtshof der USA einen sehr bescheidenen Antrag von 500 panamaischen Familien auf Erstattung der während der Invasion im Dezember 1989 erlittenen Verluste abgewiesen hat. Was ist mit dem Drogenhandel, der durch Noriegas Absetzung garantiert werden sollte, um der Situation ein Ende zu setzen? Die Wahrheit ist, dass dies zu nichts geführt hat. Laut meiner Geheimdienstquelle handelt Colon, die Freihandelszone Panamas, heute etwa doppelt so viel Kokain wie in den Noriega-Jahren. Geheimdienstberichten zufolge werden dort täglich fünf bis sechs mit Drogen beladene Schiffe durchgeschleust. Während früher nur hohe Beamte von den Drogenbaronen bezahlt wurden, sind es heute alle; der Drogenhandel in Panama hat unglaubliche Höhen erreicht.

Der enorme Anstieg des Drogenhandels in Panama ging mit einem entsprechenden Anstieg der Kriminalitätsrate einher: 500% mehr, seit Noriega 1989 von seinen Entführern verschleppt wurde. Banden arbeitsloser Jugendlicher irren auf der Suche nach Arbeit durch die einst lebhafte Stadt Colon, werden mehrfach abgewiesen und ihrem eigenen Schicksal überlassen, in der Regel der Kriminalität. Da PDF aufgelöst wurde, gehören die Straßen und Autobahnen den Gangstern, darunter auch einigen ehemaligen PDF-Mitgliedern, die keine Arbeit finden können, weil sie "auf der schwarzen Liste" stehen. Mehrere amerikanische Unternehmen, die in der Freihandelszone Colon ansässig waren, mussten in die USA zurückkehren, weil ihre Manager entführt und gegen Lösegeld festgehalten wurden, oft für eine Million Dollar, was nie hätte passieren können, als Noriega das Sagen hatte.

Aus Angst vor einer höheren Kriminalitätsrate als unter der Herrschaft Noriegas entstand eine große Armee von Privatschützern. Präsident Bush erklärte der Welt, dass die Panama Defence Force "ein Unterdrückungsinstrument" der Regierung Noriega sei, und ließ verlauten, dass er und sein Freund Dr. Bailey die Absicht hätten, diese Truppe aufzulösen. Panama stand daraufhin ohne seine einst gut disziplinierte PDF da, die durch 15.000 private Wachen und jedes Regierungsmitglied durch seine eigene Privatarmee ersetzt wurde. Auf den Straßen Panamas herrscht Anarchie.

Die Korruption ist allgegenwärtig. Die amerikanischen Subventionen (das Geld der amerikanischen Steuerzahler), die eigentlich für den Wiederaufbau der zerstörten Viertel gedacht waren, landeten in den gierigen Händen der Politiker, die von Washington an die Macht gebracht wurden. Das Ergebnis: unbewohnbare, blockhausähnliche Betonwohnungen ohne Fenster, Bäder oder Küchen, die nicht gestrichen und für die menschliche Besiedlung ungeeignet sind. Das hat die

"Demokratie" von George Bush in Panama erreicht.

IX. Fokus auf Jugoslawien

Serbien war schon immer ein Unruhestifter auf dem Balkan, was sich auch in dem Ereignis widerspiegelt, das zum Ersten Weltkrieg führte. Dieses Ereignis war die Ermordung von Erzherzog Ferdinand am 28. Juni 1914, während er Sarajevo besuchte. Der Attentäter, Gavrilo Princip, der zusammen mit seinen Komplizen im Auftrag des serbischen Geheimbundes handelte, der unter dem Namen "Union oder Tod" (Schwarze Hand) bekannt war, wurde 1911 von Serbien gegründet und dazu benutzt, im Namen serbischer Gebietsansprüche eine Agitation gegen Österreich zu schüren.

Die serbische Regierung wusste von dem Komplott und unternahm nichts, um es zu verhindern. Europa war über dieses Verbrechen empört, vor allem im Lichte der jahrelangen unerträglichen Aktivitäten Serbiens. Am 5. Juli 1914 wurde Graf Alexander Hoyos nach Berlin geschickt und erklärte:

"... Ich bin hier, um die Probleme der ständigen serbischen Unruhen ein für alle Mal zu lösen und Gerechtigkeit für Österreich zu fordern."

Was Hoyos' Besuch offenbarte, war, dass Serbien ein echtes Problem war, ein Unruhestifter der ersten Stunde, der entschlossen war, Gebiete zu erwerben und eine serbische Dynastie zu errichten.

Am 23. Juli 1914 richtete Österreich ein schriftliches Ultimatum an Serbien:

1) Auflösung von Publikationen und Organisationen, die sich mit österreichfeindlicher Propaganda befassen.

2) Entlassung von Beamten, die von Österreich wegen antiösterreichischer Aktivitäten angeklagt werden.

3) Einstellung der antiösterreichischen Propaganda in den Schulen.

4) Zusammenarbeit mit der österreichischen Regierung, um die Verantwortung für die Ermordung von Erzherzog Ferdinand festzustellen.

5) Gerichtsverfahren gegen die Verantwortlichen der Verschwörung

6) Die Festnahme von zwei serbischen Beamten, von denen bekannt ist, dass sie daran beteiligt waren.

7) Eine Entschuldigung der serbischen Regierung

Bei der Betrachtung der Geschichte dieser Zeit wird deutlich, dass die Serben in einem Ausmaß verschlagen waren, wie es zuvor auf dem Balkan nicht bekannt war. Noch bevor sie ihre Antwort gaben, mobilisierten die Serben für den Krieg gegen Österreich. Ihre offizielle Antwort schien auf den ersten Blick versöhnlich, doch bei genauerer Betrachtung handelte es sich in Wirklichkeit um eine Ablehnung der österreichischen Forderungen. Serbien hatte auch heimlich die Zusicherung Russlands erhalten, dass es einen Angriff auf Serbien nicht zulassen würde, und privat erhielt Serbien das gleiche Versprechen von der britischen Regierung...

Am 28. Juli 1914 erklärte Österreich Serbien den Krieg, gefolgt von einer Bombardierung Belgrads, und Deutschland forderte die Besetzung Serbiens. Zahlreiche weitere Nationen erklärten daraufhin den Krieg:

1er August: Deutschland gegen Russland.

3. August: Deutschland gegen Frankreich.

4. August: Großbritannien gegen Deutschland.

5. August: Montenegro gegen Österreich.

6. August: Serbien gegen Deutschland.

6. August: Österreich gegen Russland

8. August: Montenegro gegen Deutschland.

Dann kam es zu einer Explosion von Kriegserklärungen - Japan gegen Deutschland, Serbien gegen die Türkei, Bulgarien gegen Serbien - und gipfelte 1918 in Guatemala gegen Deutschland, Nicaragua gegen Deutschland und Österreich, Costa Rica gegen Deutschland, Haiti und Honduras gegen Deutschland. Leider war Russland nicht in der Lage, die Gesamtsituation zu überblicken: Es wurde von Großbritannien für die kommende bolschewistische Revolution in eine Falle gelockt, und Zar Nikolaus lief direkt in die Falle, die ihm die hinterhältigen Serben und die noch zweifelhafteren Briten gestellt hatten.

Am 7. Mai 1915 gaben die Alliierten auf Betreiben Großbritanniens Serbien eine Garantie für den möglichen Erwerb von Bosnien und Herzegowina, die auch die Garantie eines "breiten Zugangs zur Adria" beinhaltete. Hier liegt die tiefere Ursache für die serbische Aggression gegen diese Staaten, die 1993 drohte, Europa erneut in einem verheerenden Krieg zu verschlingen. Während der gesamten vier Jahrzehnte der Unruhen und des Terrors war die Hand des britischen schwarzen Adels zu sehen, verkörpert von Sir Edward Grey, dem Mann, der dafür verantwortlich war, die Vereinigten Staaten in den Ersten Weltkrieg zu ziehen. Heute sind die Schauspieler Lord David Owen, Lord Carrington, Cyrus Vance und Warren Christopher.

Am 18. Dezember 1916 wurden die sogenannten Wilson-Vorschläge veröffentlicht, zu denen auch die Forderung der britischen Regierung nach einer Wiederherstellung Serbiens und Montenegros gehörte. Im Lichte der Intervention der USA an der Seite Großbritanniens im Jahr 1916 sollten wir nicht überrascht sein über die aktuelle Aufregung, die USA durch die Entsendung von Außenminister Warren Christopher vom Council on Foreign Relations in die Schaffung eines größeren Krieges auf dem Balkan einzubeziehen. All dies ist bereits zuvor geschehen.

Eine kurze Geschichte Jugoslawiens offenbart die Präsenz der britischen oligarchischen Machenschaften. Am 20. Juli 1917 wurde unter dem enormen Druck des Völkerbunds, des Vorläufers der Vereinten Nationen, Großbritanniens und Italiens der Pakt von Korfu von Kroaten, Serben und Montenegrinern unterzeichnet. Für die Serben bedeutete die Unterzeichnung des Pakts den ersten Schritt in Richtung einer serbischen Dynastie auf dem Balkan, in der die Habsburger eine entscheidende Rolle spielen würden. Die Kroaten, die von der katholischen Kirche unterstützt wurden, lehnten den Pakt ab, waren aber machtlos, seine Umsetzung zu verhindern. So rückt eine einheitliche Nation unter einer serbischen Dynastie der Realität ein Stück näher.

Am 3. November 1918 wurde Deutschland durch die von Grey, Oberst House (Mandel Huis) und Präsident Wilson geplante amerikanische Militärintervention gezwungen, die Niederlage im Ersten Weltkrieg zu akzeptieren. Auf Anregung der britischen Regierung fand in Genf eine "Jugoslawische Konferenz" statt, und am 4. Dezember 1918 wurde das Königreich Kroatien, Slowenien und Serbien ausgerufen.

Die Serben begannen sofort mit aggressiven Handlungen gegen Kroatien, um zu versuchen, ihre Rechte auf kroatisches Territorium geltend zu machen, ungeachtet dessen, was sie in Genf unterzeichnet hatten. Am 26. November 1917 verkündeten die Montenegriner ihre Vereinigung mit Serbien und Prinz Alexander akzeptierte den neuen Staat. Die Geschichte dieser Region von diesem Zeitpunkt an zeigt ziemlich deutlich all die Täuschungen, Vertuschungen und reinen Lügen, die zum Zusammenbruch Serbiens führten, bis hin zum aktuellen Konflikt, in dem die britische Regierung eine führende Rolle spielte.

Wie ich schon so oft betont habe, ist der Feind der freien Völker überall auf der Welt nicht so sehr der Kommunismus, sondern die geheime, allmächtige übergeordnete Parallelregierung in Washington, die die Kommunisten überall eigentlich immer als Verbündete betrachtet hat, während sie nie zugab, dass Kommunismus und Sozialismus in Großbritannien und den USA entstanden sind.

Nirgendwo ist dies offensichtlicher als in Jugoslawien und Südafrika. Das babylonische Geldsystem, das fälschlicherweise als "Kapitalismus" bezeichnet wird, ist eine weitaus größere

Bedrohung für die westliche Zivilisation als die Lehren von Karl Marx, denn es schafft die globalen Bedingungen und manipuliert sie dann für ihre Herren der Neuen Weltordnung, der Einheitsregierung, zum Vorteil der internationalen Bankiers.

Dieser tyrannische oligarchische Block wurde vor mehreren Jahrzehnten geschaffen, um die Nationen ihrer Souveränität, ihres kulturellen Erbes und ihrer natürlichen Ressourcen zu berauben. Im Fall von Südafrika nahm der anglo-burische Krieg (1899-1902) die Form eines Massengenozids an und war ein Versuch, die niederländische Sprache und die christliche Religion des Volkes zu unterdrücken. Er ging mit dem Massenraub großer Mengen an Gold, Diamanten, Platin, Titan, Eisenerz und anderen Metallen und Mineralien einher.

Das Rad des Unglücks drehte sich in Südafrika um 180 Grad, mit "Judas Iskariot" Pieter Botha, der seine Seele an die eine Weltregierung verkaufte, und "Kerensky" Willem De Klerk, der sein Volk auf eine Weise verriet, die Benedict Arnold die Röte ins Gesicht getrieben hätte. Im Falle Südafrikas lautete die Entschuldigung "Apartheid", die biblische Doktrin, die die Trennung der Rassen propagiert, während in Indien das viel schlimmere System der Kastentrennung, das von der britischen Besatzung eingeführt worden war, ungestört gedeihen konnte, wie es das auch heute noch tut. Die "Apartheid" in Indien ist weitaus rigoroser als alles, was man in Südafrika sehen kann.

Auf der Grundlage einer lachhaften Sorge um das Wohlergehen der schwarzen Bevölkerung wurde ein verurteilter Krimineller, Nelson Mandela, dessen Verbrechen Einbruch, Terrorismus, Bombenbau und Verrat umfassten, von den Medienschakalen plötzlich zum Nationalhelden gemacht, genau wie seine kriminellen Kollegen, die von indischen Anwälten und dem jüdischen Kommunisten Joe Slovo angeführt wurden. Das wird die neue Regierung Südafrikas sein, sobald De Klerk die Macht an Mandela übergeben hat. Das südafrikanische Volk erkennt erst heute mit Erstaunen und Entsetzen, dass Moskau bei seinem Verrat nur eine sehr geringe Rolle gespielt hat. Die Hauptakteure waren Washington und London.

Die supranationale Regierung unter der Führung des Komitees der 300 nutzt ihre Agenda zur Zerstörung der Souveränität der Nationen direkt in Kroatien und Bosnien-Herzegowina sowie in den Vereinigten Staaten, wo sie damit beschäftigt ist, die Verfassung der Vereinigten Staaten der Charta der Vereinten Nationen zu unterwerfen, die auf perfide und verräterische Weise vom CFR eingeführt und 1945 vom US-Senat verabschiedet wurde, wobei nur fünf Senatoren registriert wurden, die das Vertragsdokument tatsächlich gelesen hatten.

Kroatien, eine 10 000 Jahre alte Nation, wurde Opfer derselben Verschwörer, die der Welt so sehr geschadet haben. Unter dem Vorwand, dass es sich im Zweiten Weltkrieg auf die Seite Deutschlands gestellt hatte, bekam Kroatien den Einfluss von Journalisten mit vergifteter Feder aus den US-Medien zu spüren. Trotz einer demokratisch gewählten Regierung, trotz seiner Souveränität, die von den Vereinten Nationen und der Europäischen Wirtschaftsgemeinschaft akzeptiert und anerkannt wurde, machte sich die geheime Regierung der Vereinigten Staaten daran, Kroatien zu zerstören, das nur widerwillig die Einheit akzeptiert hatte, die ihm von den "Alliierten" am 1er Dezember aufgezwungen worden war.

Der serbische Plan, der von Großbritannien und den Vereinigten Staaten voll unterstützt wurde, bestand darin, so viel Territorium wie möglich einzunehmen, sodass die Vereinten Nationen, sobald die Serben ihren Willen durchgesetzt hätten, "entscheiden" müssten. Diese Entscheidung würde auf der Grundlage des von serbischen Staatsangehörigen gehaltenen und besetzten Territoriums getroffen werden, weshalb Kroaten und Muslime so weit vertrieben werden mussten, wie die Serben damit durchkommen konnten. Dies war der Ursprung der "ethnischen Säuberung".

Präsident George Bush brachte seine Position am 9. November 1991 klar zum Ausdruck:

> "Wir sehen in Jugoslawien, wie Nationalstolz ein Land in einen blutigen Bürgerkrieg zerbrechen lassen kann."

Dies war auch die "Linie" der britischen Regierung; die nationale

Souveränität sollte zugunsten der Errichtung einer Neuen Weltordnung in den Hintergrund der Geschichte gedrängt werden.

Von allen christlichen Führern hatte nur Papst Johannes Paul II. den Mut, sich gegen die Serben auszusprechen, weniger als vier Tage, nachdem Bush Präsident Milosevic grünes Licht gegeben hatte. Viele protestantische Kirchenoberhäupter schwiegen auffällig:

"Wir müssen dieser Tragödie, die Europa und die Welt entehrt, ein Ende setzen. In den letzten Tagen kam es in ganz Kroatien, vor allem aber in Dubrovnik und Vukovar, zu Angriffen mit unfassbarer Gewalt. In Dubrovnik wurden unter anderem ein Hotel und ein Krankenhaus voller Flüchtlinge und Verletzter getroffen. Das ist eine Aggression, und sie muss aufhören. Ich flehe die jugoslawische Armee an, das Leben der wehrlosen Zivilisten zu verschonen".

Die Antwort der Regierung in Belgrad bestand darin, die Bombardierung von zivilen Wohnhäusern, Kirchen, Schulen und Krankenhäusern zu intensivieren, wohl wissend, dass die Bush-Regierung keine Maßnahmen zur Beendigung der Gewalt ergreifen würde.

In einer seiner hinterhältigsten Aktionen forderte Slobodan Milosevic die Vereinten Nationen auf, "Friedenstruppen" zu entsenden, um die beiden Parteien zu spalten. Dieser Bitte kamen die Vereinten Nationen nach, indem sie durch die Stationierung ihrer Truppen stillschweigend akzeptierten, dass das von der jugoslawischen Armee beschlagnahmte Land nun Serbien gehört. Der gleiche Verrat wiederholte sich in Bosnien und Herzegowina. Lord Carrington, der Verräter der NATO und Rhodesiens, forderte die Vereinten Nationen hilfsbereit auf, seine Soldaten in sogenannten Krisengebieten zu stationieren und verwirklichte damit perfekt das jugoslawische Ziel.

Mit Hilfe von Lawrence Eagleburger, Cyrus Vance und der Bush-Regierung wurde Deutschland mit wirtschaftlichen Vergeltungsmaßnahmen gedroht, falls es die Unabhängigkeit Kroatiens und Bosnien-Herzegowinas anerkennen würde.

Eagleburger, der von dem Kongressabgeordneten Henry Gonzalez wegen seiner erheblichen finanziellen Verbindungen zur Belgrader Regierung gegeißelt wurde, sagte, die Vereinigten Staaten dürften niemals zulassen, dass irgendeine europäische Nation die Unabhängigkeit Kroatiens und Bosnien und Herzegowinas anerkennt. Vance, der eine Rolle in dem Plan spielte, der vom Interreligiösen Friedenskolloquium 1972 in Bellagio, Italien, ausgearbeitet wurde, verkündete, dass es "zu gefährlich" sei, die Unabhängigkeit Bosniens und Kroatiens anzuerkennen, aber Vance sagte nicht, was er wirklich meinte: dass es wirklich "zu gefährlich" für die Neue Weltordnung - die Einheitsregierung - sei!

Papst Johannes Paul II. machte dem Bush-Plan einen Strich durch die Rechnung, indem er ankündigte, dass er "den Republiken, die ihre Unabhängigkeit anerkennen, eine Botschaft senden würde". Diese Ankündigung löste eine Schockwelle im Komitee der 300 und den Institutionen in Washington und London aus und trug dazu bei, Deutschland davon zu überzeugen, Kroatien und Bosnien und Herzegowina anzuerkennen.

Der serbische Führer Milosevic hat "Jugoslawien" zugunsten von "Großserbien" aufgegeben. Alle regulären und irregulären serbischen Militäreinheiten sind nun darauf konzentriert, sich so viel Territorium wie möglich anzueignen, bevor die USA und Großbritannien durch den Druck der öffentlichen Meinung gezwungen sind, einen schwachen Versuch zu unternehmen, seinen schurkischen Aktionen Einhalt zu gebieten. Das Modell, auf das Milosevic seine territorialen Ambitionen stützte, war das von den Briten auf der Konferenz von Lausanne 1923 formulierte, wo ein Plan zur Massenvertreibung der Zivilbevölkerung aus Griechenland und der Türkei angenommen wurde, der Tausende von Toten forderte. Es ist auch eine fast exakte Kopie der Art und Weise, wie der Libanon aufgeteilt wurde.

Die Bush-Administration, die sich der serbischen Strategie voll bewusst war, folgte ihr. Großbritannien und die USA haben die

Augen vor dem laufenden Massaker auf dem Balkan verschlossen, wo der Massengenozid und der Erwerb von Territorien so schnell voranschreiten, dass es zu spät sein wird, wenn Milosevics Vormarsch nicht sofort gestoppt wird. Es gab einige Veränderungen; während in Kroatien der Großteil der Bevölkerung vertrieben wurde, werden nun in Bosnien, vor allem in den muslimischen Gebieten, die Bürger absichtlich massakriert.

Das Flüchtlingsproblem wird in einem seit dem Zweiten Weltkrieg nicht mehr gekannten Ausmaß vom Tod übernommen. Ganze Dörfer und Kleinstädte wurden zerstört, ihre Bewohner, ob jung oder alt, erschossen oder absichtlich mit Granaten und Mörsern beschossen. Aus Quellen des französischen Geheimdienstes erfuhr ich, dass

"fast 68% von Bosnien sind in Gefahr, ausgelöscht zu werden, Menschen, Kirchen, Schulen und Häuser. Dies ist die schlimmste Form des Terrors, die wir in den letzten siebzig Jahren erlebt haben".

"Was ist mit den UNO-Truppen? ", fragte ich, "was tun sie, um die Bosnier zu schützen? Sollten sie nicht genau dafür da sein? " Meine Quelle antwortete:

"Die UN-Truppen arbeiten eigentlich auf der Seite der Serben, die nicht innerhalb des eroberten bosnischen Territoriums, das von den UN patrouilliert wird, kämpfen sollen, sondern die Serben benutzen die UN-Truppen einfach als Schutzschild. Andererseits hindern die UN-Truppen die bosnischen Streitkräfte daran, das von den Serben verlorene Gebiet zurückzuerobern; die UN-Truppen stellen sich ihnen in den Weg, tun aber nichts, um die serbischen Streitkräfte daran zu hindern, die Blauhelme von hinten anzugreifen".

Die Serben nutzten die "entmilitarisierten Zonen", um schwere Artillerie und Panzer einzuschleusen. Die bosnischen Führer sind sich nun sicher, dass die UN-Truppen Lord Carringtons Lausanne-Plan begünstigen: Während Lord Owen von "Frieden" spricht, streifen die Serben die UN-Truppen.

Alles, was die USA und Großbritannien bisher getan haben,

einschließlich der Verhöhnung der sogenannten "Sanktionen" gegen Serbien, war ein Plus für Milosevic; er konnte den Serben erzählen, dass sie Opfer einer "britischen und amerikanischen Aggression" sind, während er gleichzeitig keinerlei Entbehrungen aufgrund der zahnlosen Sanktionen hinnehmen musste. Selbst die *Washington Post* gab zu, dass die Sanktionen keinen Unterschied machen, und kam zu dem Schluss, dass die Kämpfe nicht aufhören werden, bis die Serben ihre territorialen Ambitionen befriedigt haben.

Wie immer im Fall der weltpolitischen Strategie geht die britische Regierung mit gutem Beispiel voran, wenn es darum geht, anderen Nationen Schmerz und Leid zuzufügen. Lord Carrington, ein ehemaliger "Unterhändler", dessen Vorgeschichte des Verrats zwei Bände füllen könnte, behauptet, dass "beide Seiten lügen", der älteste Trick, der zur Verzerrung der Wahrheit angewandt wird. Der Londoner *Daily Telegraph* erklärte, Bosnien dürfe keine Hilfe jeglicher Art erhalten, nicht einmal Nahrungsmittel:

> "Es macht es ihnen nur leichter, weiterzukämpfen. Sie würden früher aufhören, wenn man sie verhungern und an ihren Verletzungen oder Krankheiten sterben ließe. Man muss grausam sein, um nett zu sein. Es gibt Zeiten, in denen es eine schwere Entscheidung ist, einfach nur dazusitzen und andere leiden zu sehen, aber es ist trotzdem die richtige Entscheidung."

Die britische Regierung sollte das wissen. Während des anglo-burischen Krieges (1899-1902), als sie nicht in der Lage waren, eine unbedeutende und irreguläre burische Streitmacht zu besiegen, trieb Lord Kitchener alle burischen Frauen und Kinder zusammen, steckte sie in Konzentrationslager und ließ sie dort an Hunger und Krankheiten sterben. Etwa 25.000 burische Frauen und Kinder kamen ums Leben, was im Vergleich dazu bedeutet hätte, dass 17-18% der amerikanischen Bevölkerung dieser Barbarei zum Opfer gefallen wären. Offenbar wiederholten Lord Carrington und Lord Owen Kitcheners Taktik in Bosnien und Kroatien.

Eines ist sicher: Im Herzen feige wie alle Unmenschen, hätte Milosevic es nie gewagt, Menschenleben und Eigentum zu zerstören, wenn er nicht gewusst hätte, dass er nicht verhaftet werden würde und keine Vergeltungsmaßnahmen von Großbritannien und den USA zu erwarten hätte. Milosevic hat nicht die Absicht, die Kämpfe zu beenden, bevor er 100 % von Bosnien und Herzegowina eingenommen hat. Wenn er nicht bald gestoppt wird, besteht die Gefahr, dass die Kämpfe auf das ethnisch albanisch geprägte Kosovo übergreifen.

Die Türkei hat bereits zugesagt, den Muslimen zu helfen, wenn das Kosovo angegriffen wird. Die Türkei würde ihren Pakt mit Albanien nutzen, um eine solche Aktion zu rechtfertigen. Sollte es dazu kommen, wäre die Gefahr eines ganz Europa verschlingenden Krieges umso größer, da die Flüchtlinge nach Mazedonien strömen würden, wo es eine große albanisch-muslimische Bevölkerung gibt. Wenn die Türkei den Muslimen zu Hilfe kommt, können wir damit rechnen, dass Griechenland sich dagegen wehrt und so den Boden für eine schnelle Eskalation zu einem großen Krieg bereitet.

Im Moment ist Mazedonien Gegenstand der Strategie des "Perfide Albion", was bedeutet, dass alles Mögliche getan wird, um die mazedonische Regierung zu untergraben, die am 1er September 1991 demokratisch gewählt wurde und am 17. November 1991 ihre neue Verfassung erhielt. Den Geheimdienstberichten zufolge, die ich erhalten habe, scheint man von London aus die politische Isolation zu fördern, wodurch die serbische Bevölkerung leichter um Hilfe rufen kann und so die Tür für einen Angriff der serbischen Armee auf Mazedonien geöffnet wird. Meine Geheimdienstquelle sagte mir: "Es ist ziemlich sicher, dass dies geschehen wird, sobald Bosnien vorbei ist".

Der Owen-Carrington-Vance-Friedensplan für Bosnien ist eine makabre Farce. Er wird für die Serben das erreichen, was sie beschlossen haben zu tun, ohne ihnen weitere Verluste an Menschenleben zuzufügen. Der Plan sieht die Teilung Bosniens vor und gibt den Serben einen größeren Anteil an Bosnien, ohne die geringste Garantie, dass die Serben, sobald der Frieden unterzeichnet und erklärt ist, nicht zurückkehren werden, um die Reste der Bosniaken auszusaugen und, was noch wichtiger ist, seine jahrhundertelange muslimische Präsenz zu beenden. Lord Carrington drückte seine Verachtung für das Volk von Bosnien und Herzegowina am 13. Mai 1992 in der Londoner *Times aus:*

"Wenn die Leute kämpfen wollen, gibt es nur zwei Möglichkeiten. Entweder sie kämpfen zu lassen oder sie gewaltsam zu trennen."

Dies impliziert, dass Bosnien und Kroatien sich ohne triftigen Grund für den Kampf gegen die serbische Aggression entschieden haben, da Serbien der Aggressor ist, und dass es sich um eine Familienfehde oder einen Bürgerkrieg handelt. Es handelt sich nicht um einen Kampf, sondern um den Versuch Kroatiens und Bosniens, zu verhindern, dass ihnen ihr Land weggenommen und ihr Volk und ihre Kultur ausgelöscht werden.

Wir können ziemlich gut ableiten, dass Großbritannien seit der Zeit vor dem Ersten Weltkrieg die Operationen auf dem Balkan leitet. Man sagt, dass der MI6 in Wirklichkeit viele Länder steuert, und das ist nicht übertrieben. Wie wird dies erreicht? Hauptsächlich durch geheime Geheimdienstaktivitäten, die vom britischen Monarchen, der derzeit Königin Elisabeth II. ist, genehmigt werden.

Der MI6 ist nur dem Monarchen unterstellt, und Königin Elisabeth II. hat sich viel aktiver als die meisten anderen an den Geschäften des MI6 beteiligt. Natürlich kann sie das, da die Gelder vollständig aus ihrem Portemonnaie stammen. Königin Elizabeth wird täglich von der MI6-Abteilung "M" informiert und ist damit besser informiert als der Präsident der Vereinigten Staaten. Ihr Interesse am Balkan als britische Operation ist unbestritten.

Bei der aktuellen Operation in Jugoslawien, die Anfang 1984 begann, hat der britische Geheimdienst die volle Kontrolle. In Erwartung der kommenden Ereignisse wurden große Mengen an

Schießpulver für Jugoslawien in Südafrika bestellt, das damals die beste Qualität an Schießpulver in der Welt herstellte. Ein Großteil der südafrikanischen Produktion ging 1984 in den Iran, doch dann begann Jugoslawien auf Anweisung von jemandem in London, erhebliche Mengen dieser Ladungen für den Eigenbedarf abzuschöpfen. Aus Geheimdienstberichten, zu denen ich Zugang hatte, ging hervor, dass der finanzielle Aspekt sowohl für die Iraner als auch für die Jugoslawen von der Arbuthnot Latham Bank in London verwaltet wurde. Die Anhäufung von Waffen wurde in den Jahren vor der "Verfassungskrise" in Jugoslawien fortgesetzt.

Die "Verfassungskrise" brach auf Veranlassung des MI6 am 15. Mai 1991 aus, als Milosevic, seine vom MI6 ausgebildeten "Bolschewiken" und eine militante Fraktion der serbischen Armee das System der kollektiven Staatspräsidenten blockierten, die zwischen Serbien, Kroatien, Slowenien, Mazedonien, Montenegro und Bosnien wechselten. Dies geschah zu einem Zeitpunkt, als der Kroate Stipe Mesic an der Reihe war, das Amt zu übernehmen.

Diese Aktion blockierte auch die Unterzeichnung eines Verfassungsabkommens durch alle Parteien, mit dem vier separate Republiken geschaffen werden sollten, wie es in den Volkswahlen gefordert worden war. Serbien, Kroatien, Bosnien und Mazedonien hatten sich bereit erklärt, eine Konföderation von Staaten zu werden. Wäre dies geschehen, wäre die Kontrolle des MI6 erheblich geschwächt worden. Die Absicht von Milosevic, der auf Anweisung des MI6 handelte, war es, einen Krieg zu entfachen, in dem Serbien mit der stärksten Armee Gebiete übernehmen könnte, die ihm nicht gehörten.

Mesic ging zum Belgrader Radiosender und verurteilte Milosevics hetzerische Geste: "Dies ist kein interethnischer Konflikt, sondern eine Krise, die durch den bolschewistisch-serbischen Expansionismus verursacht wurde." Diese prophetischen Worte gingen den meisten westlichen Führern und den Völkern der Welt über den Kopf; für sie war es nur ein Sturm in einer Teetasse und nicht der Beginn des Dritten Weltkriegs.

Selbst in diesem Stadium ist nicht alles hoffnungslos; Serbien ist isoliert und wird nur von Montenegro unterstützt, und es scheint, dass der MI6 ausgekontert werden kann.

Wie es beim Komitee der 300 seit Jahren üblich ist, mischten sich die USA in den Konflikt ein, um für die Briten die Drecksarbeit zu erledigen. Bush intervenierte in Jugoslawien, wie er es auch im Golfkrieg getan hatte. Am 20. Mai 1991 kündigte Bush an, dass alle US-Hilfen für Jugoslawien eingestellt würden. Bush wusste nur zu gut, dass sein Vorgehen eine heikle Situation destabilisieren und einen bewaffneten Krieg auslösen würde, aber er beharrte auf seiner Entscheidung und gab die spekulative Begründung an, dass "Jugoslawien im Kosovo hart durchgreift". Selbst der Zeitpunkt der Ankündigung war höchst verdächtig - Serbien befand sich zu diesem Zeitpunkt im dritten Jahr der Gewalt gegen Nicht-Serben im Kosovo - ein Modell, dem es in Kroatien und Bosnien folgen sollte und dem es bald auch in Mazedonien folgen wird.

Was war der Grund für die künstlich erzeugte Krise? Die britische Regierung wollte die Ausweitung des deutschen Handels im Donaubecken sowie die Umstrukturierung des Balkans in kleine, leicht zu kontrollierende Staaten verhindern. Als sich die Krise ausweitete, warnte Russland davor, dass der Balkan erneut zum Pulverfass werden könnte, das einen großen Krieg in Europa auslösen könnte. In einer sehr pointierten Adressierung seiner Kommentare an London erklärte Moskau:

"Der Grat zwischen guten Diensten und Einmischung in die inneren Angelegenheiten ist sehr schmal."

Die von den Serben unterstützten Guerillas, die für den Westen mittlerweile kaum noch eine Rolle zu spielen scheinen, beginnen mit Moskaus Segen Kroatien anzugreifen. Mit der klaren Aussage, dass Russland jede Initiative zur Unterstützung unabhängiger Staaten ablehnen würde, warnte Moskau: "Sich auf einer Seite des Konflikts zu engagieren, würde bedeuten, mit anderen innerhalb und außerhalb Jugoslawiens in Konflikt zu geraten, ein Konflikt, der sich zu einem gesamteuropäischen Konflikt entwickeln könnte". Moskau leistete weiterhin militärische Unterstützung für die Serben.

Deutschland erklärte, dass "Versuche, die Grenzen gewaltsam zu verändern, völlig inakzeptabel sind" und deutete an, dass Großbritannien, Russland und die USA versuchten, bei der Schaffung eines Großserbiens zu helfen - eine sehr sachliche Beobachtung. Bush hatte sich mit Gorbatschow getroffen, kurz bevor die deutsche Erklärung im August abgegeben wurde. Doch trotz aller Warnungen, dass ein großer Krieg vorbereitet wurde, unternahmen die USA und Großbritannien nichts, um ihr Volk zu beraten oder die expansionistischen Kriegshandlungen Serbiens zu stoppen.

Am 6. August richtete der niederländische Außenminister Van den Broek eine Warnung an seine europäischen Kollegen:

"Unsere Mission in Jugoslawien ist gescheitert. Im Moment gibt es nichts, was wir hier tun können, aber wir wollen, dass die Welt weiß, dass die serbische Seite für das Scheitern der Gespräche verantwortlich war. Jugoslawien steht nun vor einer Tragödie und einer Katastrophe".

Was Van den Broek nicht sagte, war, dass die serbische Unnachgiebigkeit insgeheim von London, Washington und Moskau unterstützt wurde. Der wichtigste Intrigant der USA heißt Vance. Die Flammen des Dritten Weltkriegs schlagen immer schneller hoch, doch niemand scheint der Gefahr Beachtung zu schenken.

Die mir gezeigten streng geheimen Informationen beschreiben die serbisch-britischen Expansionspläne mehr oder weniger wie folgt:

Die Serben starten einen Angriff und ziehen neue Grenzen zu Kroatien und Slowenien. Die Stadt Vinkovci, ein wichtiger Eisenbahnknotenpunkt, wäre der zentrale Punkt des Angriffs. Dadurch würden 170.000 Kroaten umgesiedelt und Platz für Serben geschaffen, die die bestehende serbische Bevölkerung um 29.000 Personen vergrößern würden. Genau das ist passiert: Die erste "ethnische Säuberung" hat begonnen, ohne dass London oder Washington wirklich protestiert hätten. Wie könnte es auch

Proteste geben, schließlich geschah dies in Übereinstimmung mit der amerikanisch-britischen Balkanstrategie.

Der britische Plan, der vom MI6 entworfen wurde, unterstützt ein "Großjugoslawien", das auf dem Balkan versuchen würde, zu den Grenzen von vor 1915 zurückzukehren. Ich würde sagen, dass 1915 das optimale Jahr für den serbischen Krieg gegen Österreich war, ein Krieg, der zu einer erheblichen Erweiterung der serbischen Grenzen führte, und alles, was der MI6 tut, ist, dort weiterzumachen, wo er 1915 aufgehört hat.

Der britische Geheimdienst sagte Milosevic, er solle das Etikett des Kommunisten ablegen und sofort mit der Förderung eines serbischen Heimatlandes beginnen, was auch die Medienschakale in den USA taten. In der ersten Phase der Umsetzung des britischen Plans wurden die Städte Karolbag, Karlovac und Virovitica von serbischen Irregulären unter dem Kommando von Vojslav Seselj überrannt, der alle Arten von Gräueltaten beging und später gegenüber einer Londoner Zeitung erklärte:

"... Die Kroaten müssen umziehen oder sterben..... Wir wollen keine anderen Nationalitäten in unseren Gebieten, und wir werden für unsere wahren Grenzen kämpfen".

Bei all dem hat die CIA offenbar ebenso wie die Bush-Regierung die Augen verschlossen. Hätte es damals ein entschlossenes Vorgehen der USA gegeben, wäre es nicht zu weiteren "ethnischen Säuberungen" gekommen. Kann man sich vorstellen, dass die CIA und die Clinton-Regierung die Augen schließen würden, wenn das weiße Südafrika die Taktik von Milosevic übernehmen und die schwarzen Stämme mit großer Gewalt und einem Blutbad in ihre Heimatländer zurückdrängen würde?

Zweifellos würde es einen weltweiten Aufschrei geben, und wir würden sehen, wie die Vereinten Nationen, Großbritannien und die USA im Handumdrehen Truppen nach Südafrika schicken würden. Die Heuchelei dieser Mächte in ihren Beziehungen zu Serbien und Südafrika ist grauenhaft.

Es besteht kein Zweifel daran, dass aufgrund des zionistischen Drucks nichts unternommen wurde, um die von den Serben begangenen Gräueltaten oder die Landnahme zu beenden. Die Zionisten hoffen, mithilfe des massiven Bevölkerungstransfers das, wie sie es nennen, "Palästinenserproblem" lösen zu können. Der zionistische Schriftsteller Sholomo Tadmor hatte eine solche Meinung geäußert und als Beleg dafür den von Lord Louis Mountbatten überwachten Massentransfer von Hindus und Muslimen zur Zeit der Trennung von Pakistan und Indien angeführt. Mountbatten wurde ermordet, einige sagen, nach dem Ermessen des MI5, weil seine angeblichen homosexuellen Aktivitäten für Königin Elizabeth unangenehm wurden. "Onkel Dicky", so heißt es, habe sich etwas zu oft geoutet und sich geweigert, auf die Ratschläge des MI5 zu hören, er solle in Bezug auf sein Privatleben umsichtiger sein.

Die Verbindungen zwischen Serbien und dem Zionismus spielen eine wichtige Rolle in der Tragödie, die der niederländische Außenminister Van den Broek prophezeit hat. Die wilden Angriffe auf Deutschland und Kroatien, einschließlich der "Nazi"-Epitheta gegen den kroatischen Präsidenten Tudjman und den deutschen Bundeskanzler Kohl, sprechen Bände. Meinem Geheimdienstkontakt zufolge wurden die europäischen Bemühungen um eine tragfähige Lösung des Problems "von innen heraus von Großbritannien und Quellen in Jerusalem sabotiert". Offenbar ist die britische Methode eines Machtgleichgewichts zwischen Frankreich, Russland, der Türkei und den USA der vorbestimmte Weg.

Im September 1991 war völlig klar geworden, dass die Serben vorhatten, Kroatien und Bosnien-Herzegowina aufzuspalten, worauf eine "ethnische Säuberung" Mazedoniens folgen würde. Aus den Berichten des britischen Geheimdienstes ging eindeutig hervor, dass das Balkanprogramm auf dem richtigen Weg war und wie geplant verlief. Alle Forderungen der Außenminister der Europäischen Gemeinschaft in Brüssel, die serbische Aggression zu stoppen, wurden von Milosevic, Whitehall und Washington sorgfältig ignoriert.

Meine Geheimdienstquelle sagte, dass keiner der europäischen Führer es wagte, zu enthüllen, dass ihnen die Hände gebunden waren, als James Baker III und die Briten das Gleiche taten. Außenminister Douglas Hurd gab Milosevic grünes Licht für einen umfassenden Angriff auf Bosnien und Herzegowina.

"Die EU-Minister wissen sehr wohl, dass es eine sinnlose Übung ist, zu versuchen, die Serben, die wissen, dass sie von London und Washington unterstützt werden, davon abzuhalten, unseren Vorschlägen zu folgen. Es kann nichts getan werden, um den serbischen Ansturm zu stoppen, solange die britische und amerikanische Unterstützung nicht zurückgezogen wird."

Diese Aussage ist zweifellos richtig: Ohne die stillschweigende Unterstützung der Briten und Amerikaner hätte Milosevic es nicht gewagt, die schändlichen Gräueltaten zu begehen, die fast 250 000 Tote, 2 Millionen Verletzte und mindestens 4 Millionen Flüchtlinge zur Folge hatten. Die Position der Serben in Jugoslawien wird durch die Unterstützung der Amerikaner und Briten untermauert.

Die Geschichte hat bewiesen, dass die geheime Regierung Großbritanniens immer wieder erstaunliche Erfolge bei der Durchsetzung ihrer Ziele durch Lügendiplomatie erzielt hat. Ich denke dabei an die Verhandlungen über Palästina, die von Anfang an betrügerisch waren und vom Chef der zionistischen Föderation in Großbritannien, Lord Rothschild, kontrolliert wurden.

Im September 1991 trat nicht Lord Rothschild, sondern sein Untergebener Lord Carrington, ein gestandener Zionist, als Verhandlungsführer in Jugoslawien vor. Carrington hatte bei der Zerschlagung von Rhodesien, Südafrika, der NATO und Argentinien hervorragende Erfahrungen gesammelt. Als Meister der Täuschung war die von Carrington organisierte Friedenskonferenz der Europäischen Gemeinschaft am 7. September 1991 in Den Haag, Holland, eine Anklage zugunsten Serbiens. Die Konferenz bewirkte eine Verstärkung der serbischen Aggression und ermöglichte es Serbien, die Grenzen

Jugoslawiens zum Vorteil eines Großserbiens neu zu ziehen.

Als die Konferenz ein Embargo für den Handel und die wirtschaftlichen Angelegenheiten mit Jugoslawien beschloss, machte sie nicht deutlich, dass Kroatien bestraft wurde: Der größte Teil des europäischen Handels mit Jugoslawien wird über Kroatien abgewickelt. Da es so aussah, als würde Milosevic bestraft werden, war es Kroatien, das das Gewicht des von Großbritannien gesponserten großen Stocks zu spüren bekam. Die Friedenskonferenz für Jugoslawien sollte eigentlich nur stattfinden, wenn die Serben nicht aufhörten zu kämpfen, doch als Milosevic dieser Bedingung einen Strich durch die Rechnung machte, hielten die EG-Delegierten sie trotzdem ab, was einen echten politischen Sieg für den Schlächter von Belgrad bedeutete.

Nach der betrügerischen Konferenz unterstützte der italienische Außenminister Gianni de Michelis - der Bushs illegalen Krieg gegen den Irak eifrig unterstützte - Milosevic auf eklatante Weise, indem er die folgende Frage stellte: "Würden wir wirklich Krieg in Jugoslawien führen? Würden wir für Zagreb sterben? Sicherlich nicht". Am 19. September gab Lord Carrington offiziell zu, dass die Konferenz gescheitert war. Natürlich sagte er nicht, dass ihr Scheitern geplant war. Wie hätte sie ein Erfolg werden können, wenn Carrington sich geweigert hatte, Vorbedingungen für das Treffen zwischen den Serben und den anderen Parteien zu stellen?

Die von den Briten und Amerikanern gesponserte Konferenz sollte den serbischen Aggressoren alle Zeit der Welt geben, um noch mehr Land zu erobern und noch mehr Kroaten, Muslime und Bosniaken zu töten. Genau das geschah auch. Darüber hinaus flog die jugoslawische Luftwaffe zum ersten Mal Luftangriffe auf zivile Städte. Die Kämpfe dauerten während der gesamten Konferenz an, ohne dass Lord Carrington Milosevic auch nur ein einziges Mal für sein Verhalten rügte. Die Situation in Rhodesien wiederholte sich fast identisch: Während Carrington von "Frieden" sprach und die rhodesischen Streitkräfte ihr Feuer zurückhielten, setzte der Kommunist

Robert Mugabe seine mörderischen Angriffe auf Frauen und Kinder in abgelegenen Gemeinden fort, ohne dass Carrington auch nur die geringste Kritik äußerte.

Meine Geheimdienstquelle erzählte mir, dass Carrington Deutschland mit "wirtschaftlicher Vergeltung" gedroht hatte, falls es aus der Reihe tanzt und den Kroaten und Bosniaken echte Unterstützung anbietet. Lord Carrington stellte seine eigene geheime Entscheidung über eine "friedenserhaltende" Truppe der Vereinten Nationen auf. Nach der Konferenz bittet Bundeskanzler Kohl um ein Treffen mit George Bush. Seinem Antrag wird unter der Bedingung stattgegeben, dass weder über eine militärische Intervention noch über finanzielle Sanktionen gegen Belgrad gesprochen wird. Das einzige, was Bush akzeptiert, ist, dass eine Friedenstruppe entlang der Linien zwischen Kroatien und Serbien stationiert wird und damit de facto die serbische Besetzung des kroatischen Territoriums anerkennt.

Von den Briten gewarnt, lehnte Milosevic selbst eine so unbedeutende Geste gegen Serbien ab und erklärte, er schätze "keine ausländische Militärpräsenz". Kohl wurde gewarnt, dass, wenn Deutschland Wellen schlagen würde, dies einen großen Krieg auf dem Balkan auslösen könnte, der sich schnell auf ganz Europa ausbreiten könnte. Was Bush nicht wahrhaben wollte, war, dass ein solcher Krieg bereits in vollem Gange war und durch nichts mehr verhindert werden konnte.

Während die Diplomaten also diskutierten, bluteten die Kroaten, Muslime und Bosniaken weiter. Bush fügte der Farce seine Unterstützung hinzu und entsandte Cyrus Vance, ein langjähriges Mitglied der Illuminaten und hoher Beamter des Komitees der 300, um eine neue Runde von Friedensgesprächen zu verhandeln. Vance, der am 9. Oktober in Belgrad eintraf und ein Originalmitglied des interreligiösen Friedenskolloquiums von 1972 war, das den Grundstein für die derzeitigen Aktionen in Jugoslawien legte, erhielt ein Maximum an Medienberichterstattung.

Alles, was bei Vances Besuch herauskam, war, dass das US-

Außenministerium die Amerikaner in Jugoslawien aufforderte, das Land zu verlassen, und das konsularische Personal seiner Botschaft in Zagreb reduzierte. Das von Vance gegen die Serben verhängte Waffenembargo war wiederum ein totaler Betrug, denn er wusste, dass die Regierung in Belgrad große Vorräte an Schießpulver für ihre Artillerie angelegt hatte und dass ihre eigene florierende Waffenindustrie durch ein von den Amerikanern gesponsertes Embargo nicht geschädigt werden würde. Wie beim Wirtschaftsembargo waren es auch beim Waffenembargo Kroaten, Muslime und Bosniaken, die schwer getroffen wurden. Es dürfte schwer sein, eine grausamere Politik der Diplomatie durch Lügen zu finden.

Am 6. November 1991 konnte sich der deutsche Bundeskanzler Helmut Kohl nicht mehr zurückhalten. Dem von Lord Carrington und George Bush auferlegten Knebel trotzend, erklärte Kohl im Bundestag, dass es notwendig sei, die unabhängigen Republiken Slowenien, Kroatien und Bosnien-Herzegowina sofort anzuerkennen. Kohl wurde durch die dritte Ablehnung eines europäischen Friedensplans durch Milosevic getrieben.

Meine Quelle im Geheimdienst sagte mir, dass Kohl über die Taktik von Lord Carrington empört war, dessen pro-serbische Edikte immer dreister wurden. Carrington hatte Milosevic gesagt, dass es keine Aufforderung an Serbien geben würde, die von Albanern dominierte Region Kosovo zu respektieren. Daraufhin gab Carrington den serbischen Streitkräften grünes Licht für einen Angriff auf das Kosovo und einen anschließenden Marsch auf Mazedonien. Kohl hatte privat mit seinen Geheimdienstchefs die Möglichkeit besprochen, alle jugoslawischen Vermögenswerte in deutschen Banken einzufrieren und deutsche Investoren zu zwingen, ihr Geld von Banken in Belgrad abzuheben.

Meine Quelle berichtete mir auch, dass Kohl, als die geheimen Gespräche in Carrington "durchgesickert" waren, in Rage geriet und Milosevic angeblich vor dem warnte, was passieren könnte. Milosevic erließ daraufhin einen Eilerlass, in dem er die jugoslawische Zentralbank anwies, bis zu 95% ihrer ausländischen Devisen - fast 5 Milliarden US-Dollar - auf Schweizer Bankkonten zu deponieren. Diese Maßnahme wurde nur wenige Stunden nach dem Erhalt des "Tipps" von Carrington in Belgrad ergriffen.

Unzufrieden mit dem Schaden, den er bereits den unabhängigen Republiken Kroatien, Slowenien und Bosnien und Herzegowina zugefügt hatte, reiste Bush, höchstwahrscheinlich auf Anweisung des Royal Institute for International Affairs, nach Den Haag. Am 9. November hielt er eine Rede vor den Delegierten der Europäischen Gemeinschaft. Erklärer

> "es gibt keinen Platz für diese alten Spuren der Feindseligkeit im neuen Europa, und was wir jetzt in Jugoslawien sehen, ist die Art und Weise, wie Nationalstolz ein Land in einem Bürgerkrieg spalten kann".

Bush warf Kroatien daraufhin vor, seine Unabhängigkeit anzustreben.

In Fortsetzung seines Angriffs auf Kroatien erklärte Herr Bush:

> "... Während die dringende Arbeit am Aufbau der Demokratie und der Reform des Marktes voranschreitet, sehen manche im Triumph der Freiheit eine bittere Ernte. Aus dieser Sicht hat der Zusammenbruch des Kommunismus die Büchse der Pandora des alten ethnischen Hasses, des Ressentiments und sogar der Rache geöffnet... Ganz Europa wurde von den Gefahren eines alten Feindes - des Nationalismus - wachgerüttelt, der von Hass getrieben und gegenüber edleren Zielen gleichgültig ist. Dieser Nationalismus wird von alten, abgedroschenen Vorurteilen genährt, die Intoleranz und Misstrauen, ja sogar Rassismus und Antisemitismus lehren".

Das Ende der Rede ist der Schlüssel zu Bushs Rede: Das Streben nach Unabhängigkeit soll mit Antisemitismus gleichgesetzt werden. Wie die Verbindung hergestellt wird, wird denjenigen, die mit den Codewörtern und dem Jargon der Geheimdienste nicht vertraut sind, nicht klar sein. Was steckte hinter dieser Nachricht? Meine Kontakte in den Geheimdiensten, die auf Codewörter spezialisiert sind, sagten mir, dass die Botschaft an

Deutschland gerichtet war, als Warnung, Kroatien, Slowenien und Bosnien nicht zu Hilfe zu kommen, aus Angst, sie könnte mit einem zunehmenden Nationalismus verwechselt werden, der die deutschen Hilfsversuche mit "Nazismus" gleichsetzen würde. Auch im kanadischen Parlament war die Regierung gezwungen, weiße Weste zu zeigen. Am 18. November 1991 musste Außenministerin Barbara McDougall verkünden, dass es keine Anerkennung der unabhängigen Republiken Kroatien und Bosnien und Herzegowina geben würde. Unter wütendem Gebrüll auf beiden Seiten des Hauses erklärte McDougall, sie sei von Carrington und Vance davon überzeugt worden, dass die Anerkennung der Republiken eine schlechte Entscheidung wäre. Es kam zu einem wütenden Schlagabtausch, als die wahrhaft böse, irreführende und verräterische Rolle der beiden falschen "Unterhändler" enthüllt wurde. Unglaublicherweise erklärte McDougall

"... die Anerkennung von Kroatien, Bosnien und Slowenien zum jetzigen Zeitpunkt würde das Ende des Verhandlungsprozesses bedeuten und die Frage durch Gewalt und Stärke regeln lassen".

Das ist genau die Politik der Serben und das, was sie sich immer gewünscht haben.

Währenddessen war das Waffenembargo gegen Jugoslawien weiterhin ein Witz, denn die Serben erhielten weiterhin Schießpulver von schwedischen Händlern sowie andere Waffen, die nicht in Jugoslawien hergestellt wurden. Der Waffenzug hatte kein Ende. Die Muslime erhielten keine Waffen und die Bosnier erhielten über den Iran nur eine kleine Menge an Gewehren und Granaten. Diese Waffen waren der serbischen Artillerie und den serbischen Panzern nicht gewachsen. Die schwer bewaffnete serbische Armee setzte ihre Kampagne "Zufluchtsorte der Toten" fort. Kroatien und Bosnien, die 7000 Gewehre und ausreichend Munition für drei Monate erhalten hatten, standen der serbischen 155-mm-Artillerie, Mörsern, schweren Maschinengewehren, Granatwerfern, Panzern und gepanzerten Truppentransportern gegenüber.

Die Genfer Konvention wurde von den Serben völlig missachtet, aber die USA können sich diesbezüglich nicht wirklich beschweren, denn wir haben im Irak genau das Gleiche getan, wenn nicht sogar noch Schlimmeres. Ich kenne keinen Vorfall, der an die barbarische Brutalität der Beerdigung von 12 000 irakischen Soldaten bei lebendigem Leib heranreichen würde. Die schwere serbische Artillerie ließ ein tödliches Sperrfeuer auf Kirchen (wahrscheinlich das Ziel Nummer eins), Krankenhäuser, Schulen und sogar Kindergärten niederregnen. An der Absicht der Serben, so viele Zivilisten wie möglich zu terrorisieren, zu ermorden und zu verstümmeln, bestand kein Zweifel.

Die Zukunft von Bosnien und Herzegowina ist zweifellos sehr düster; die serbischen Aggressoren besetzen bereits 78% der Landmasse und treiben täglich in einem fürchterlichen Ansturm alles vor sich her, während die Vereinten Nationen auf Nebenstraßen eilen und nichts gegen den Terror und den Massenmord an Unschuldigen unternehmen. Meine Quelle wies mich darauf hin:

"[Die Vereinten Nationen sind] völlig unglaubwürdig, sie tun nichts, um der Zivilbevölkerung zu helfen, geschweige denn, sie vor serbischen Gräueltaten zu schützen. Insbesondere die UN-Mission in Bosnien ist ein Schwindel und eine Schande".

Nicht zufrieden mit den Verwüstungen, die er bereits in Kroatien, Bosnien-Herzegowina und Slowenien angerichtet hatte, trat der Ministerrat der Europäischen Gemeinschaft am 2. Mai 1992 in Portugal zusammen und gab sofort eine Erklärung heraus, in der er sich weigerte, die Unabhängigkeit der Republik Mazedonien anzuerkennen. Dies war in der Tat das dritte Mal, dass destabilisierende Kräfte außerhalb Jugoslawiens die Arena betraten, um Mazedonien zum nächsten Ziel der serbischen Aggression zu machen.

Mazedonien hat wie alle Balkanstaaten das Recht auf Unabhängigkeit. Es hat ein eigenes Staatsgebiet, ein souveränes Volk, ein souveränes Parlament und die überwältigende Unterstützung für die Unabhängigkeit, die das Volk in einem Referendum am 18. September 1991 zum Ausdruck brachte. Die

Versammlung (Parlament) wurde im November 1990 gewählt, und ein Jahr später wurde eine neue Verfassung verkündet und angenommen.

Warum also will der Europäische Rat die Unabhängigkeit Mazedoniens nicht anerkennen? Als Grund wird angegeben, dass Griechenland den Namen "Mazedonien" nicht mag, was ein Grund für zukünftige Konflikte sein könnte. In der Zwischenzeit wird die Tür für eine serbische Aggression weit offen gelassen, mit der Begründung, dass Mazedonien keine Republik, sondern ein Teil Jugoslawiens ist. Ich erwarte, dass Mazedonien das Schicksal von Kroatien und Bosnien-Herzegowina erleiden wird, mit stillschweigender Billigung der Vereinigten Staaten, Großbritanniens und Frankreichs. Der französische Präsident Mitterrand ist entschlossen, eine wichtige Rolle in Jugoslawien zu spielen, auch wenn er ein lahmer Präsident ist.

Damit ist die Bühne für ethnische Säuberungen in Mazedonien bereitet, doch diesmal werden sie eskalieren und auf Albanien und Ungarn übergreifen, was die starke Möglichkeit einer russischen Intervention mit sich bringt, was den Beginn eines großen europäischen Krieges bedeuten würde, in den die USA hineingezogen würden. Unsere Streitkräfte werden die Hauptlast an Menschen, Ausrüstung und finanziellen Kosten tragen.

Wir dürfen nicht zulassen, dass dies geschieht. Das amerikanische Volk muss auf die eine oder andere Weise wach sein für das, was vor sich geht, trotz der Täuschung durch die Medien. Es gibt viele andere Alternativen, die genutzt werden können, um den Krieg zu stoppen. Solche Maßnahmen wurden erfolgreich eingesetzt, um den Schah von Iran zu stürzen, Südafrika unter starken Druck zu setzen und den Irak nach dem Ende der Gewalt zu zerstören.

Eine der wichtigsten Waffen, die den USA und Großbritannien zur Verfügung stehen, ist die Finanzkontrolle. Innerhalb weniger Tage könnten die Serben gezwungen werden, ihre Aggression zu beenden, indem sie den Handel mit der jugoslawischen Währung verbieten, alle jugoslawischen Gelder, wo immer sie sich befinden, einfrieren und harte Sanktionen gegen jede Nation verhängen, die mit dem serbischen Jugoslawien Handel treibt. Diese Maßnahmen werden, wenn sie rigoros angewandt werden, viel mehr bewirken, als es eine Landstreitmacht je könnte, und können schnell umgesetzt werden. Auf keinen Fall sollten die USA Bodentruppen auf dem Balkan einsetzen, da dies den Beginn eines großen europäischen Krieges einläuten würde.

Parallel zu diesen finanziellen und wirtschaftlichen Maßnahmen sollten die USA Serbien eine Frist von drei Tagen einräumen, um seine schwere Artillerie und Mörser abzuziehen. Danach sollten die USA mit Zustimmung des Kongresses umgerüstete Jagdbomber oder Marschflugkörper entsenden, um die serbischen Waffenstellungen zu zerstören. Die lahme Ausrede, dass unsere Piloten nicht in der Lage sein werden, ihre Ziele zu finden, erweist unseren Streitkräften einen sehr schlechten Dienst. Angesichts der technologischen Fortschritte, insbesondere bei der Infrarot- und Laserbildgebung, besteht kein Zweifel daran, dass unsere Piloten ihre Ziele bei fast jedem Wetter, bei Tag und bei Nacht, finden könnten. Das einzige, was eine solche Aktion verhindert, ist die Zurückhaltung Washingtons, gegen die Interessen Großbritanniens zu handeln. Der Einsatz von nachgerüsteten Marschflugkörpern würde auch jede Möglichkeit von US-Verlusten in der Luft ausschließen.

Experten des Verteidigungsgeheimdienstes sagen, dass eine Streitmacht von 35.000 bis 40.000 Soldaten nötig wäre, um der serbischen Aggression ein Ende zu setzen. Das ist eine absolute Unterschätzung, um das amerikanische Volk zu täuschen, das vielleicht bereit wäre, der Beteiligung einer solchen Anzahl von Truppen zuzustimmen, sich aber vor einer größeren Streitmacht sträuben würde. Der große Plan ist, unsere Bodentruppen entweder in Bosnien oder (wahrscheinlicher) in Mazedonien zu involvieren. Im richtigen Moment wird man uns sagen, dass unsere Bodentruppen überfordert zu werden drohen und dass 50.000 zusätzliche Soldaten benötigt werden. Wer von uns würde auf den ersten Blick sagen: "Nicht noch mehr Truppen, zu viel ist zu viel". So wird der Krieg weiter eskalieren. Es ist an der Zeit, "NEIN" zu Bodentruppen und "JA" zu Luftschlägen oder Marschflugkörpern zu sagen, um die schwere Artillerie und die

Mörser der Serben zu zerstören.

Eine solche Aktion würde den großen Plan der britischen Strategen durchkreuzen, die seit langem planen, Europa mithilfe der politischen und militärischen Flügel der NATO in einem Zustand der - wirtschaftlichen und militärischen - Unterwerfung zu halten. Sobald der Plan bekannt ist, bedarf es keiner Täuschung mehr. Es geht darum, deutlich zu machen, was getan werden muss. Die klare Absicht Washingtons und Londons ist es, Europa die neue Weltordnung aufzuzwingen und dabei die Serben als Ersatzterroristen zu benutzen, um anderen Nationen zu zeigen, dass der Schutz durch die NATO nach wie vor lebensnotwendig ist.

Was die Anhänger der Neuen Weltordnung zu etablieren versuchen, ist, dass es eine langfristige Tendenz zur Anarchie gibt, wenn nationalistische Interessen dominieren. Die anhaltende Fragmentierung Europas sollte laut dem IRPC-Plan 1972 - Bellagio zeigen, dass zusammenlebende Völker, egal ob Mehrheits- oder Minderheitsbevölkerung, immer Differenzen haben werden und versuchen werden, ihre Differenzen in gewaltsamen Konflikten zu beenden. Somit ist der Schutz einer nicht-nationalistischen Regierung vor der Neuen Weltordnung absolut notwendig und sogar wünschenswert.

Nach Ansicht der NWO-Strategen wird[9] ein Kräftegleichgewicht zwischen den Nationen das Problem nicht lösen, da die Nationen einander immer misstrauen werden, weil sie befürchten, dass sich eine Nation einen Vorteil gegenüber der anderen sichern will. Ein Beispiel dafür sind die Beziehungen zwischen Japan und den USA, die sich in den letzten fünf Jahren stark verschlechtert haben. Eine Neue Weltordnung - eine einzige Weltregierung würde sich um die Spannungen kümmern und sie beseitigen, denn die eigentliche Ursache des Problems ist die nationalistische Rivalität, die beseitigt würde.

Dieses von der Neuen Weltordnung vorgeschlagene idealistische Simulacrum wird natürlich massive Transfers großer

---

[9] New World Order, Ndt.

Bevölkerungsgruppen beinhalten, die, wie uns gesagt wird, nicht von Blutvergießen begleitet sein werden. "Sie haben doch gesehen, was in Jugoslawien passiert ist", werden die NWO-Strategen sagen, "es ist sicher besser, solche Transfers auf friedliche Weise durchzuführen". Sie könnten auf die friedlichen Transfers von Hindus und Muslimen, Griechen und Türken verweisen; letztere am Ende des Ersten Weltkriegs. Die Wahrheit ist eine ganz andere: Millionen Hindus und Muslime starben bei diesen "friedlichen" Transfers, ebenso wie Tausende Griechen und Türken.

"Vielleicht", werden die NWO-Planer sagen, "aber der wahre Vorteil wird sich aus einer Umleitung der Weltpolitik ergeben". Zur Untermauerung ihrer Theorie verweisen sie auf die Schrecken Jugoslawiens, die sich, so versprechen sie, in einer Neuen Weltordnung/Einheitsregierung niemals wiederholen könnten. Sie betonen die Unfähigkeit Europas, die Feindseligkeiten in Jugoslawien zu beenden, und versprechen, dass es unter einer Einheitsregierung nicht zu solchen Konflikten kommen würde. Falls sie doch einmal ausbrechen sollten, würden sie schnell erstickt werden. Das eklatante Versagen Europas, den Jugoslawienkonflikt zu verhindern, wird als Musterbeispiel dafür gelten, wie die Welt ihre Angelegenheiten in Zukunft nicht mehr regeln dürfen sollte.

Unter diesen Umständen wäre der Zusammenbruch Europas in einem großen Krieg ein großer Vorteil für die Neue Weltordnung - Eine Weltregierung. Die Franzosen eilten herbei, um Woodrow Wilson als Friedensstifter und Retter zu umarmen, als er mit seinem Friedensplan in Paris eintraf, und die Täuschung steht kurz davor, wiederholt zu werden. Die europäischen und amerikanischen Nationen werden wahrscheinlich überstürzt die Neue Weltordnung - Eine Weltregierung als die einzige Hoffnung auf ewigen Frieden annehmen.

Wie Wilsons 14-Punkte-Friedensplan ist das, was jede der Nationen erhält, ewige Sklaverei und eine Barbarei, die es auf der Erde noch nie gegeben hat. Die jugoslawische Tragödie ist eine künstlich erzeugte Tragödie mit viel weiter reichenden

Zielen in der globalen Strategie. Die Brutalität der Serben ist eine gute Sache, denn sie lässt die Nationen Europas jeden Tag fürchten, dass sie die nächsten sein könnten, und wenn die Zeit gekommen ist, werden sie ausreichend "weichgeklopft" worden sein, um ihre zukünftigen Sklavenhalter mit offenen Armen zu empfangen.

Nach monatelangem Zögern versprach Präsident Clinton, die bosnischen Muslime zu bewaffnen. Aus London kamen empörte Rufe. Mit einer Stimme wurde der Plan von Lord Owen, Lord Carrington und Cyrus Vance angeprangert. Laut meiner Geheimdienstquelle war die Botschaft, die Clinton von diesen würdigen Vertretern erhielt, dass er

> "wäre es unklug, die bosnischen Muslime zu bewaffnen, da dies nur das Ausmaß der Gewalt erhöhen würde, die eine friedliche Lösung, auf die wir hinarbeiten, blockieren würde."

Aufgrund dieses ungebührlichen Drucks auf die US-Außenpolitik verzögerte Clinton den Plan, Muslimen bei der Selbstverteidigung zu helfen - eine Verzögerung, die es den serbischen Aggressoren ermöglichen wird, weiterhin zu morden und Land zu erobern. So weit ist es mit "unserer" unabhängigen und souveränen Nation gekommen: Wir beugen unser Knie vor allen Forderungen des Komitees der 300.

Wir wissen noch nicht, wer vom schwarzen Adel die Serben kontrolliert, aber es ist offensichtlich, dass einige ihrer wichtigsten Mitglieder darin verwickelt sind. Der Libanon ist ein gutes Beispiel für die Dinge, die in Bosnien, Kroatien und Slowenien noch kommen werden. Der "Bürgerkrieg" im Libanon wurde von Mitgliedern des Schwarzen Adels, Prinz Johannes von Thurn und Taxis, Lord Harlech (David Ormsby Gore) und Lord Carrington, ausgelöst und kontrolliert, die gemeinsam mit Alexander Haig, Julian Amery, Henry Kissinger, Sir Edmund Peck, Nicholas Elliot (Leiter der MI6-Station für den Nahen Osten), Rupert Murdoch und Charles Douglas Home u. a. handelten.

Dieses Verbrechen gegen den Libanon wurde von den Medien

als Bürgerkrieg bezeichnet, obwohl es das nicht war. Der mörderische Angriff Serbiens auf seine Nachbarn wird auf die gleiche Weise beschrieben. Nur diesmal gehen die Verschwörer viel vorsichtiger vor, um ihre Spuren zu verwischen, wenn man bedenkt, wie sie im Libanon verfolgt wurden, was dazu führte, dass sie von mir und einem anderen Schriftsteller entdeckt wurden. Sobald ich die Namen der Schattenkontrolleure in Serbien kenne, werde ich nicht zögern, sie offenzulegen.

Wie im Libanon besteht der Plan darin, den Balkan in eine Reihe kleiner, autonomer und schwacher Staaten zu zerlegen, die nicht in der Lage sein werden, den Plänen der Neuen Weltordnung - einer Weltregierung - Widerstand entgegenzusetzen. Wenn amerikanische und alliierte Bodentruppen nach Bosnien und in den Kosovo entsandt werden, werden sie in der Lage sein, der Situation zu begegnen.

In Mazedonien werden sie in der Art des alliierten Expeditionskorps auftreten, das in den letzten Tagen des Ersten Weltkriegs in Murmansk landete.

Die Hinterhältigkeit der Gefährten Lawrence Eagleburger und Brent Scowcroft in jugoslawischen Handelsunternehmen muss aufgedeckt werden, und die Bedeutung von Milosevics Verbindungen in Washington kann nicht hoch genug eingeschätzt werden. Die Völker Sloweniens, Bosnien-Herzegowinas und Mazedoniens werden keine Hilfe von der einzigen Supermacht der Welt erhalten, die wie ein Weichei vom Komitee der 300 und seiner Abteilung für auswärtige Angelegenheiten, dem Royal Institute for International Affairs, kontrolliert wird.

X. Anatomie der Attentate

M ord war lange Zeit eine beliebte Methode, um sich eines politischen Rivalen oder eines Führers zu entledigen, dessen Politik einer anderen Macht entgegensteht, oder wenn ein von einer geheimen Organisation eingesetzter Führer seine Befehle nicht weiter befolgt, wie im Fall von Präsident John F. Kennedy.

Morde werden auch verübt, um politische, wirtschaftliche oder religiöse Veränderungen herbeizuführen, die von den Parteien, die sich gegen eine Regierung, ein Führungsgremium oder eine religiöse Vorschrift wenden, als wünschenswert erachtet werden. Die Geschichte ist voll von Beispielen.

Sehr oft ranken sich Verschwörungen um Morde, die nie aufgedeckt werden, wie im Fall der Ermordung von Martin Luther King Jr., John F. Kennedy und Robert Kennedy. In allen drei Fällen wurde der mutmaßliche Mörder zum Schweigen gebracht: Oswald, bevor er vor Gericht eine Chance bekam; Ray, indem er von einem skrupellosen Anwalt abgelenkt wurde; Sirhan Sirhan im Gefängnis. So sind Millionen von Amerikanern davon überzeugt, dass weder Ray noch Oswald noch Sirhan Sirhan den Abzug betätigt haben.

Unmittelbar nach Kings Ermordung bot sich der Polizei von Memphis eine günstige Gelegenheit, Fingerabdrücke in dem Gästehaus zu nehmen, in dem Ray angeblich übernachtet hatte. Das Gästehaus befand sich in der South Main Street in einem Schwarzenviertel von Memphis; Ray kam dort am 4. April 1968 um 15 Uhr an. Augenzeugen berichteten, dass sie drei Männer aus dem Gebäude kommen sahen, von denen einer Ray war. Es wäre interessant zu wissen, warum nie Anstrengungen unternommen wurden, die beiden anderen Männer zu finden, die mit Ray gesehen wurden.

Es gab keine positive Identifizierung von Rays Fingerabdrücken in dem Zimmerhaus. Laut Major Barney Ragsdale vom Georgia Bureau of Investigation schickte das Missouri State Penitentiary, in dem Ray inhaftiert war, dem FBI eine falsche Reihe von Fingerabdrücken. Aus bislang ungeklärten Gründen brauchte das FBI zwei Wochen, um Rays Fingerabdrücke zu finden, bevor es bekannt gab, dass er der Mörder war. Dies widerspricht der langjährigen Behauptung des FBI, dass es eine Person durch den Vergleich von Fingerabdrücken innerhalb von zehn Minuten identifizieren kann. Der Vergleich der Fingerabdrücke wurde anhand der Akten aus Los Angeles durchgeführt, was eine Abweichung vom normalen Verfahren darstellt. Atlanta wäre der logische Ort gewesen, um die Akten zu überprüfen. Die Fingerabdrücke aus Los Angeles stammten von Eric Starvo Galt. Den Fingerabdrücken war ein Foto beigefügt. Hatte die Verzögerung etwas mit Eric Starvo Galt zu tun? War "Galt" Ray?

Als die Polizei von Memphis vom FBI aus dem Weg geräumt wurde, schrieb der AP-Journalist Don McKee:

"Bundesagenten liefen durch die Stadt, zeigten Skizzen des Gesichts eines Mannes und stellten Fragen zum Namen Eric Starvo Galt, dem mysteriösen Objekt einer Jagd, die mit der Suche nach dem Mörder von Dr. Martin Luther King in Verbindung gebracht wird. Was die Agenten von Galt erfahren haben oder was sie von ihm wollen, ist ein gut gehütetes Geheimnis".

Gaylord Shaw, ebenfalls ein AP-Reporter, schickte eine Meldung, in der es hieß:

"Das FBI hält die landesweite Verteilung eines Phantombildes des Mörders von Dr. Martin Luther King zurück. Als der weiße Mustang, mit dem Ray nach der Schießerei angeblich geflohen war, in Atlanta gefunden wurde, wurde er Eric Starvo Galt zugeschrieben. Das FBI veröffentlichte einen Haftbefehl gegen Galt wegen "Verschwörung mit einem anderen Mann, von dem er behauptete, er sei sein Bruder, um Dr. King zu verletzen, zu unterdrücken, zu bedrohen und einzuschüchtern".

Das Bulletin wird zunächst zurückgezogen und dann wiederhergestellt. Darin wird unter anderem berichtet, dass Galt 1964 und 1965 in New Orleans Tanzunterricht genommen hatte. James Earl Ray befand sich zu dieser Zeit im Missouri State Penitentiary.

Zwei Wochen nach dem Mord an King gibt J. Edgar Hoover bekannt, dass Galt in Wirklichkeit James Earl Ray ist. Hoover verschweigt, was mit Galts Bruder geschehen ist. Warum wurde keine Untersuchung über das Schicksal von Galts "Bruder" durchgeführt?

Die mysteriöse Vertreibung von Inspektor Redditt von der Polizei in Memphis aus dem Gebiet des Lorraine Motels ist immer noch nicht aufgeklärt worden. Nachdem Redditt nach Hause eskortiert worden war, erhielt Leutnant Arkin von der Polizei in Memphis eine Nachricht vom Geheimdienst, in der es hieß, dass "ein Fehler gemacht" worden sei, was den "Vertrag" über Redditts Leben betreffe." Detective Arkin machte sich daraufhin mit unbekanntem Ziel auf den Weg zu Redditts Haus. Arkin will bis heute mit niemandem über diese seltsame Episode sprechen.

Redditt wurde bei seinem Überwachungsauftrag tatsächlich von W. B. Richmond, einem Inspektorenkollegen, begleitet. Richmond sagte aus, dass er sich zu dem Zeitpunkt, als King erschossen wurde, nicht auf einer Überwachungsmission befand, sondern im Polizeihauptquartier in Memphis war und nichts von dem Mord wusste. Später machte Richmond eine Kehrtwende und gab zu, dass er sich genau zu dem Zeitpunkt, als King erschossen wurde, in einer Feuerwache direkt gegenüber dem Lorraine Motel befand. Warum dieser Widerspruch? Hat Richmond diese Tatsache unter Eid vor dem Justizministerium ausgesagt, und wenn ja, warum wurde er nie wegen Meineids angeklagt?

Als Scotland Yard Ray auf dem Londoner Flughafen Heathrow festnahm, erzählte er den Beamten, dass sein Name "Ramon George Sneyd" sei. Wieder einmal tat das FBI etwas

Merkwürdiges: Galts Fingerabdrücke aus Los Angeles wurden an Scotland Yard geschickt, statt der Fingerabdrücke aus den FBI-Akten in Washington.

Das mittlerweile berühmte Foto von King, der tot auf dem Balkon des Lorraine Motel liegt, zeigt Jesse Jackson und Andrew Young, die nicht auf das Fenster des Zimmerhauses zeigen, sondern auf die Anhöhe, wo Zeugen einen mit einem Handtuch bedeckten Mann gesehen haben wollen, der sich hinter Büschen versteckte. Die Ausrichtung der Wunde an Kings Körper deutet über jeden vernünftigen Zweifel hinaus darauf hin, dass es sich höchstwahrscheinlich um den Bereich handelt, von dem aus der Schuss abgegeben wurde, und nicht um das Badezimmerfenster des Gästehauses.

Es besteht kein Zweifel daran, dass Rays Prozess eine Parodie auf die Justiz war. Ray wurde nicht gestattet, das Wort "Verschwörung" zu erwähnen, das in seinem ursprünglichen Plädoyer mehrfach vorkam. Der Richter weigerte sich auch, Ray über seine Verschwörungsaussage diskutieren zu lassen, und sein Anwalt Percy Foreman stimmte dem Richter zu. Auf Foremans Rat hin bekannte sich Ray schuldig, was seine Chancen auf ein vollständiges und faires Verfahren zunichte machte.

Im Oktober 1974 erhielt Ray eine erneute Anhörung vor dem Bundesbezirksgericht in Memphis, doch nach acht Verhandlungstagen wurde sein Plädoyer abgelehnt. Ray beteuerte weiterhin seine Unschuld und sagte seiner Familie, dass er fest entschlossen sei, die Wahrheit ans Licht zu bringen. Vielleicht war das der Grund, warum 1977, als er sich im Staatsgefängnis Brushy Mountain befand, ein Mordanschlag auf ihn verübt wurde. Obwohl er schwere Stichverletzungen erlitt, überlebte Ray. Es sind zu viele Details zu klären, als dass man beweisen könnte, dass Kay den Schuss abgegeben hat, der King tötete.

Das Komitee der 300 ist ständig bemüht, die Kontrolle über alle natürlichen Ressourcen in allen Ländern zu erlangen. Ihre Position wurde von H.G. Wells und Lord Bertrand Russell dargelegt und bekräftigt. Nirgendwo wurde diese Position entschiedener durchgesetzt als im Kongo und in Südafrika.

Das als Belgisch-Kongo bekannte riesige Land, das zweitgrößte in Afrika, wurde jahrzehntelang rücksichtslos seiner natürlichen Ressourcen beraubt: Kupfer, Zink, Zinn, Kautschuk, Elfenbein und landwirtschaftliche Produkte wie Kakao, Kaffee und Palmöl. Der belgische König Leopold II. sagte oft, dass alles, was im Kongo wertvoll sei, ihm gehöre. Das stimmte sicherlich, denn die belgische Regierung verwaltete die Eisenbahnen, Bergwerke, Gießereien, Kakao- und Palmölplantagen, Fabriken und Hotels des Landes über Briefkastenfirmen. Diese Gesellschaften unterstanden König Leopold II., eigentlich dem Komitee der 300. Das war die Politik des Komitees der 300 in ihrer besten Form.

Die kongolesischen Arbeiter erhielten nur wenig Lohn, und was sie bekamen, bestand hauptsächlich aus kostenlosem Wohnraum, medizinischen Leistungen und Kleidung. All dies wurde von einem aufstrebenden politischen Führer namens Patrice Lumumba bedroht, der 1959 die Gründung einer nationalen politischen Partei ankündigte, um sich der belgischen Herrschaft über das Land zu widersetzen. Die belgischen Behörden bezeichneten Lumumba als "Kommunisten" und als Gefahr für das Wohlergehen des Landes. Er wird verhaftet und später wieder freigelassen. Tatsächlich war Lumumba nicht mit dem Kommunismus beschäftigt, sondern bemühte sich darum, das Leben des kongolesischen Volkes zu verbessern.

Im Jahr 1960 kam es zu großen Unruhen, als Lumumba die Unabhängigkeit von Belgien forderte. Lumumba bat die Vereinten Nationen und die USA um Hilfe, die ihm jedoch verwehrt wurde. Er wurde vom Außenministerium als "Mann, der mit marxistischem Geschwätz spielt" bezeichnet, das übrigens keine Beweise für seine Behauptung vorgelegt hat. Lumumbas erstaunliche Begabung für die Kunst der Rede macht auf das kongolesische Volk einen solchen Eindruck, dass das Komitee der 300 beginnt, sich für das Thema zu interessieren.

Im August 1960 erhielten zwei CIA-Offiziere, die beide vorbestraft waren, von Allen Dulles den Befehl, Lumumba innerhalb von drei Monaten zu ermorden. Lumumbas Begabung als Redner war in den Berichten der CIA im Kongo vermerkt und beschrieb auch Lumumbas angebliche kommunistische Verbindungen. Im folgenden Monat wies die CIA den Bakteriologie-Wissenschaftler Joseph Schneider an, mit einem Diplomatenkoffer in den Kongo zu reisen, in dem sich ein Fläschchen mit einem tödlichen Virus befand, mit dem Lumumba getötet werden sollte. Dulles ordnete nach Rücksprache mit Eisenhower die Beseitigung Lumumbas an, doch das von Schneider mitgeführte Virus konnte nicht verabreicht werden, da Lumumba ständig in Bewegung war.

Der Senatsausschuss zur Überwachung der Geheimdienstoperationen unter dem Vorsitz von Frank Church berichtete, dass die CIA mit Elementen im Kongo in Kontakt stand, die Lumumba töten wollten. Der Church-Bericht deutete an, dass es sich dabei um Agenten der belgischen Regierung handelte. Da Lumumba um sein Leben fürchtete, bat er die Vereinten Nationen um Schutz, doch jegliche Unterstützung wurde ihm verweigert. Stattdessen stellten ihn die Vereinten Nationen unter Hausarrest, aber er konnte in einem von seinem Bruder bereitgestellten Auto fliehen. Zusammen mit seiner Frau und einem seiner Kinder floh Lumumba nach Stanleyville, wo er starke Unterstützung erhielt.

Die CIA-Berichte von 1960 erzählen, wie die Agentur bei der Wiederbeschaffung Lumumbas half, indem sie dem kongolesischen Militär zeigte, wie und wo Straßensperren errichtet werden sollten. Der vom Komitee der 300 ernannte Marionettenführer, ein gewisser Joseph Mobutu, beaufsichtigte die Suche. Als Lumumba am 1er Dezember 1960 von Mobutus Männern gefangen genommen wurde, wurde er bis zum 17. Januar 1961 gefangen gehalten.

Am 12. Februar 1961 gab Mobutu bekannt, dass Lumumba aus einem Haus in einer abgelegenen Region, in der er festgehalten wurde, geflohen und von feindlichen Stämmen getötet worden sei. John Syckwell von der CIA erklärte jedoch, ein CIA-Agent habe Lumumbas Leiche im Kofferraum seines Autos spazieren gefahren und dabei entschieden, was mit ihr geschehen solle, was jedoch nie genau bekannt gegeben wurde. Die Vereinten Nationen berichteten jedoch, dass zwei belgische Söldner, Oberst Huyghe und Hauptmann Gat, die Mörder waren. Das Justizministerium schloss seine Untersuchungen mit dem Ergebnis ab, dass es keine Beweise für eine Beteiligung der CIA an der Ermordung Lumumbas gab.

Der Mord an Papst Johannes Paul Ier kann auch als politischer Mord bezeichnet werden, wenn man bedenkt, dass der Vatikan ein Staat ist und sein Titularoberhaupt, der Papst, eine enorme Macht ausüben kann und ausübt, die den Lauf der Geschichte verändert hat. Nach den Dokumenten, die ich untersucht habe, steht fest, dass vier Päpste ermordet wurden, alle durch die Verabreichung von Gift.

Die Geschichte von Papst Clemens XIII. (Carlo Rezzonico) ist gut dokumentiert, wenn nicht sogar bewiesen. Auf Anregung des europäischen Königshauses beschloss Clemens, der Subversion der Jesuiten innerhalb der Hierarchie der katholischen Kirche ein Ende zu setzen. Nach monatelangem Warten war Clemens' Proklamation zur Aufhebung des Jesuitenordens fertig. Er hatte jedoch nie die Gelegenheit, sie zu lesen, um sie in das kanonische Recht aufzunehmen. Nach einer Nacht mit schrecklichen Krämpfen und Erbrechen starb Clemens am 12. Februar 1769. Clemens' Proklamation verschwand, um nie wieder aufgefunden zu werden, und die Jesuiten wurden stärker als je zuvor.

Papst Clemens XIV. (Lorenzo Gananelli) machte dort weiter, wo Papst Clemens XIII. (durch den Tod) gezwungen worden war, aufzuhören. Am 16. August 1773 veröffentlichte Clemens die Bulle "Dominus ac Redemptor", in der die Jesuiten zu Feinden der Kirche erklärt wurden. Es folgte ein sofortiges Handeln mit der Festnahme und Inhaftierung des Jesuitengenerals und seiner Hierarchie, der Beschlagnahmung des jesuitischen Vermögens und der Schließung ihrer Bildungseinrichtungen. Dies war der größte Schlag, der den Jesuiten je zugefügt wurde. Unmittelbar danach begannen im Vatikan unheilvolle Einflüsterungen gegen Clemens zu kursieren.

Am 2. Oktober 1774 erkrankte Papst Clemens XIV. heftig und

starb nach Stunden schrecklichen Leidens. Ein starkes Gift, das ihm von unbekannten Personen verabreicht wurde, beendete sein Leben. Das Gift war so stark, dass es einen sofortigen Zusammenbruch seiner inneren Organe bewirkte, gefolgt von einem überraschend schnellen Zerfall seines gesamten Körpers. Sein Gesicht war völlig unkenntlich und sein Körper konnte in keinem Zustand mehr ruhen. Die Botschaft war klar: Lasst die Freimaurerei und die Jesuiten in Ruhe, oder ihr werdet den Tod finden.

Als Albini Luciani widerwillig die päpstliche Krone annahm und Papst Johannes Paul I.er wurde, erkannte er sofort, wie groß der Einfluss der Freimaurer und Jesuiten in den höchsten Räten des Vatikans war. Als ausgezeichneter Gelehrter mit einem bemerkenswert scharfen Verstand wurde er von seinen Feinden völlig falsch interpretiert; seine sanfte Demut wurde für Unterwürfigkeit gehalten. Vielleicht war dies der Grund, warum unter den 99 Kardinälen, die für ihn stimmten, prominente Anhänger der Freimaurerei und der Jesuiten waren.

Doch hinter der Haltung von Papst Johannes Paul verbarg sich der eiserne Wille und die Entschlossenheit eines Mannes, der, wenn er einmal eine Entscheidung getroffen hatte, nicht mehr davon abzubringen war, das zu tun, was er glaubte, tun zu müssen. Die liberalen Kardinäle, die in der irrigen Annahme für ihn stimmten, Papst Johannes könne leicht manipuliert werden, waren schockiert, als sie erfuhren, dass er die Absicht hatte, die Freimaurer in der vatikanischen Hierarchie zu entlarven und die Macht des Großkapitals über die Kirche zu beenden.

Pablo Panerai, Chefredakteur von *Il Mondo*, einer großen Zeitung in Rom, hatte gezielt das angegriffen, was er als "Vatican Inc." bezeichnete. Panerai nannte Menini und Paul Marcinkus und kritisierte ihre Verbindungen zu Sindona und der Continental Illinois Bank in Chicago. Panerai schockierte den Vatikan mit einem scharfen Angriff auf Bischof Marcinkus, weil er im Vorstand der Cisalpine Overseas Bank in Nassau auf den Bahamas saß.

Das reichte aus, damit Papst Johannes Paul I.er Maßnahmen

ergriff. Am 27. August 1978 lud er seinen Staatssekretär, Kardinal Villot, zu einem gemeinsamen Abendessen in seine Privatwohnung ein. Hier gibt es ein beunruhigendes Detail: Papst Johannes wusste, dass Villots Name auf Gellis P2-Liste stand, auf der über 100 katholische Freimaurer im Vatikan verzeichnet waren. Diese Liste wurde beschlagnahmt, als die italienische Polizei eine Razzia in Gellis Villa durchführte. Warum also hatte der Papst Villot vor seinem Vorhaben gewarnt?

An diesem Abend wies Papst Johannes Paul Ier Villot während des Abendessens an, eine Liste der Freimaurer vorzubereiten, die im Vatikan hohe Positionen bekleideten. Er erklärte Villot, dass es nicht hinnehmbar sei, dass Katholiken einer Geheimorganisation angehörten, die seiner Meinung nach der Zerstörung des Christentums verpflichtet sei, wie drei frühere Päpste festgestellt und Weishaupt, der Gründer der Illuminaten, bestätigt hatte.

Dann ordnete er an, dass es, sobald Villot seine Aufgabe erfüllt hatte, eine spektakuläre Umgruppierung der Freimaurer geben würde; sie sollten im Ausland verteilt werden, wo sie der Kirche weniger Schaden zufügen könnten. Meinen Quellen aus dem vatikanischen Geheimdienst zufolge war Villot zunächst wütend, dann fassungslos und argumentierte, dass solch radikale Veränderungen nur Chaos bringen würden. Doch wie so viele andere unterschätzte auch Villot die eiserne Entschlossenheit seines Papstes. Luciani bleibt unnachgiebig, sein Befehl wird aufrechterhalten. Villot muss die Liste unverzüglich vorbereiten.

Diejenigen, die am meisten zu verlieren hatten, waren Marcinkus, Calvi, Sindona, Cody, de Stroebel und Menini in "Vatican Inc.", während die führenden Jesuiten Gefahr liefen, jegliche Macht und jeglichen Einfluss zu verlieren, wenn ihre Namen auf Villots Liste auftauchten. Villot selbst hatte als Mitglied des exklusiven Finanzclubs des Vatikans, der Verwaltung des Vermögens des Heiligen Stuhls, viel zu verlieren. Er würde seine Position an deren Spitze verlieren, ebenso wie seine Position als Staatssekretär des Vatikans. Für Villot, vielleicht noch mehr als für die anderen, war es absolut notwendig, die Ausführung von Lucianis Befehl zu verhindern. Einen Monat später, am 28. September 1978, wurde Villot erneut zum Abendessen in die Privatwohnung des Papstes eingeladen. Luciani versuchte, Villots Befürchtungen zu zerstreuen, indem er auf Französisch sprach, einer der vielen Sprachen, die er beherrschte. Laut Kardinal Benelli, der anwesend war, hatte dies keinen Einfluss auf Villots eisige Haltung. Mit fester Stimme verlangte Luciani, dass seine Befehle bezüglich der Liste der Freimaurer sofort ausgeführt werden. Der Papst äußerte sich beunruhigt über die Berichte von Kardinal Bennelli, dass das Istituto per le Opere di Religione (OPR, die Vatikanbank) in irreguläre Geschäfte verwickelt sei. Er möchte, dass Monsignore de Bomnis, Marckinkus, de Stroebel und Ortolani aus ihren Ämtern entlassen werden und dass die Verbindungen des OPR zu Sindona und Calvi sofort abgebrochen werden.

Luciani hatte eine Reihe von Ereignissen ausgelöst, die ihn in den Untergang treiben sollten. Andere, die sich einbildeten, dass ihre Macht ausreiche, um über die der Freimaurerei zu siegen, erkannten nicht, wie falsch ihre Überzeugungen waren. Papst Clemens XIV. war sich vielleicht seines Schicksals bewusst, als er "Ich bin verloren" murmelte, als er die Bulle zur Auflösung der Jesuiten unterzeichnete.

Die Einzelheiten dessen, was Luciani vorhatte, wurden Kardinal Benelli mitgeteilt, und der Papst rief seinen engen Freund, Kardinal Colombo, in Mailand an und vertraute ihm die Einzelheiten an. Dies wurde von Pater Diego Lorenzi bestätigt, der den Anruf für Papst Johannes tätigte und mitbekam, was zwischen den beiden vor sich ging. Ansonsten hätte es keine Aufzeichnungen darüber gegeben, was Papst Johannes Paul Ier von Villot verlangte; das päpstliche Dokument mit der Anweisung an Villot, die Namen der Freimaurer zu verraten, wurde nie gefunden.

Kurz nach seinem Treffen mit Villot, am Abend des 28. September 1978, zog sich Papst Johannes Paul in sein Büro zurück. Seltsamerweise hatte in dieser Nacht kein Arzt im Vatikan Dienst und, was noch seltsamer war, keine Wache war vor Papst Johannes' Wohnung postiert. Zwischen 21:30 Uhr an diesem Abend und 4:30 Uhr am nächsten Morgen wurde Papst Johannes Paul Ier ermordet. Eine Leselampe, die die ganze Nacht über brannte, wurde von einem Schweizer Wachmann gesehen, aber es wurde nichts von der Sicherheit des Vatikans unternommen, um diesen ungewöhnlichen Umstand zu überprüfen. Papst Johannes Paul Ier war der erste Papst, der unbeaufsichtigt starb, aber nicht der erste, der durch die Hände von Giftmischern starb.

Villot spielte eine wichtige Rolle bei der Vertuschung von Lucianis Tod. Von Schwester Vicenza gerufen, die sich um Lucianis einfache Bedürfnisse kümmerte und am 29. September als Erste den Körper des Papstes entdeckte, steckte Villot eine Flasche Efortil, ein für Papst Johannes verschriebenes Medikament, das auf dem Nachttisch stand, in seine Tasche. Anschließend nahm er Lucianis Brille und Pantoffeln ab. Anschließend ging Villot zu Papst Johannes' Büro und entfernte den letzten Willen und das Testament seines Papstes. Anschließend verließ er die Wohnung, ohne ein Wort zu Schwester Vicenza zu sagen, die anwesend war. Schwester Vicenza beschrieb Kardinal Belleni das eigenartige Verhalten von Villot. Als Belleni ihn zu seinen Handlungen befragte, leugnete Villot den Bericht von Schwester Vicenza. Auch über die Umstände, unter denen Lucianos Leiche gefunden wurde, log er.

Andere Menschen starben durch die Hände der Giftmischer, wie z. B. Präsident Zachary Taylor, der seine Weigerung, die Befehle der Freimaurer auszuführen, mit dem Leben bezahlte. Diese Befehle waren von Mazzinis Vertreter aus Leon, dem Gründer von Young America, einer freimaurerischen Bewegung, ausgestellt worden. Am Abend des 4. Juli 1850 wurde Taylor krank und begann, eine dicke schwarze Substanz zu erbrechen. Er starb einen langsamen und schmerzhaften Tod, den die Ärzte darauf zurückführten, dass er "zu viel kalte Milch getrunken und zu viele Kirschen gegessen" hatte. Dies erklärt jedoch nicht die dicke, schwarze Substanz. Ein Erbrechen von solcher Schwere würde auf das Vorhandensein eines tödlichen Gifts hindeuten.

Wie im Fall von Papst Johannes Paul Ier wurde auch bei Taylor keine Autopsie durchgeführt und die Art und Weise, wie er starb, wurde von Ärzten, die die genaue Ursache nicht kennen konnten, beiläufig beschrieben. In dieser Hinsicht wurde der Tod von Papst Johannes Paul Ier von dem Arzt des Vatikans, Dr. Buzzonnetti, der den größten Verdacht auf eine kriminelle Handlung hätte haben müssen, auf ähnlich beiläufige Weise behandelt.

Der Mord an dem Kongressabgeordneten Louis T. McFadden war das Ergebnis seines Frontalangriffs auf den Federal Reserve Board und die Banken der Federal Reserve, die heiligste der vielen heiligen Kühe der geheimen Regierung Amerikas. McFadden war 1920 Vorsitzender des Bankenausschusses des US-Repräsentantenhauses. Er griff die Gouverneure der Federal Reserve offen an und beschuldigte sie, den Wall-Street-Crash von 1929 verursacht zu haben.

McFaddens Krieg gegen die Federal Reserve hatte Auswirkungen auf ganz Washington. George Stimpson, Gründer des *National Press Club*, sagte, dass McFaddens Anschuldigungen gegen die Gouverneure unglaublich seien und dass die Gemeinschaft nicht glauben könne, was McFadden sage. Als McFadden jedoch beschuldigt wurde, verrückt zu sein, war es Stimpson, der sagte, dass er das keine Minute lang glaube.

McFadden führte über zehn Jahre lang einen unerbittlichen Krieg gegen die Federal Reserve und legte einige der übelsten Verbrechen des 20 Jahrhunderts offen. Eine von McFaddens schärfsten Anschuldigungen war, dass sich das Federal Reserve System in verräterischer Weise verschworen habe, um die verfassungsmäßige Regierung der Vereinigten Staaten zu zerstören. Er griff auch Präsident Roosevelt und die internationalen Bankiers an.

Am Freitag, dem 10. Juni 1932, gab McFadden vor der Kammer folgende Erklärung ab

"Herr Präsident, wir haben in diesem Land eine der korruptesten Institutionen, die die Welt je gesehen hat. Ich beziehe mich auf die Führung der Federal Reserve und die

Mitgliedsbanken der Federal Reserve. Der Federal Reserve Board, ein Rat der Regierung, hat die Vereinigten Staaten und ihr Volk um genügend Geld betrogen, um die Staatsschulden zu begleichen ... Diese böse Institution hat das Volk der Vereinigten Staaten verarmt und ruiniert; sie hat sich selbst und unsere Regierung praktisch ruiniert. Sie tat dies aufgrund der Mängel des Gesetzes, unter dem sie operiert, aufgrund der schlechten Verwaltung dieses Gesetzes durch den Federal Reserve Board und aufgrund der korrupten Praktiken der Geldgeier, die sie kontrollieren."

In einer flammenden und leidenschaftlichen Rede vor dem House am 23. Mai 1933 erklärte McFadden Folgendes:

"Herr Präsident, es gibt keinen Mann in Hörweite, der nicht weiß, dass dieses Land in die Hände der internationalen Bankiers gefallen ist, und es gibt nur wenige Abgeordnete hier, die das nicht bedauern ... Herr Präsident, wir stehen heute auf der Brücke. Unser Feind, derselbe tückische Feind, rückt auf uns zu. Herr Präsident, ich werde auf der Stelle sterben, bevor ich ihm auch nur einen Quadratzoll amerikanischen Bodens oder einen einzigen Dollar seiner Kriegsschuld an uns abtrete.

"Herr Präsident, ich fordere, dass der Goldbestand der Vereinigten Staaten aus den Banken der Federal Reserve abgezogen und in der US-Schatzkammer angelegt wird. Ich verlange eine Prüfung der finanziellen Angelegenheiten der US-Regierung von oben nach unten. Ich verlange die Wiederaufnahme von Barzahlungen auf der Grundlage des Gesamtwertes von Gold und Silber...".

Diese Denunziation, gefolgt von McFaddens Bloßstellung von Reparation Bonds und Foreign Securities in 100 Millionen Dollar von Deutschland gehandelten Reparationsanleihen, erschütterte die geheime Parallelregierung auf höchster Ebene so sehr, dass Verschwörungsbeobachter glauben, dass zu diesem Zeitpunkt der Befehl erteilt wurde, McFadden dauerhaft zum Schweigen zu bringen.

Insgesamt gab es drei Mordanschläge auf McFaddens Leben. Der erste ereignete sich, als er an einem Abendessen teilnahm und plötzlich heftig erkrankte. Ein Arzt, der neben ihm saß, konnte ihn aus den Klauen des Todes retten. Der zweite Versuch ereignete sich, als McFadden in der Nähe des Kapitols aus einem Taxi stieg. Es wurden zwei Schüsse abgefeuert, die jedoch beide ihr Ziel verfehlten. Der dritte, erfolgreiche Versuch fand in New York statt, wo McFadden an einem weiteren Abendessen teilnahm. Auch hier erlitt er einen heftigen Erbrechensanfall und starb, bevor die Rettungskräfte ihn erreichen konnten. Der Giftmischer hatte es geschafft, die internationalen Bankiers und den Gouverneursrat der Federal Reserve von dem einzigen Mann zu befreien, der ihre Geschäfte vollständig hätte bloßstellen und die Nation gegen sie aufbringen können, um so das Ende ihrer Kontrolle über unser Währungssystem zu erzwingen.

Dr. Hendrik Verwoerd ist der Vater der "Apartheid" in Südafrika. Der aus Holland stammende Dr. Verwoerd bewegte sich wie ein Koloss durch die politische Landschaft Südafrikas. Furchtlos und mit Verachtung für die Oppenheimer-Maschine und die von ihr kontrollierten liberalen Politiker verlor Dr. Verwoerd keine Zeit, um die internationalen Bankiers und ihre Lakaien in Südafrika anzugreifen.

Verwoerd verachtete die Vereinten Nationen und kritisierte scharf deren Einmischung in die inneren Angelegenheiten Südafrikas, insbesondere deren Einladung nach Indien, um die Diskriminierung der Inder in Südafrika zu diskutieren. Die Inder waren die Nachkommen von Vertragsarbeitern, die von Cecil John Rhodes nach Südafrika gebracht worden waren. Als Klasse hatten sie einen enormen Wohlstand erreicht, hauptsächlich auf Kosten der einheimischen Bantu, was auf die Unruhen vom 13. Januar 1949 zwischen Zulu und Indern in Durban zurückgeführt wurde, bei denen 100 Menschen getötet und über 1000 verletzt wurden. Die Mehrheit der Opfer waren Inder.

Dr. Verwoerd wollte nichts mit den Indianern zu tun haben und behauptete, dass ihre Führer allesamt Kommunisten seien. Später, nach seiner Ermordung, wurde seine Behauptung offenbar durch die Tatsache gestützt, dass die rechtliche Vertretung von Indianern und Schwarzen, die politischer

Verbrechen beschuldigt wurden, in die Hände indischer Anwälte gefallen war, die alle dem Indian Congress angehörten, einer Organisation mit Verbindungen zum Kommunismus.

Am 27. April 1950 wird die Group Areas Bill eingeführt, deren Hauptziel es ist, die Rassen in verschiedenen Gebieten zu trennen. Nach den Unruhen im April 1953 werden neue Antiterrorgesetze eingeführt und umgesetzt.

Da fand das Komitee der 300 einen Lakaien in Alan Paton, dessen Buch "Cry the Beloved Country" künstlich in ein international bekanntes literarisches Werk verwandelt worden war. Paton war der Favorit der Liberalen, die aus einem durchaus unangenehmen Mann eine Art Held machten. Paton gründete die Liberale Partei, die sich dafür einsetzte, dass "alle zivilisierten Menschen" wählen sollten. Dabei hatte er die Unterstützung der mächtigen Oppenheimer-Maschine. Beweise für diese Anschuldigungen lassen sich in den Akten der *Sunday Times* finden, einer Zeitung aus Johannesburg, die Oppenheimer gehörte.

Dr. Verwoerd wurde am 3. September 1958 zum Premierminister gewählt. Am 5. Oktober 1960 stimmte ein Referendum einem Vorschlag zu, eine republikanische Regierungsform einzuführen und die Mitgliedschaft im britischen Commonwealth zu beenden. Am 31. Mai 1961 wurde Dr. Verwoerd bei seiner Rückkehr aus London, wo er vor dem britischen Parlament die Austrittserklärung abgegeben hatte, die wie eine Bombe einschlug, als Held gefeiert. Die Vereinten Nationen forderten ihre Mitgliedstaaten umgehend auf, den Verkauf von Militärgütern an die Republik Südafrika zu verbieten.

Die politischen Linien wurden gezogen, während der dritte anglo-burische Krieg im Gange war. Am 20. April 1964 veröffentlichte eine sogenannte Expertengruppe der Vereinten Nationen einen Bericht, in dem sie eine nichtrassische Demokratie in Südafrika forderte und dabei das Kastensystem, das in Indien seit Hunderten von Jahren in Kraft war, völlig ignorierte. Das Kastensystem, eine strikte Trennung der sozialen Klassen, die weitaus strenger ist als alles, was es bisher in

Südafrika gegeben hat, ist nach wie vor in Kraft. Bis heute schweigen die Vereinten Nationen über die "Apartheid" in Indien.

Dr. Verwoerd führte das Land in geordneter Weise und duldete keine regierungsfeindlichen schwarzen oder indischen Gruppen. Am 12. Juni 1964 werden Nelson Mandela und sieben Schwarze beim Bau von Bomben und dem Besitz verbotener kommunistischer Literatur erwischt. Mandelas Mentoren - die Anstifter dieser Verbrechen - Abrams und Wolpe, flohen aus dem Land, aber Mandela und seine Anhänger wurden wegen Sabotageakten, Diebstählen, Gewaltverbrechen und versuchter Untergrabung der Regierung zu lebenslanger Haft verurteilt.

Der Prozess wurde gewissenhaft und fair im Rahmen des unabhängigen Justizsystems Südafrikas durchgeführt. Mandela wurde wegen gewöhnlicher Verbrechen und nicht aus politischen Gründen inhaftiert. Die Akten des Falles, die ich am Obersten Gerichtshof von Rand studiert habe, weisen eindeutig auf die Art der zivilrechtlichen kriminellen Handlungen hin, derer Mandela für schuldig befunden wurde. Es war die westliche Presse, die diese Wahrheit verschleiert und den Eindruck erweckt hat, Mandela sei aus politischen Gründen inhaftiert worden. Die USA und Großbritannien haben nie versucht, in Bezug auf Mandela objektiv zu sein.

Am 6. September 1966 wurde Dr. Verwoerd von einem Boten erstochen, während das Parlament in Kapstadt tagte. Der Bote war wohlbekannt, da er dieses Amt seit Jahren innehatte und eine vertraute Figur war, die sich frei im Plenarsaal bewegte, um den einzelnen Abgeordneten Papiere und Dokumente zu überreichen. Die Polizei legte die naheliegende Schlussfolgerung nahe, dass ausländische Elemente in den Mord verwickelt waren. Schon damals waren dunkle Mächte am Werk, um die Republik Südafrika zu zerstören.

Der Attentäter wurde als "geistig verwirrt" beschrieben, doch Geheimdienstler auf der ganzen Welt gingen davon aus, dass er auf den Mord programmiert worden war, da sie wussten, was wir heute über den Einsatz von Hypnose durch Geheimdienste wissen. Der Attentäter hatte vor seinem Angriff auf Dr. Verwoerd nie Anzeichen einer psychischen Störung gezeigt. Die Frage lautet: "Wer gab den Befehl, Verwoerd zu ermorden, und wer machte die Programmierung?" Damals hatten nur zwei Geheimdienste die Befugnis, Missionen durchzuführen, bei denen es um Bewusstseinskontrolle ging; die CIA und der KGB. Es konnte nichts bewiesen werden, aber die allgemeine Meinung ist, dass der Mord das Werk der CIA war.

1966 waren die geheimen Experimente der CIA mit bewusstseinserweiternden Gigahertzstrahlen nicht öffentlich bekannt und blieben geheim, bis John Markus 1977 und Gordon Thomas 1990 das Verhalten der CIA in diesem Bereich vollständig offenlegten. Einige Experten sind heute davon überzeugt, dass Dr. Verwoerd eines der ersten Opfer dieser CIA-Experimente war.

Wie viele andere habe auch ich ein Sachbuch über die Ermordung von John F. Kennedy geschrieben. Viele der von mir aufgestellten Behauptungen konnten damals nicht bestätigt werden, doch heute gibt es weitere unabhängige Quellen, die meine Aussagen bestätigen. Bisher wurde keiner der Täter dieser abscheulichen Verbrechen festgenommen und es ist unwahrscheinlich, dass einer von ihnen jemals gefasst werden wird. Die Gefahr eines Mordes, unabhängig von der Methode, lastet immer auf allen nationalen Führern, insbesondere in den Vereinigten Staaten, wo die Möglichkeit eines Schadens nicht ausgeschlossen werden kann, wenn jemand es auf sich nimmt, die Wahrheit ans Licht zu bringen.

Eine dieser Quellen ist Robert Morrow, ein ehemaliger Vertragsangestellter der CIA. Morrow bestätigt, dass Kennedy sterben musste, weil er von der CIA nicht geschätzt wurde und weil er angekündigt hatte, sowohl Hoover als auch Lyndon Johnson loszuwerden. Morrow bestätigt, was ich über Tippit gesagt habe, nämlich dass er Oswald töten sollte, um ihn am Reden zu hindern, dass Oswald ihn aber, als er ihn erkannte, zuerst erschoss.

Morrow bestätigte auch meine Aussage, dass Oswald nach der

Schießerei in ein Kino gegangen war, um sich mit Jack Ruby zu verabreden. Morrow bestätigte auch, dass Oswald nie auf Kennedy geschossen hatte und dass Oswald sich zum Zeitpunkt der Schießerei im zweiten Stock des Texas School Book Depository aufhielt, eine Cola trank und ein Sandwich aß.

Morrow glaubt auch, dass Kennedy durch einen Frontalschuss von einem vor der Wagenkolonne liegenden Grashügel getötet wurde. Er bestätigte auch meine Darstellung, dass die Limousine des Präsidenten vom Tatort weggefahren und zur Demontage verschickt wurde, bevor irgendjemand eine vollständige forensische Untersuchung an ihr durchführen konnte.

Morrow stellt einige interessante Behauptungen auf; eine davon besagt insbesondere, dass George Bush den Posten des Direktors des Zentralen Nachrichtendienstes (DCI) nur erhalten habe, um den Senatsausschuss Church daran zu hindern, alle Fakten über die Ermordung Kennedys zu erhalten, was er auch getan habe. Morrow behauptet außerdem, dass Bush alles über die Ermordung Kennedys wisse.

XI. Apartheid und das Kastensystem in Indien

D as Komitee der 300 hat viel über die "Übel" der Politik der Rassentrennung in Südafrika gesprochen. Doch über die rigide Klassentrennung in der indischen Gesellschaft wurde wenig bis gar nichts gesagt. Könnte es sein, dass Südafrika angegriffen wird, weil es die reichsten Goldvorkommen der Welt besitzt, während Indien nur über einige weniger wertvolle Bodenschätze verfügt?

Aktiv unterstützt von dem hinterlistigen Meister Cecil John Rhodes, einem Diener der Rothschilds, wurde ein Aufruhr um "Rechte" von den Carpetbaggern und den Horden von Ausländern entfacht, die nach Transvaal strömten, als die Goldfunde bekannt gegeben wurden. Was diese Vagabunden und Glücksjäger forderten, war das Wahlrecht, der erste der "Ein Mann, eine Stimme"-Betrügereien, die eingesetzt wurden, um das Burenvolk und seine Nachkommen von ihrer nationalen Souveränität zu trennen. Die Agitation wurde von der politischen Maschinerie der Rothschild-Rhodes in Johannesburg orchestriert und von Lord Alfred Milner von London aus sorgfältig kontrolliert.

Den Burenführern war klar, dass ihre Regierung von den Horden ausländischer Abenteurer, die über sie hergefallen waren, hinweggefegt werden würde, wenn sie den Neuankömmlingen erlaubten, ihre Stimme abzugeben. Als klar wurde, dass die Burenführer nicht fügsam zulassen würden, dass ihr Volk durch die politischen Forderungen "ein Mann, eine Stimme" seiner Rechte beraubt wurde, brachen die Kriegspläne, die ein Jahr lang geschmiedet worden waren, während die Minister und Abgesandten von Königin Victoria von Frieden sprachen, auf der

Bühne aus.

Königin Victoria schickte die mächtigste Armee, die jemals zusammengestellt worden war, in den Kampf gegen die winzigen Burenrepubliken. Man muss schon eine blühende Fantasie haben, um zu glauben, dass die Königin von England sich um das Wahlrecht der Glücksjäger und Teppichhändler sorgte, von denen es in den Burenrepubliken nur so wimmelte. Nach drei Jahren eines äußerst brutalen Konflikts, in dem die Briten kein Erbarmen mit den Burenfrauen und Kindern zeigten, von denen 25.000 in den ersten Konzentrationslagern umkamen, die je errichtet wurden. Die Buren, die auf dem Schlachtfeld weitgehend unbesiegt geblieben waren, wurden gezwungen, sich an den Verhandlungstisch zu setzen. In Vereeniging, wo die Konferenz stattfand, wurde den Buren alles genommen, was sie repräsentierten, einschließlich der riesigen Reichtümer, die unter dem unfruchtbaren Boden ihrer Republiken lagen.

Es ist wichtig, sich daran zu erinnern, dass die Buren eine fromme christliche Nation waren. Die illuminatisch-gnostisch-katholisch-bogomilischen Untergebenen und Berater von Königin Victoria waren entschlossen, die Buren nicht nur militärisch zu besiegen und die Bodenschätze ihrer Republiken an sich zu reißen, sondern sie auch zu zerschlagen und ihre Sprache und Kultur auszulöschen. Der Hauptarchitekt dieses verbrecherischen Unternehmens war der hochmütige Aristokrat Lord Alfred Milner, der 1915 die Bolschewiki finanzierte und die "russische" Revolution ermöglichte. Die Briten verbannten Paul Kruger, den ehrwürdigen Präsidenten von Transvaal, sowie die meisten seiner Minister und diejenigen, die den bewaffneten Kampf gegen den britischen Imperialismus angeführt hatten. Dies ist der erste aufgezeichnete Fall einer derart barbarischen Behandlung durch eine angeblich zivilisierte Nation.

Der Grund, warum die krasse und schleichende Apartheid in Indien gedeihen durfte und noch immer darf, ist, dass Indien die Heimat der New-Age-Religion ist, die vom schwarzen Adel in Venedig und den Oligarchen in Großbritannien begünstigt wird. Die New-Age-Religion basiert regelrecht auf der Hindu-

Religion. Der theosophischen Hohepriesterin Annie Besant wird zugeschrieben, dass sie die Hindu-Religion an die Ideen des New Age angepasst hat, nachdem sie 1898 nach Indien gereist war.

Die Idee "ein Mann, eine Stimme", bei der die Apartheid als Bösewicht dargestellt wird, hat keinen Platz in der Geschichte der Vereinigten Staaten. Es war lediglich ein Trick, um die Welt davon zu überzeugen, dass sich die Vereinten Nationen um das Wohlergehen der schwarzen Stämme Südafrikas kümmerten (Die Schwarzen sind in 17 Stämme unterteilt und bilden keine homogene Nation aus politisch vereinten Menschen). Das Anti-Apartheid-Geschrei wurde erhoben, um das eigentliche Ziel zu übertönen, nämlich die vollständige Kontrolle über die riesigen Bodenschätze Südafrikas zu erlangen, die nun an das Komitee der 300 übergehen. Sobald dieses Ziel erreicht ist, wird Mandela als abgenutztes Werkzeug, das seinen Zweck erfüllt hat, beiseite gelegt.

Die US-Verfassung sieht nicht "ein Mann, eine Stimme" vor, eine Beobachtung, die im Geschrei über das "Übel der südafrikanischen Apartheid", wie Mandela es gerne nennt, untergehen kann.

Der Kongress der Vereinigten Staaten wird durch die Bevölkerungszählung bestimmt, die das Census Bureau in bestimmten Gebieten einmal alle zehn Jahre durchführt, und nicht nach dem Prinzip "ein Mann, eine Stimme". Deshalb gibt es alle vier Jahre eine umfassende Neufestlegung der Grenzen. Es ist die Anzahl der Menschen, die innerhalb dieser Grenzen leben, die dann ihren Vertreter wählt.

Es kann sein, dass liberale Politiker gerne einen schwarzen oder hispanischen Vertreter für eine bestimmte Region hätten, von dem sie hoffen, dass er mit ihnen für ihr liberales Programm stimmt. Es kann aber auch sein, dass es in der Region nicht genügend schwarze oder hispanische Wähler gibt, um die notwendige Veränderung herbeizuführen, dann werden liberale Politiker versuchen, eine Änderung der Grenzen zu erwirken, sogar mit der lächerlichen Ausflucht, zwei Regionen, die 160 km voneinander entfernt sind, durch einen schmalen Korridor zwischen den beiden Regionen zu verbinden. Die Idee dahinter ist, dass, wenn die Schwarzen oder Hispanics im Zielgebiet in der Minderheit sind, eine Mehrheit geschaffen werden muss, indem zwei Gebiete miteinander verbunden werden, die dann einen schwarzen oder hispanischen Vertreter wählen, der den Liberalen im Repräsentantenhaus und im Senat verpflichtet ist.

Während des ganzen Geschreis über die Apartheid achtete die britische Presse darauf, eine viel größere Apartheid zu verbergen, die Südafrika mehrere hundert Jahre vorausging: das indische Kastensystem, das bis heute besteht und immer noch rigoros angewandt wird.

Seit dem britischen Einfall in Indien im Jahr 1582 wurden die Sufis dazu benutzt, Muslime und Sikhs zu spalten und gegeneinander auszuspielen. 1603 kam John Mildenhall in Agra an und suchte nach Konzessionen für die am 31. Dezember 1600 in London gegründete Britische Ostindien-Kompanie. Die Firma änderte ihren Namen in British East India Company und setzte ihre Agenten ein, um die Macht der Sikhs zu brechen, die sich dem Kastensystem widersetzten. 1717 reichten die Bestechung und die irreführende Diplomatie der BEIC zusammen mit Spenden von medizinischen Hilfsgütern aus, um von den Moguln umfangreiche Konzessionen zu erhalten, die die BEIC auch von der Steuer auf die Einkünfte aus dem Mohnanbau und der Herstellung von Rohopium befreiten.

1765 hatte Clive von Indien, eine legendäre Figur der britischen Besetzung Indiens, die vollständige Kontrolle über die reichsten Mohnfelder der Welt in Bengalen, Benares und Bihar übernommen und übte die Kontrolle über die Eintreibung der Einnahmen von den Moguln aus. Im Jahr 1785 war der Opiumhandel fest in der Hand der BEIC unter der Führung von Sir Warren Hastings. Eine von Hastings' indischen "Reformen" bestand darin, alle Mohnanbauflächen zu sichern und unter seine Kontrolle zu bringen. Dies schloss auch die Herstellung von Rohopium ein.

Die britische Krone verlängerte die BEIC-Charta um 30 Jahre, nachdem dem Parlament 1813 entsprechende Vorstellungen unterbreitet worden waren. Im Jahr 1833 verlängerte das Parlament die BEIC-Charta erneut um weitere 20 Jahre. Als die indische Oberkaste sah, dass ihnen die Macht entglitt, begann sie, sich mithilfe der BEIC gegen die britische Herrschaft aufzulehnen. Um dies zu verhindern, täuschte der britische Premierminister die indische Führung, indem er am 2. August 1856 den Government of India Act verabschiedete. Dieses Gesetz übertrug demonstrativ alle Vermögenswerte und Ländereien der BEIC in Indien an die britische Krone. Dieser diplomatische Schachzug beruhte auf einer reinen Lüge, denn in Wirklichkeit hatte sich nichts geändert. BEIC war die Krone.

Premierminister Disraeli trieb die Täuschung noch weiter, als das Parlament 1896 auf seine Veranlassung hin Königin Victoria zur "Kaiserin von Indien" erklärte. Im selben Jahr starben mehr als zwei Millionen Inder aus den unteren Kasten an einer Hungersnot. Insgesamt starben unter der britischen Herrschaft (die von der BEIC durchgesetzt wurde) mehr als 6 Millionen Inder der unteren Kasten an Hungersnöten. Nichts, was auch nur annähernd dieser Katastrophe ähnelt, hat sich jemals in Südafrika ereignet. Bei den von der CIA angezettelten "Sharpeville"-Krawallen sorgte Südafrika für einen weltweiten Aufschrei und Verurteilung, als weniger als 80 schwarze Randalierer von den Sicherheitskräften getötet wurden. Die Schwarzen waren von externen Kräften zum Aufstand angestiftet worden, ohne zu merken, dass sie benutzt wurden.

Das in Indien geltende Kastensystem "Jati" basiert zu 100 % auf der Rasse. An der Spitze der Pyramide stehen die Arier (weiß mit blauen Augen, angeblich die Nachfahren von Alexander dem Großen - Griechen, die das Land besetzt haben). Direkt unter ihnen befinden sich die Brahmanen, deren Farbe von weiß bis hellbraun variiert. Aus dieser Kaste stammen die Brahmanenpriester. Unter den Brahmanen kommen die Krieger und Herrscher, die sogenannten Kshatriyas, die ebenfalls eine sehr helle Hautfarbe haben. Unter den Kshatriyas befindet sich die Klasse der Vaisyas, die aus kleinen Beamten, Händlern, Kaufleuten, Handwerkern und Facharbeitern besteht. Sie haben eine dunklere Hautfarbe.

Danach folgen die Sudras oder ungelernten Arbeiter, also diejenigen, die keinen Beruf wie Klempner, Elektriker, Automechaniker oder ähnliches haben. An der sehr breiten Basis der Machtpyramide befinden sich schließlich die "Harijans", was wörtlich übersetzt "Ausgestoßene" bedeutet, und die kollektiv als "Parias" bekannt sind. Sie sind auch als "Unberührbare" bekannt und haben eine sehr dunkle oder schwarze Hautfarbe. Je dunkler ihre Haut ist, desto weniger "berührbar" sind sie. 1946 bot Lord Louis Mountbatten (Battenberg) als direkter Vertreter des Komitees der 300 Indien die vollständige Unabhängigkeit an - ein Täuschungsmanöver, um die schweren Unruhen zu beruhigen, die durch die anhaltende Hungersnot ausgelöst worden waren, die Hunderttausenden Harijanern die Leber weggerissen hatte. Dieses Ereignis wurde von der westlichen Presse weitgehend ignoriert. Als weitere bedeutungslose Geste wurde die "Unberührbarkeit" ein Jahr später für illegal erklärt, doch die Praxis wird fortgesetzt, als wäre das Gesetz nie verabschiedet worden.

Die "Unberührbarkeit" war das grausamste aller starren Kastensysteme in Indien. Sie bedeutete, dass es den Harijans nicht erlaubt war, Angehörige anderer Kasten zu berühren.

Wenn dies geschah, hatte die so beleidigte Person der höheren Klasse das Recht, den beleidigenden Harijan töten zu lassen. Das rigide Trennsystem war nicht nur eine Klassenmaßnahme, sondern sollte auch die Ausbreitung von Krankheiten verhindern, die unter den Harijanern grassierten.

Die Harijans sind die größte rassische Gruppe in Indien und wurden jahrhundertelang skandalös misshandelt und missbraucht. Wenn politische Veränderungen gewünscht werden, dient diese Gruppe als Kanonenfutter, da ihr Leben als wenig oder gar nicht wertvoll angesehen wird. Dies wurde uns vor Augen geführt, als die Harijans dazu benutzt wurden, eine alte Moschee in Indien zu zerstören, um politische Veränderungen in der indischen Regierung herbeizuführen. Dieses Übel wird selten oder nie in der westlichen Presse oder in Fernsehsendungen erwähnt.

Zum Leidwesen der Schwarzen sind sie nur Schachfiguren in einem Spiel. Ihre Bedeutung wird enden, wenn das Komitee der 300 sein Ziel erreicht hat und Mandela als abgenutztes Werkzeug, das seine Zeit hinter sich hat, beiseite gelegt wird. Dann wird das Global-2000-Programm zur Bevölkerungsreduzierung endgültig auf sie angewendet. Sie verdienen ein besseres Schicksal als das, was Mandelas Kontrolleure, die Oppenheimers und das 300er-Komitee für sie vorgesehen haben.

XII. Anmerkungen zur Massenüberwachung

Die USA und Großbritannien arbeiten sehr eng zusammen, um ihre Bürger und ausländische Regierungen auszuspionieren. Dies gilt für den gesamten Verkehr: kommerzielle, diplomatische und private Kommunikation. Nichts ist heilig und nichts ist außerhalb der Reichweite der National Security Agency (NSA) und des Government Communications Headquarters (GCHQ), die sich zusammengeschlossen haben, um die Übertragung per Telefon, Telex, Fax, Computer und Sprache illegal und in großem Stil zu überwachen.

Beide Behörden verfügen über das nötige Fachwissen, um jeden jederzeit abzuhören. Jeden Tag werden 1 Million Gespräche von den Abhörstationen des GCHQ in Menwith Hill in Yorkshire und Morwenstow in Cornwall in England abgefangen. Diese Stationen werden von der NSA betrieben, um die britischen Gesetze zu umgehen, die es der nationalen Sicherheit untersagen, ihre Bürger auszuspionieren. Technisch gesehen verstößt das GCHQ nicht gegen das britische Gesetz, da die Abhörmaßnahmen von der NSA durchgeführt werden.

Die Computer des GCHQ/NSA suchen nach Triggerwörtern, die markiert und gespeichert werden. Dies ist ein einfaches Verfahren, da die gesamte Kommunikation in Form von digitalen Impulsen übertragen wird. Dies gilt sowohl für schriftliche als auch für mündliche Mitteilungen. Anschließend werden die markierten Nachrichten analysiert, und wenn es etwas gibt, was diese Agenturen interessiert, werden weitere Untersuchungen eingeleitet. Die Tatsache, dass die gesamte Operation illegal ist, hindert die eine oder andere Agentur nicht daran, die ihr zugedachte Aufgabe zu erfüllen.

Die "HARVEST"-Computer der NSA können 460 Millionen Zeichen pro Sekunde lesen, was der Länge von 5000 Buchseiten entspricht. Derzeit gehen Geheimdienstquellen davon aus, dass die vom GCHQ und der NSA verwendeten "HARVEST"-Computer jährlich über 80 Millionen Anrufe abfangen, von denen 2,5 Millionen markiert und zur weiteren Untersuchung gespeichert werden. Beide Behörden verfügen über einen großen Stab von Spezialisten, die um die Welt reisen und neue Produkte finden und bewerten, die zum Schutz der Privatsphäre des Einzelnen eingesetzt werden können, um dann Wege zu finden, diese zu brechen.

Eine große Herausforderung ist mit dem Aufkommen der Mobiltelefone entstanden. Derzeit wird der Handyverkehr "angezapft", indem die Signale der Funkzellen (die für Abrechnungszwecke gedacht sind) abgehört werden und die verschiedenen Funkzellencodes, die ihre eigene Kennung haben, zurückverfolgt werden, um den Ursprung des Anrufs zurückverfolgen zu können. Die A5-Handys der neuen Generation stellen jedoch ein ernsthaftes Problem für die Regierungsspionage dar.

Diese neuen Handys sind mit einem A5-Störcode ausgestattet, der militärischen Störsystemen sehr ähnlich ist und es Regierungsbehörden praktisch unmöglich macht, Nachrichten zu entschlüsseln und den Ursprung des Anrufs zu ermitteln. Derzeit würden die Überwachungsteams des GCHQ und der NSA fünf Monate benötigen, um Nachrichten zu entschlüsseln, die von A5-Mobiltelefonen übertragen werden.

Die Regierung behauptet, dass dies ihre Bemühungen zur Bekämpfung des Drogenhandels und des organisierten Verbrechens ernsthaft behindern würde - eine alte, lahme Ausrede, die nur wenige Menschen akzeptieren. Es wird nichts darüber gesagt, dass im Rahmen dieser Maßnahmen zur Verbrechensbekämpfung die Rechte der Bürger auf Privatsphäre grob verletzt werden.

Heute verlangen die NSA, das FBI und das GCHQ, dass Mobiltelefone mit dem vorhandenen A5-Störsender zurückgerufen werden, um sie "umzurüsten". Auch wenn sie es nicht sagen, muss die Regierung denselben Zugang zu privaten Übertragungen haben, den sie bis zum Aufkommen des A5-Störsenders hatte. Die britischen und US-amerikanischen Regierungsbehörden verlangen daher, dass das A5-Zellularstörsystem durch ein A5X-System ersetzt wird, was ihnen eine "Falltür" zu ehemals sicheren Mobiltelefonen verschafft.

Telefonanrufe über das Festnetz (Ortsgespräche) können leicht abgefangen werden, indem sie zu einer von der NSA und dem GCHQ betriebenen Vermittlungsstelle "umgeschaltet" werden. Ferngespräche stellen kein Problem dar, da sie in der Regel von Mikrowellentürmen weitergeleitet werden und leicht in der Luft aufgefangen werden können. Darüber hinaus verfügt die NSA auch über ihre RHYOLITE-Satelliten, die in der Lage sind, alle über Telex, Mikrowellen, Radiotronic-Wellen, VHF- und UHF-Signale übertragenen Gespräche zu empfangen.

Bruce Lockhart vom MI6, Lenins und Trotzkis Kontrolleur

Sydney Reilly-Wirtschaftsspezialist des MI6.

Somerset Maugham - Sonderagent des MI6 bei Kerenski.

Hauptquartier des MI6, London.

Der ehemalige US-Präsident Bush und der Emir Al-Sabah.

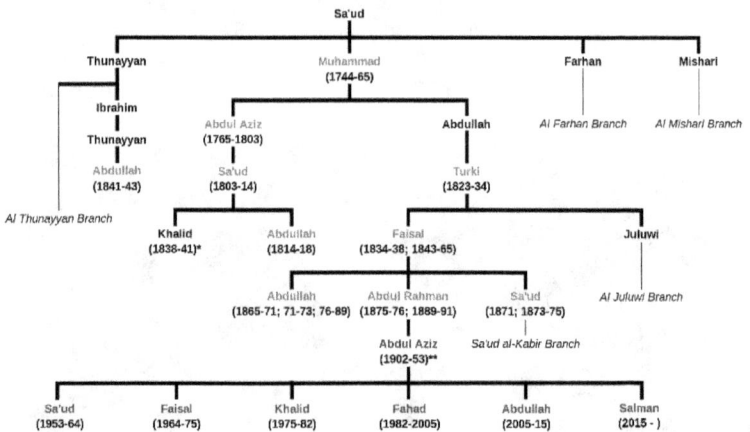

Sa'ud

| Thunayyan | | Muhammad (1744-65) | | Farhan | Mishari |

Ibrahim
Thunayyan

Abdul Aziz (1765-1803) — Abdullah — Al Farhan Branch — Al Mishari Branch

Abdullah (1841-43) — Sa'ud (1803-14) — Turki (1823-34)

Al Thunayyan Branch

Khalid (1838-41)* — Abdullah (1814-18) — Faisal (1834-38; 1843-65) — Juluwi

Abdullah (1865-71; 71-73; 76-89) — Abdul Rahman (1875-76; 1889-91) — Sa'ud (1871; 1873-75) — Al Juluwi Branch

Abdul Aziz (1902-53)** — Sa'ud al-Kabir Branch

| Sa'ud (1953-64) | Faisal (1964-75) | Khalid (1975-82) | Fahad (1982-2005) | Abdullah (2005-15) | Salman (2015 -) |

Legend
Red — Imams of the first Saudi dynasty
Blue — Imams of the second Saudi dynasty
Green — Kings of Saudi Arabia

* Ruled as Ottoman viceroy
** Various titles until 1932; King of Saudi Arabia 1932-53

Die saudische Wahhabiten-Dynastie.

Anmerkungen zu den Quellen

Die Quelle für die Ermordung von **Martin Luther King Jr.** stammt aus einer Associated-Press-Reportage aus Memphis am 9. April 1965. Zwei weitere Associated-Press-Reportagen wurden in Memphis von Don McKee und Gaylord Shaw am 14. April 1965 gedreht. Der wahre Mörder wurde von dem *New York Times-Reporter* Earl Caldwell gesehen, der nie von einer Strafverfolgungs- oder Ermittlungsbehörde befragt worden war.

Private Papiere Vittorio Orlando.

Private Papiere von General Anton Denikin.

Protokolle der Sitzungen der Konferenz von San Remo.

Archive des Kongresses der Vereinigten Staaten, Haus und Senat.

Sitzungsprotokolle, Konferenz von Lausanne.

Wells. H. G. "Nach der Demokratie".

Russell. Sir Bertrand. "Auswirkungen der Wissenschaft auf die Gesellschaft".

Britische Ostindien-Kompanie (BEIC). India House, London. Wilson, Präsident Woodrow.

Congressional Record, Kammer und Senat.

Documents du Traité de Versailles, Paris, Frankreich.

Jan Christian Smuts. Archiv des Burenkriegsdenkmals, Pretoria.

Reparationsforderungen der Alliierten. Konferenzen von Versailles und San Remo.

The Collected speeches of Congressman L.T. McFadden. Documentation of the Society of Nations, Genf.

Königliches Institut für internationale Angelegenheiten.

Dr. Coleman, "Komitee der 300".

Sozialismus: F. D. Roosevelt "Our Way" (Unser Weg).
Kommunistisches Manifest von 1848.

"Fabian Freeway: Der Weg zum Sozialismus in Amerika". Rose
Martin.

Senatorin Walsh. Die Diktatur der Großen Fünf bei den Vereinten
Nationen.

Congressional Record, Senat, Seiten 8165-8166.

Dr. J. Coleman. "Die Ziele des Golfkriegs unter die Lupe genommen".

Öffentliches Gesetz 85766, Abschnitt 1602. Öffentliches Gesetz 471,
Abschnitt 109.

John Rarick. "U.N. a creature of invisible government".

Congressional Record, House, Seiten E 10400-10404, 14. Dezember
1970.

Debatte zwischen Senator Allen und Senator Teller Congressional
Record (Senate) 6586-6589 1. Juli 1898.

Dr. J. Coleman. "Kein souveränes Organ".

Charta der Vereinten Nationen, auch "Charta" genannt. Seiten 2273-
2297 Congressional Record, House February 26, 1900.

Rep. Smith. Grenzen der Macht des Präsidenten Congressional Record
Page 12284.

Allen Dulles. Pressures to Congress, Congressional Record Pages
8008 - 80209, 25. Juli 1945.

Leonard Mosley. "Dulles; Eine Biografie von Eleanor, Allen und John
Foster Dulles. "

Verfassungsrecht. Richter Cooley. Die Verfassung beugt sich nicht
dem Vertrag oder dem Gesetzgebungsakt.

Professor van Halst "Verfassungsrecht der Vereinigten Staaten".

House, Oberst. CFR und Wilson and Roosevelt Controller,
Dokumentation des British War Museum, und des British Museum,
London.

Dr. J. Coleman "Ausländische Hilfe ist eine unfreiwillige
Knechtschaft". Land of Arabia. Britisches Museum und Kairoer
Museum.

Die Prinzipien des Korans. Aus dem Koran.

Lawrence von Arabien verraten. Sir Archibald Murray Arabische Papiere.

Depeschen des britischen Außenministeriums, British Museum, London.

Balfour-Erklärung.

Dokumente von Sir Arthur Balfour, British Museum, London.

General Edmund Allenby, Palestine Papers, British Museum, London.

Louis Fischer. "Öl-Imperialismus: Der internationale Kampf um Öl".

Unabhängigkeit des Irak.

Protokoll 1923. Dokumente des Völkerbundes, Genf.

L. M. Fleming, Öl im Weltkrieg.

Annals of the American Academy of Political Sciences. Beilage vom Mai 1917, "The Mexican Constitution".

Washington Soviet Review, Januar 1928. *London Petroleum Times*, 26. November 1927.

Dr. J. Coleman "William K. D'Arcy. Der mysteriöse Neuseeländer, der den Weg für das Komitee der 300 Ölgesellschaften ebnete. Das Komitee der 300".

Turkish Petroleum Company. Papers, Sir Percy Cox, London Petroleum Institute, Foreign Office, London.

Der Status von Kuwait und Mossul wird vage gelassen.

Protokolle der Sitzungen der Konferenzen von San Remo und Lausanne, 1920 und 1923.

Status von Palästina.

Britisches Weißbuch der Passfield-Kommission.

Konsularische Weisung des US-Außenministeriums vom 16. August 1919. Betont die vitale Notwendigkeit für die USA, ausländische Ölkonzessionen zu erhalten, und ermutigt das Konsularpersonal, ausländische Agenten auszuspionieren, die mit den USA um die Kontrolle über das Öl konkurrieren.

Außenministerium "Foreign Relations of the United States". 1913 pp.

820.

Federal Trade Commission supra pp XX-XXI, 69th Congress, State Dept. Doc. vol 10 p 3120.

Mohr, Anton. "Der Krieg um Öl".

Eaton, M. J. "Die Antwort der Ölindustrie heute".

Commerce Dept T.I.B No.385 "Foreign Combinations to Control Prices Raw Materials" (Ausländische Kombinationen zur Kontrolle der Rohstoffpreise).

Bertrand Russell. "Einer der wichtigsten Rohstoffe ist Öl". Erklärung aus dem Jahr 1962.

Coolidge. Federal Petroleum Conservation Council (Bundesrat für die Erhaltung des Erdöls). Politik der "offenen Tür" der Bundesregierung in Bezug auf Öl. Erklärungen von Charles Evans Hughes vor diesem Rat.

Öl- und Landkonzessionen mit Mexiko: Aus dem Archiv der Kongressbibliothek des Vertrags von Guadalupe und Hidalgo, 1848.

"Rockefeller Internationalists" Emmanuel Josephson beschreibt die internationale Ölpolitik von R Rockefeller.

Der Skandal um den Teapot Dome. Die Rolle von Albert B. Fall und der Ursprung des Begriffs "fall guy".

Die gesichteten Dokumente stammen aus Quellen des British Museum, des Congressional Record, des House und des Senats sowie aus Zeitungsberichten der damaligen Zeit.

Anhörungen des Senatsausschusses für auswärtige Beziehungen über die "Revolution in Mexiko" 1913. 1912 entzündete Präsident Wilson das amerikanische Volk, als er von der "Huerta-Bedrohung" als Gefahr für den Panamakanal sprach.

Henry, J. D. "Grab for Russian Oil, Baku and Eventful History". Spanier de la Tramerga, Pierre. "Der globale Kampf um Öl".

Zeitschrift der Sowjetunion, Jan.1928.

McFadden, L.T. Die Vereinbarung Huerta Thomas Lamont

Informationsbüro der Sowjetunion. "Russische Wirtschaftsbedingungen 1928".

Die Teilung Palästinas.

"Juden und Araber können nicht zusammen leben". Der Bericht der Peel-Kommission, Dokumente des britischen Foreign Office.

Memo des Außenministeriums an James Baker III, Oktober 1989. "Wall off Agricultural Department" in Anlehnung an den BNL-Skandal.

Richtlinie 26 über die nationale Sicherheit in Bezug auf den Irak und BNL, die erweiterte Kredite für den Irak genehmigt.

Memo der Federal Reserve Bank of New York vom 6. Februar. Enthüllt die Mechanismen, mit denen die Kredite der BNL für den Irak verschleiert wurden.

Der Ausschuss der behördenübergreifenden Stellvertreter für den Vermerk des Nationalen Sicherheitsrats beruft ein Treffen im Weißen Haus ein, um den Schaden von BNL-Irak zu begrenzen.

"Resident Bush" fälscht irakische Truppenstärke. Joint Congressional Session, Congressional Record 11. September 1990.

Henry Gonzalez stellt unbequeme Fragen: Congressional Record, House und Briefe an Generalstaatsanwalt Thornburgh September 1990. Kopien der Briefe House, Congressional Record.

William Barr, Generalstaatsanwalt, weigert sich, mit dem Kongressabgeordneten Gonzalez zusammenzuarbeiten. Briefe Mai 1992.

Gerichtsdokumente, Richter Marvin Shoob, Christopher Drougal, BNL-Fall, Atlanta, Richter Shoob fordert das Justizministerium auf, einen Sonderstaatsanwalt zu ernennen.

Brief von Senator Boren an Generalstaatsanwalt Barr, in dem er um die Ernennung eines Sonderstaatsanwalts bittet. 14. Oktober 1992.

"Bücherverkauf" an den Irak und den Iran. Zeugenaussage von Ben Mashe bei seinem Prozess 1989 aus Gerichtsdokumenten.

Dr. John Coleman. "Cecil John Rhodes, Außergewöhnlicher Verschwörer".

Dr. J. Coleman. "Kein in der Verfassung ausgedrücktes Gesetz 'ein Mann, eine Stimme'".

Der britische Opiumhandel mit Indien.

India House Dokumente über die British East India Company, India House, London. John Mildenhall, der die erste Konzession für Indien erhielt, wird erwähnt. Außerdem finden sich Details über die Arbeit von "Clive of India" und darüber, wie verschiedene Opium-"Chartas" mit den indischen Moguln ausgehandelt wurden.

Disraeli. Rede vor dem Unterhaus über die Indianerpolitik, "Hansard" 1896.

Vertrag Thomspon-Urruttia 20. April 1921. Dokumente im British Museum und Congressional Record, House and Senate.

Vattels "Recht der Völker" über Verträge und Vereinbarungen. Dr.Mulford. "Souveränität der Nationen".

John Lawn. Leiter der US-amerikanischen Drogenbekämpfungsbehörde (DEA). Brief an Manuel Noriega vom 27. Mai 1987.

Britischer Geheimdienst.

Die Anfänge, Sir Francis Walsingham, Meisterspion von Königin Elisabeth I., Dokumente im British Museum, London.

George Bernard Shaw. "Anmerkungen zur Fabian Society".

Bereits erschienen

www.ingramcontent.com/pod-product-compliance
Lightning Source LLC
Chambersburg PA
CBHW070740270326
41927CB00010B/2042